# MANUEL ÉLÉMENTAIRE

## DU

# CITOYEN FRANÇAIS

CONTENANT LE RÉSUMÉ ANALYTIQUE

DE

## L'ORGANISATION DE LA FRANCE ET DE SES PRINCIPALES
## INSTITUTIONS ADMINISTRATIVES

D'après les Lois et Décrets actuellement en vigueur

PAR

## Emmanuel MESCHINE

NOTAIRE A CHATEAUDUN

## CHATEAUDUN
## IMPRIMERIE HENRI LECESNE

## 1877

# MANUEL ÉLÉMENTAIRE

DU

# CITOYEN FRANÇAIS

# MANUEL ÉLÉMENTAIRE

## DU

# CITOYEN FRANÇAIS

CONTENANT LE RÉSUMÉ ANALYTIQUE

DE

L'ORGANISATION DE LA FRANCE ET DE SES PRINCIPALES
INSTITUTIONS ADMINISTRATIVES

D'après les Lois et Décrets actuellement en vigueur

PAR

## Emmanuel MESCHINE

NOTAIRE A CHATEAUDUN

CHATEAUDUN

IMPRIMERIE HENRI LECESNE

1877

# PRÉFACE.

—

Tout citoyen Français doit connaître l'organisation de son pays.

En effet, appelé désormais à exercer, soit directement, soit au moyen du suffrage universel, une action effective dans l'administration de la France, il ne saurait, s'il n'en connaissait pas les rouages essentiels, être à la hauteur de sa mission.

Nous avons pensé, en conséquence, qu'un recueil qui contiendrait l'étude succincte de nos principales institutions administratives, pourrait, en contribuant au développement de l'instruction sur ce point, rendre de véritables services.

C'est dans cet ordre d'idées qu'a été conçu et exécuté le *Manuel élémentaire du citoyen Français.*

EMMANUEL MESCHINE.

Châteaudun, 1er décembre 1877.

# MANUEL ÉLÉMENTAIRE

## DU

# CITOYEN FRANÇAIS

———

## LIVRE PREMIER

———

### SOUVERAINETÉ

———

1. *Définition de la Souveraineté.* — 2. *Pouvoir constituant.* — 3. *Constitution.* — 4. *Comment la Nation exerce-t-elle sa souveraineté?* — 5. *Suffrage universel.*

**1.** — La Souveraineté, c'est l'autorité suprême, c'est le droit de commander sans appel.

Avant la Révolution de 1789, la Souveraineté était réputée résider en la personne du Roi; aujourd'hui, il est reconnu qu'elle appartient à la Nation.

Ce principe forme actuellement la base de notre droit public français.

**2.** — L'attribut essentiel de la Souveraineté est le pouvoir constituant.

A ce pouvoir appartient de faire des lois qui ont pour but d'organiser les Pouvoirs publics, et de déterminer les droits civils et politiques des citoyens.

**3.** — L'ensemble de ces lois s'appelle Constitution.

**4.** — La Nation ne peut exercer sa souveraineté que par délégation conférée aux Pouvoirs publics émanés d'elle.

**5.** — C'est au moyen du Suffrage universel qu'elle fait connaître à ces Pouvoirs ses désirs, sa volonté et ses ordres.

———

# LIVRE DEUXIÈME

---

## POUVOIRS PUBLICS

---

**6.** — Les Pouvoirs publics sont, par suite de la délégation dont nous venons de parler, les mandataires exprès et directs de la Souveraineté nationale.

C'est dans cette qualité qu'ils puisent le droit de légiférer et d'administrer.

Les Pouvoirs publics sont établis par la Constitution, d'où il vient qu'on les appelle aussi *Pouvoirs constitués*.

**7.** — Ces pouvoirs sont au nombre de deux :

Le Pouvoir législatif;

Et le Pouvoir exécutif.

Ils sont distincts l'un de l'autre.

**8.** — Ils concourent à l'exercice de la Souveraineté nationale, chacun dans la sphère qui lui a été départie par les lois constitutionnelles.

**9.** — Ces lois sont les suivantes :

1° Loi du 20 novembre 1873, qui a confié le Pouvoir

exécutif, pour sept ans, au Maréchal de Mac-Mahon, duc de Magenta;

2° Loi du 24 février 1875, qui a organisé le Sénat;

3° Loi du 25 février 1875, qui a organisé les autres Pouvoirs publics;

4° Loi du 16 juillet 1875, qui a réglé les rapports des Pouvoirs publics;

5° Loi du 2 août 1875, qui a organisé les élections des Sénateurs;

6° Enfin, la loi du 30 novembre 1875, qui a organisé l'élection des Députés.

**10.** — De ce que les Pouvoirs publics sont les mandataires de la Nation, il résulte évidemment qu'ils doivent toujours, pour remplir leur mandat, s'inspirer de l'opinion publique générale, et ne jamais s'écarter de l'ordre politique qui est la résultante des idées et des aspirations de la majorité des citoyens.

**11.** — Les Pouvoirs publics sont donc, par cela même, les gardiens spéciaux de la Constitution de laquelle ils émanent, et des grands principes de 1789, qui sont aujourd'hui la base de nos institutions.

**12.** — Ces principes, contenus dans les déclarations des Droits de l'homme et du citoyen proclamés en tête de la Constitution du 3 septembre 1791, de celle du 24 juin 1793 et de celle du 5 fructidor an III (22 août 1795), sont :

1° La Souveraineté nationale;

2° La séparation du Pouvoir législatif et du Pouvoir exécutif;

3° L'indépendance et la gratuité de la justice;

4° La responsabilité des agents du Gouvernement;

5° L'égalité civile des citoyens;

6° La sûreté et la liberté individuelles;

7° La liberté de la presse;

8° Le droit d'association et de réunion;

9° Le droit de pétition;

10° L'inviolabilité de la propriété;

11° La nécessité de l'impôt pour faire face aux charges publiques;

12° La proportionnalité de cet impôt;

13° Le vote de l'impôt par les Députés, représentants directs de la Nation;

14° Et l'institution d'une force publique essentiellement obéissante, destinée à défendre l'État contre les ennemis du dehors, et à assurer au dedans le maintien de l'ordre et l'exécution des lois.

**13.** — En raison de leur importance, nous rapportons ici le texte entier des trois déclarations dont nous venons de parler, en rappelant, du reste, que les principes qu'elles proclament ont été maintenus par nos institutions actuelles.

# I

**14.** — Déclaration des Droits de l'Homme et du Citoyen, du 3 septembre 1791.

Les représentants du Peuple Français, constitués en Assemblée Nationale, considérant que l'ignorance, l'oubli ou le mépris des droits de l'homme, sont les seules causes des malheurs publics et de la corruption des gouvernements, ont résolu d'exposer, dans une déclaration solennelle, les droits naturels, inaliénables et sacrés de l'homme, afin que cette déclaration, constamment présente à tous les membres du corps social, leur rappelle sans cesse leurs droits et leurs devoirs; afin que les actes du Pouvoir législatif et ceux du Pouvoir exécutif, pouvant être à chaque instant comparés avec le but de toute institution publique, en soient plus respectés; afin que les réclamations des citoyens, fondées désormais sur des principes simples et incontestables, tournent toujours au maintien de la Constitution et au bonheur de tous. En conséquence, l'Assemblée Nationale reconnaît et déclare, en présence et sous les auspices de l'Être-Suprême, les droits suivants de l'homme et du citoyen :

ART. 1er. — Les hommes naissent libres et égaux en droits. Les distinctions sociales ne peuvent être fondées que sur l'utilité commune.

ART. 2. — Le but de toute association politique est la conservation des droits naturels et imprescriptibles de l'homme. Ces droits sont la liberté, la propriété, la sûreté et la résistance à l'oppression.

ART. 3. — Le principe de toute souveraineté réside essentiellement dans la Nation; nul corps, nul individu, ne peut exercer d'autorité qui n'en émane expressément.

ART. 4. — La liberté consiste à pouvoir faire tout ce qui ne nuit pas à autrui : ainsi, l'exercice des droits naturels de chaque homme n'a de bornes que celles qui assurent aux autres membres de la Société la jouissance de ces mêmes droits. Ces bornes ne peuvent être déterminées que par la loi.

ART. 5. — La loi n'a le droit de défendre que les actions nuisibles à la Société. Tout ce qui n'est pas défendu par la loi ne peut être empêché, et nul ne peut être contraint à faire ce qu'elle n'ordonne pas.

ART. 6. — La loi est l'expression de la volonté générale. Tous les citoyens ont droit de concourir personnellement, ou par leurs représentants, à sa formation. Elle doit être la même pour tous, soit qu'elle protège, soit qu'elle punisse. Tous les citoyens, étant égaux à ses yeux, sont également admissibles à toutes les dignités, places et emplois publics, selon leur capacité, et sans autre distinction que celle de leurs vertus et de leurs talents.

ART. 7. — Nul homme ne peut être accusé, arrêté ni détenu que dans les cas déterminés par la loi, et selon les formes qu'elle a prescrites.

Ceux qui sollicitent, expédient, exécutent ou font exécuter des ordres arbitraires, doivent être punis; mais tout citoyen, appelé ou saisi en vertu de la loi, doit obéir à l'instant; il se rend coupable par la résistance.

ART. 8. — La loi ne doit établir que des peines strictement et évidemment nécessaires, et nul ne peut être puni qu'en vertu d'une loi établie et promulguée antérieurement au délit, et légalement appliquée.

ART. 9. — Tout homme étant présumé innocent jusqu'à ce qu'il ait été déclaré coupable, s'il est jugé indispensable de l'arrêter, toute rigueur qui ne serait pas nécessaire pour s'assurer de sa personne doit être sévèrement réprimée par la loi.

ART. 10. — Nul ne peut être inquiété pour ses opinions, même religieuses, pourvu que leur manifestation ne trouble pas l'ordre public établi par la loi.

ART. 11. — La libre communication des pensées et des opinions est un des droits les plus précieux de l'homme; tout citoyen peut donc parler, écrire, imprimer librement, sauf à répondre de l'abus de cette liberté dans les cas déterminés par la loi.

ART. 12. — La garantie des droits de l'homme et du citoyen nécessite une force publique; cette force est donc instituée pour l'avantage de tous, et non pour l'utilité particulière de ceux auxquels elle est confiée.

ART. 13. — Pour l'entretien de la force publique et pour les dépenses d'administration, une contribution commune est indispensable : elle doit être également répartie entre tous les citoyens, en raison de leurs facultés.

Art. 14. — Tous les citoyens ont le droit de constater, par eux-mêmes ou par leurs représentants, la nécessité de la contribution publique, de la consentir librement, d'en suivre l'emploi et d'en déterminer la quotité, l'assiette, le recouvrement et la durée.

Art. 15. — La Société a le droit de demander compte, à tout agent public, de son administration.

Art. 16. — Toute Société dans laquelle la garantie des droits n'est pas assurée, ni la séparation des pouvoirs déterminée, n'a point de Constitution.

Art. 17. — La propriété étant un droit inviolable et sacré, nul ne peut en être privé, si ce n'est lorsque la nécessité publique, légalement constatée, l'exige évidemment, et sous la condition d'une juste et préalable indemnité.

## II

**15. — Déclaration des Droits de l'Homme et du Citoyen, du 24 juin 1793.**

Le Peuple Français, convaincu que l'oubli et le mépris des droits naturels de l'homme sont les seules causes des malheurs du monde, a résolu d'exposer, dans une déclaration solennelle, ces droits sacrés et inaliénables, afin que tous les citoyens, pouvant comparer sans cesse les actes du Gouvernement avec le but de toute institution sociale, ne se laissent jamais opprimer et avilir par la tyrannie; afin que le peuple ait toujours devant les yeux les bases de sa liberté et de son bonheur; le magistrat, la règle de ses devoirs; le législateur, l'objet de sa mission.

En conséquence, il proclame, en présence de l'Être-Suprême, la déclaration suivante des droits de l'homme et du citoyen.

Art. 1er. — Le but de la Société est le bonheur commun.

Le Gouvernement est institué pour garantir à l'homme la jouissance de ses droits naturels et imprescriptibles.

Art. 2. — Ces droits sont l'égalité, la liberté, la sûreté, la propriété.

Art. 3. — Tous les hommes sont égaux par la nature devant la loi.

Art. 4. — La loi est l'expression libre et solennelle de la volonté générale, elle est la même pour tous, soit qu'elle protège, soit qu'elle punisse; elle ne peut ordonner que ce qui est juste et utile à la Société; elle ne peut défendre que ce qui lui est nuisible.

Art. 5. — Tous les citoyens sont également admissibles aux emplois publics. Les peuples libres ne connaissent d'autres motifs de préférence dans leurs élections que les vertus et les talents.

Art. 6. — La liberté est le pouvoir qui appartient à l'homme de faire tout ce qui ne nuit pas aux droits d'autrui; elle a pour principe la nature, pour règle la justice, pour sauvegarde la loi; sa limite morale est dans cette maxime : *Ne fais pas à un autre ce que tu ne veux pas qui te soit fait.*

Art. 7. — Le droit de manifester sa pensée et ses opinions, soit par la voie de la presse, soit de toute autre manière, le droit de s'assembler paisiblement, le libre exercice des cultes, ne peuvent être interdits.

La nécessité d'énoncer ses droits suppose ou la présence, ou le souvenir récent du despotisme.

Art. 8. — La sûreté consiste dans la protection accordée par la Société à chacun de ses membres pour la conservation de sa personne, de ses droits et de ses propriétés.

Art. 9. — La loi doit protéger la liberté publique et

1.

individuelle contre l'oppression de ceux qui gouvernent.

Art. 10. — Nul ne doit être accusé, arrêté ni détenu, que dans les cas déterminés par la loi et selon les formes qu'elle a prescrites. Tout citoyen, appelé ou saisi par l'autorité de la loi, doit obéir à l'instant; il se rend coupable par la résistance.

Art. 11. — Tout acte exercé contre un homme hors des cas et sans les formes que la loi détermine, est arbitraire et tyrannique; celui contre lequel on voudrait l'exécuter par la violence, a le droit de le repousser par la force.

Art. 12. — Ceux qui solliciteraient, expédieraient, signeraient, exécuteraient ou feraient exécuter des actes arbitraires, sont coupables, et doivent être punis.

Art. 13. — Tout homme étant présumé innocent jusqu'à ce qu'il ait été déclaré coupable, s'il est jugé indispensable de l'arrêter, toute rigueur qui ne serait pas nécessaire pour s'assurer de sa personne doit être sévèrement réprimée par la loi.

Art. 14. — Nul ne doit être jugé et puni qu'après avoir été entendu ou légalement appelé, et qu'en vertu d'une loi promulguée antérieurement au délit. La loi qui punirait des délits commis avant qu'elle existât, serait une tyrannie; l'effet rétroactif donné à la loi serait un crime.

Art. 15. — La loi ne doit décerner que des peines strictement et évidemment nécessaires; les peines doivent être proportionnées au délit et utiles à la Société.

Art. 16. — Le droit de propriété est celui qui appartient à tout citoyen, de jouir et de disposer à son gré de ses biens, de ses revenus, du fruit de son travail et de son industrie.

Art. 17. — Nul genre de travail, de culture, de

commerce, ne peut être interdit à l'industrie des citoyens.

ART. 18. — Tout homme peut engager ses services, son temps; mais il ne peut se vendre ni être vendu; sa personne n'est pas une propriété aliénable. La loi ne connaît point de domesticité; il ne peut exister qu'un engagement de soins et de reconnaissance entre l'homme qui travaille et celui qui l'emploie.

ART. 19. — Nul ne peut être privé de la moindre portion de sa propriété, sans son consentement, si ce n'est lorsque la nécessité publique légalement constatée l'exige, et sous la condition d'une juste et préalable indemnité.

ART. 20. — Nulle contribution ne peut être établie que pour l'utilité générale. Tous les citoyens ont le droit de concourir à l'établissement des contributions, d'en surveiller l'emploi et de s'en faire rendre compte.

ART. 21. — Les secours publics sont une dette sacrée. La Société doit la subsistance aux citoyens malheureux, soit en leur procurant du travail, soit en assurant les moyens d'exister à ceux qui sont hors d'état de travailler.

ART. 22. — L'instruction est le besoin de tous. La Société doit favoriser de tout son pouvoir les progrès de la raison publique, et mettre l'instruction à la portée de tous les citoyens.

ART. 23. — La garantie sociale consiste dans l'action de tous pour assurer à chacun la jouissance et la conservation de ses droits : cette garantie repose sur la souveraineté nationale.

ART. 24. — Elle ne peut exister, si les limites des fonctions publiques ne sont pas clairement déterminées par la loi, et si la responsabilité de tous les fonctionnaires n'est pas assurée.

ART. 25. — La Souveraineté réside dans le peuple;

elle est une et indivisible, imprescriptible et inaliénable.

Art. 26. — Aucune portion du peuple ne peut exercer la puissance du peuple entier ; mais chaque section du Souverain, assemblée, doit jouir du droit d'exprimer sa volonté avec une entière liberté.

Art. 27. — Que tout individu qui usurperait la souveraineté soit à l'instant mis à mort par les hommes libres.

Art. 28. — Un peuple a toujours le droit de revoir, de réformer et de changer sa Constitution. Une génération ne peut asservir à ses lois les générations futures.

Art. 29. — Chaque citoyen a un droit égal de concourir à la formation de la loi et à la nomination de ses mandataires ou de ses agents.

Art. 30. — Les fonctions publiques sont essentiellement temporaires ; elles ne peuvent être considérées comme des distinctions ni comme des récompenses, mais comme des devoirs.

Art. 31. — Les délits des mandataires du peuple et de ses agents ne doivent jamais être impunis. Nul n'a droit de se prétendre plus inviolable que les autres citoyens.

Art. 32. — Le droit de présenter des pétitions aux dépositaires de l'autorité publique ne peut, en aucun cas, être interdit, suspendu ni limité.

Art. 33. — La résistance à l'oppression est la conséquence des autres droits de l'homme.

Art. 34. — Il y a oppression contre le corps social, lorsqu'un seul de ses membres est opprimé ; il y a oppression contre chaque membre, lorsque le corps social est opprimé.

Art. 35. — Quand le Gouvernement viole les droits du peuple, l'insurrection est pour le peuple, et pour chaque portion du peuple, le plus sacré des droits, et le plus indispensable des devoirs.

## III

**16.** — Déclaration des Droits et des Devoirs de l'Homme et du Citoyen, du 5 fructidor an III (22 août 1795).

### Droits.

Art. 1er. — Les droits de l'homme en société sont la liberté, l'égalité, la sûreté, la propriété.

Art. 2. — La liberté consiste à pouvoir faire ce qui ne nuit pas aux droits d'autrui.

Art. 3. — L'égalité consiste en ce que la loi est la même pour tous, soit qu'elle protège, soit qu'elle punisse.

L'égalité n'admet aucune distinction de naissance, aucune hérédité de pouvoirs.

Art. 4. — La sûreté résulte du concours de tous pour assurer les droits de chacun.

Art. 5. — La propriété est le droit de jouir et de disposer de ses biens, de ses revenus, du fruit de son travail et de son industrie.

Art. 6. — La loi est la volonté générale, exprimée par la majorité générale des citoyens ou de leurs représentants.

Art. 7. — Ce qui n'est pas défendu par la loi ne peut être empêché.

Nul ne peut être contraint à faire ce qu'elle n'ordonne pas.

Art. 8. — Nul ne peut être appelé en justice, accusé, arrêté ni détenu, que dans les cas déterminés par la loi, et selon les formes qu'elle a prescrites.

Art. 9. — Ceux qui sollicitent, expédient, signent, exécutent ou font exécuter des actes arbitraires, sont coupables et doivent être punis.

Art. 10. — Toute rigueur qui ne serait pas nécessaire pour s'assurer de la personne d'un prévenu, doit être sévèrement réprimée par la loi.

Art. 11. — Nul ne peut être jugé qu'après avoir été entendu ou légalement appelé.

Art. 12. — La loi ne doit décerner que des peines strictement nécessaires et proportionnées au délit.

Art. 13. — Tout traitement qui aggrave la peine déterminée par la loi, est un crime.

Art. 14. — Aucune loi, ni criminelle, ni civile, ne peut avoir d'effet rétroactif.

Art. 15. — Tout homme peut engager son temps et ses services, mais il ne peut se vendre ni être vendu; sa personne n'est pas une propriété aliénable.

Art. 16. — Toute contribution est établie pour l'utilité générale; elle doit être répartie entre les contribuables, en raison de leurs facultés.

Art. 17. — La Souveraineté réside essentiellement dans l'universalité des citoyens.

Art. 18. — Nul individu, nulle réunion partielle des citoyens ne peut s'attribuer la Souveraineté.

Art. 19. — Nul ne peut, sans une délégation légale, exercer aucune autorité, ni remplir aucune fonction publique.

Art. 20. — Chaque citoyen a un droit égal de concourir immédiatement ou médiatement, à la formation de la loi, à la nomination des représentants du peuple et des fonctionnaires publics.

Art. 21. — Les fonctions publiques ne peuvent devenir la propriété de ceux qui les exercent.

Art. 22. — La garantie sociale ne peut exister, si la

division des pouvoirs n'est pas établie, si leurs limites ne sont pas fixées, et si la responsabilité des fonctionnaires publics n'est pas assurée.

## Devoirs.

ART. 1er. — La déclaration des droits contient les obligations des législateurs; le maintien de la Société demande que ceux qui la composent connaissent et remplissent également leurs devoirs.

ART. 2. — Tous les devoirs de l'homme et du citoyen dérivent de ces deux principes, gravés par la nature dans tous les cœurs :

*Ne faites pas à autrui ce que vous ne voudriez pas qu'on vous fît.*

*Faites constamment aux autres le bien que vous voudriez en recevoir.*

ART. 3. — Les obligations de chacun envers la Société consistent à la défendre, à la servir, à vivre soumis aux lois, et à respecter ceux qui en sont les organes.

ART. 4. — Nul n'est bon citoyen s'il n'est bon fils, bon frère, bon ami, bon époux.

ART. 5. — Nul n'est homme de bien s'il n'est franchement et religieusement observateur des lois.

ART. 6. — Celui qui viole ouvertement les lois se déclare en état de guerre avec la Société.

ART. 7. — Celui qui, sans enfreindre les lois, les élude par ruse ou par adresse, blesse les intérêts de tous; il se rend indigne de leur bienveillance et de leur estime.

ART. 8. — C'est sur le maintien des propriétés que reposent la culture des terres, toutes les productions, tout moyen de travail et tout l'ordre social.

ART. 9. — Tout citoyen doit ses services à la Patrie

et au maintien de la liberté, de l'égalité et de la propriété, toutes les fois que la loi l'appelle à les défendre.

---

# TITRE PREMIER

## POUVOIR LÉGISLATIF

*17. Définition du Pouvoir législatif. — 18. Comment s'exerce-t-il?*

**17.** — Le Pouvoir législatif est celui qui est chargé de faire les lois.

**18.** — Il s'exerce par deux Chambres :
La Chambre des Députés,
Et le Sénat.

## CHAPITRE I<sup>er</sup>.

### CHAMBRE DES DÉPUTÉS

*10. Nomination de la Chambre des Députés. — 20. Sa composition. — 21. Durée de son mandat. — 22. Renouvellement. — 23. Indemnité des Députés. — 24. Dissolution.*

**19.** — La Chambre des Députés est nommée par le suffrage universel.

Tout électeur est éligible, sans condition de cens, à l'âge de 25 ans accomplis.

Les membres de la Chambre des Députés sont élus au scrutin individuel.

**20.** — Chaque arrondissement administratif nomme un député.

Les arrondissements dont la population dépasse 100,000 habitants nomment un député de plus par 100,000 ou fraction de 100,000 habitants.

Les quatre colonies de la Martinique, de la Guadeloupe, de la Réunion et des Indes Françaises nomment chacune un député.

**21.** — Les députés sont élus pour quatre ans.

**22.** — La Chambre se renouvelle intégralement.

En cas de vacance par décès, démission ou autrement, l'élection doit être faite dans le délai de trois mois à partir du jour où la vacance se sera produite.

En cas d'option, il est pourvu à la vacance dans le délai d'un mois.

**23.** — Les députés reçoivent une indemnité réglée par les articles 96 et 97 de la loi du 15 mars 1849 et par les dispositions de la loi du 16 février 1872.

**24.** — La Chambre des Députés peut être dissoute par le Président de la République, sur l'avis conforme du Sénat, avant l'expiration légale de son mandat.

En ce cas, les colléges électoraux sont convoqués pour de nouvelles élections dans le délai de trois mois.

# CHAPITRE II

## SÉNAT

*Chambre des Députés. Leur remplacement. — 33. Indem-
nité des Sénateurs. — 34. Le Sénat, Cour de Justice.*

**25.** — Le Sénat se compose de 300 membres :
225 élus par les départements et les colonies;
Et 75 par l'Assemblée Nationale.

**26.** — Les départements de la Seine et du Nord
élisent chacun cinq sénateurs;

Les départements des Côtes-du-Nord, du Finistère, de
la Gironde, du Pas-de-Calais, du Rhône et de la Seine-
Inférieure, chacun quatre sénateurs;

Ceux de l'Aisne, de l'Allier, de l'Aveyron, des Basses-
Pyrénées, des Bouches-du-Rhône, du Calvados, de la
Charente-Inférieure, de la Dordogne, du Gard, de la
Haute-Garonne, de l'Hérault, de l'Ille-et-Vilaine, de
l'Isère, de la Loire, de la Loire-Inférieure, de Maine-
et-Loire, de la Manche, du Morbihan, de l'Oise, de
l'Orne, du Puy-de-Dôme, de la Sarthe, de Saône-et-Loire,
de Seine-et-Marne, de la Somme, de la Vendée et des
Vosges, chacun trois sénateurs;

Tous les autres départements, chacun deux sénateurs;

Le territoire de Belfort, les trois départements de
l'Algérie, les quatre colonies de la Martinique, de la
Guadeloupe, de la Réunion et des Indes Françaises,
chacun un sénateur.

**27.** — Nul ne peut être élu sénateur, s'il n'est
Français, âgé de 40 ans au moins, et s'il ne jouit de ses
droits civils et politiques.

**28.** — Les sénateurs des départements et des colonies
sont élus à la majorité absolue, et, quand il y a lieu au
scrutin de liste, par un collége électoral réuni au chef-
lieu du département ou de la colonie et composé :

1° Des députés;
2° Des conseillers généraux;

3° Des conseillers d'arrondissement;

4° Des délégués élus, un par chaque conseil municipal, parmi les électeurs de la commune.

Dans l'Inde Française, les membres du Conseil colonial ou des Conseils locaux sont substitués aux Conseils généraux, aux Conseils d'arrondissement et aux délégués des Conseils municipaux.

Ils votent au chef-lieu de chaque établissement.

**29.** — Les sénateurs des départements et des colonies sont élus pour neuf années, et renouvelables par tiers tous les trois ans.

**30.** — Au début de la première session, en exécution de l'article 6 de la loi du 24 février 1875, les départements ont été divisés en trois séries désignées par les lettres A, B, C, contenant chacune 75 sénateurs.

Le Sénat a ensuite procédé, dans sa séance du 29 mars 1876, par la voie du tirage au sort, à la désignation des séries qui devront être renouvelées à l'expiration de la première et de la deuxième période triennale.

Les séries sont sorties dans l'ordre suivant :

Série B, comprenant les départements de : Haute-Garonne, Gers, Gironde, Hérault, Ille-et-Vilaine, Indre, Indre-et-Loire, Isère, Jura, Landes, Loir-et-Cher, Loire, Haute-Loire, Loire-Inférieure, Loiret, Lot, Lot-et-Garonne, Lozère, Maine-et-Loire, Manche, Marne, Haute-Marne, Mayenne, Meurthe-et-Moselle, Meuse, Morbihan, Nièvre, Nord, Oise, Constantine, la Martinique.

Série C, comprenant les départements de : Orne, Pas-de-Calais, Puy-de-Dôme, Basses-Pyrénées, Hautes-Pyrénées, Pyrénées-Orientales, Haut-Rhin (Belfort) Rhône, Haute-Saône, Saône-et-Loire, Sarthe, Savoie, Haute-Savoie, Seine, Seine-Inférieure, Seine-et-Marne, Seine-et-Oise, Deux-Sèvres, Somme, Tarn, Tarn-et-

Garonne, Var, Vaucluse, Vendée, Vienne, Haute-Vienne, Vosges, Yonne, Oran, Indes Françaises.

Série A, comprenant les départements de : Ain, Aisne, Allier, Basses-Alpes, Hautes-Alpes, Alpes-Maritimes, Ardèche, Ardennes, Ariège, Aube, Aude, Aveyron, Bouches-du-Rhône, Calvados, Cantal, Charente, Charente-Inférieure, Cher, Corrèze, Corse, Côte-d'Or, Côtes-du-Nord, Creuse, Dordogne, Doubs, Drôme, Eure, Eure-et-Loir, Finistère, Gard, Alger, la Guadeloupe, la Réunion.

**81.** — Si, par décès ou démission, le nombre des sénateurs d'un département est réduit de moitié, il est pourvu aux vacances dans le délai de trois mois, à moins que les vacances ne surviennent dans les douze mois qui précèdent le renouvellement triennal.

A l'époque fixée pour le renouvellement triennal, il est pourvu à toutes les vacances qui se seront produites, quel qu'en soit le nombre et quelle qu'en soit la date.

**82.** — Les sénateurs élus par l'Assemblée sont inamovibles.

En cas de vacance par décès, démission ou autre cause, il est, dans les deux mois, pourvu au remplacement par le Sénat lui-même.

**33.** — Les membres du Sénat reçoivent la même indemnité que ceux de la Chambre des Députés.

**84.** — Le Sénat peut être convoqué en Cour de justice par un décret du Président de la République, rendu en Conseil des ministres, pour juger toute personne prévenue d'attentat commis contre la sûreté de l'État.

Le Sénat peut également être constitué en Cour de justice pour juger soit le Président de la République, soit les ministres.

# CHAPITRE III

## DISPOSITIONS COMMUNES A LA CHAMBRE DES DÉPUTÉS ET AU SÉNAT

*35. Initiative et confection des lois. — 36. Révision des lois constitutionnelles. — 37. 39. Sessions. — 38. Élection du Président de la République. — 40. Publicité des séances. — 41. Chaque Chambre est juge de l'éligibilité de ses membres. — 42. Bureaux. — 43. Poursuites contre l'un des membres des deux Chambres.*

**35.** — Les deux Chambres ont concurremment entre elles l'initiative et la confection des lois, et concurremment avec le Président de la République l'initiative des lois.

Toutefois, les lois de finances doivent être, en premier lieu, présentées à la Chambre des Députés et votées par elle.

**36.** — Les Chambres ont le droit, par délibérations séparées, prises chacune à la majorité absolue des voix, soit spontanément, soit sur la demande du Président de la République, de déclarer qu'il y a lieu de réviser les lois constitutionnelles.

Après que chacune des deux Chambres aura pris cette résolution, elles se réuniront en Assemblée Nationale pour procéder à la révision.

Les délibérations portant révision des lois constitutionnelles, en tout ou en partie, doivent être prises à la majorité absolue des membres composant l'Assemblée Nationale.

Toutefois, pendant la durée des pouvoirs conférés par la loi du 20 novembre 1873 à M. le Maréchal de Mac-Mahon, cette révision ne peut avoir lieu que sur la proposition du Président de la République.

**37.** — Le Sénat et la Chambre des Députés se réunissent, chaque année, le second mardi de janvier, à moins d'une convocation antérieure faite par le Président de la République.

Les deux Chambres doivent être réunies en session cinq mois au moins chaque année.

La session de l'une commence et finit en même temps que celle de l'autre.

**38.** — La Chambre des Députés et le Sénat, réunis en Assemblée Nationale, élisent le Président de la République à la majorité absolue des suffrages.

Un mois au moins avant le terme légal des pouvoirs du Président de la République, les Chambres doivent être réunies en Assemblée Nationale pour procéder à l'élection d'un nouveau président.

A défaut de convocation, cette réunion a lieu de plein droit le quinzième jour avant l'expiration de ces pouvoirs.

En cas de décès ou de démission du Président de la République, les deux Chambres se réunissent immédiatement et de plein droit.

Dans le cas où la Chambre des Députés se trouverait dissoute au moment où la Présidence de la République deviendrait vacante, les collèges électoraux seraient immédiatement convoqués et le Sénat se réunirait de plein droit.

**39.** — Toute assemblée de l'une des deux Chambres, qui serait tenue hors du temps de la session commune, est illicite et nulle de plein droit, sauf le cas prévu ci-dessus et celui où le Sénat est réuni comme Cour de justice; et, dans ce dernier cas, il ne peut exercer que des fonctions judiciaires.

**40.** — Les séances du Sénat et celles de la Chambre des Députés sont publiques.

Néanmoins chaque Chambre peut se former en comité

secret sur la demande d'un certain nombre de ses membres fixé par le règlement.

Elle décide ensuite, à la majorité absolue, si la séance doit être reprise en public sur le même sujet.

**41.** — Chacune des Chambres est juge de l'éligibilité de ses membres et de la régularité de leur élection; elle peut seule recevoir leur démission.

**42.** — Le bureau de chacune des deux Chambres est élu, chaque année, pour la durée de la session et pour toute session extraordinaire qui aurait lieu avant la session ordinaire de l'année suivante.

Lorsque les deux Chambres se réunissent en Assemblée Nationale, leur bureau se compose des Président, Vice-Présidents et Secrétaires du Sénat.

**43.** — Aucun membre de l'une ou l'autre Chambre ne peut être poursuivi ou recherché à l'occasion des opinions ou votes émis par lui dans l'exercice de ses fonctions.

Aucun membre de l'une ou l'autre Chambre ne peut, pendant la durée de la session, être poursuivi ou arrêté en matière criminelle ou correctionnelle qu'avec l'autorisation de la Chambre dont il fait partie, sauf le cas de délit.

La détention ou la poursuite d'un membre de l'une ou de l'autre Chambre est suspendue pendant la session, et pour toute sa durée, si la Chambre le requiert.

# TITRE II

## POUVOIR EXÉCUTIF

*exerce-t-il ses attributions? — 46. On l'appelle aussi Gouvernement. — 47. A qui est-il confié?*

**44.** — Le Pouvoir exécutif est celui qui est chargé de la promulgation et de l'exécution des lois et de l'administration générale du pays.

**45.** — Il n'exerce ses attributions qu'avec le concours et sous le contrôle des deux Chambres, et, notamment en ce qui concerne la direction politique, il ne fait qu'imprimer aux différents ressorts de l'Administration celle qu'il reçoit lui-même de la Chambre des Députés, qui émane directement du pays.

**46.** — Comme il embrasse dans son étendue toutes les branches de l'Administration, on lui donne le plus souvent dans la pratique le nom de *Gouvernement*.

**47.** — L'exercice du Pouvoir exécutif est confié au Président de la République.

# CHAPITRE Ier

## PRÉSIDENT DE LA RÉPUBLIQUE

**48.** — Le Président de la République est le Chef du Pouvoir exécutif et le premier agent du Gouvernement.

**49.** — Le principal devoir du Président de la République est de ne jamais perdre de vue ni mettre en oubli que son pouvoir n'est pas un pouvoir personnel, quels que soient les droits et les prérogatives qui y soient attachés, et que la loi des majorités est la règle des gouvernements parlementaires.

**50.** — Il est élu par le Sénat et la Chambre des Députés réunis en Assemblée Nationale.

**51.** — Il est nommé pour sept années.

**52.** — Il est rééligible.

**53.** — Le Président de la République a l'initiative des lois, concurremment avec les deux Chambres.

Il promulgue les lois lorsqu'elles ont été votées par les deux Chambres, il en surveille et en assure l'exécution.

**54.** — Il a le droit de faire grâce.

Les amnisties ne peuvent être accordées que par une loi.

**55.** — Il dispose de la force armée.

**56.** — Il nomme à tous les emplois civils et militaires.

**57.** — Il préside aux solennités nationales.

**58.** — Les envoyés et les ambassadeurs des puissances étrangères sont accrédités près de lui.

**59.** — Chacun des actes du Président de la République est contresigné par un ministre.

**60.** — Nous avons vu que le Président de la République peut, sur l'avis conforme du Sénat, dissoudre la Chambre des Députés avant l'expiration légale de son

mandat et que dans ce cas les colléges électoraux sont
convoqués pour de nouvelles élections dans le délai de
trois mois.

**61.** — Le Président de la République n'est responsable que dans le cas de haute trahison.

**62.** — En cas de vacance par décès ou pour toute
autre cause, les deux Chambres réunies procèdent
immédiatement à l'élection d'un nouveau Président.

Dans l'intervalle, le Conseil des ministres est investi
du Pouvoir exécutif.

**63.** — Le Président de la République prononce la
clôture de la session des Chambres.

**64.** — Il a le droit de les convoquer extraordinairement.

Il devra les convoquer, si la demande en est faite, dans
l'intervalle des sessions, par la majorité absolue des
membres composant chaque Chambre.

**65.** — Le Président peut ajourner les Chambres.

Toutefois l'ajournement ne peut excéder le terme d'un
mois ni avoir lieu plus de deux fois dans la même
session.

**66.** — Le Président de la République communique
avec les Chambres par des messages qui sont lus à la
tribune par un ministre.

**67.** — Le Président de la République promulgue les
lois dans le mois qui suit la transmission au Gouvernement de la loi définitivement adoptée.

Il doit promulguer, dans les trois jours, les lois dont
la promulgation, par un vote exprès dans l'une et l'autre
Chambre, aura été déclarée urgente.

Dans le délai fixé pour la promulgation, le Président
de la République peut, par un message motivé, demander

aux deux Chambres une nouvelle délibération qui ne peut être refusée.

**68.** — Le Président de la République négocie et ratifie les traités. Il en donne connaissance aux Chambres aussitôt que l'intérêt et la sûreté de l'État le permettent.

Les traités de paix, de commerce, les traités qui engagent les finances de l'État, ceux qui sont relatifs à l'état des personnes et au droit de propriété des Français à l'étranger, ne sont définitifs qu'après avoir été votés par les deux Chambres. Nulle cession, nul échange, nulle adjonction de territoire ne peut avoir lieu qu'en vertu d'une loi.

**69.** — Le Président de la République ne peut déclarer la guerre sans l'assentiment préalable des deux Chambres.

**70.** — Le Président de la République ne peut être mis en accusation que par la Chambre des Députés et ne peut être jugé que par le Sénat.

**71.** — Il a pour auxiliaires directs :
1° Un Conseil de ministres ;
2° Et le Conseil d'État.

# CHAPITRE II

## MINISTRES

72. *Définition.* — 73. *Fonctions.* — 74. *Nomination et révocation.* — 75. *Ils sont responsables.* — 76. *Ils ont entrée dans les deux Chambres.* — 77. *Mise en accusation et jugement.* — 78. *Résidence.* — 79. *Conseil des Ministres.* — 80. *Nombre.* — 81. *Quel titre portent-ils?*

**72.** — Les ministres sont les premiers agents du Chef du Pouvoir exécutif.

Ils sont les chefs des grandes divisions de l'adminis-

tration publique, portant le nom de départements ministériels.

**78.** — Leurs fonctions consistent à assurer l'action
du Gouvernement et à imprimer le mouvement et la
direction aux affaires.

Ils donnent des ordres et des instructions, prennent
des décisions, passent des marchés, ordonnancent des
dépenses, contrôlent et surveillent, jugent en matière de
contentieux administratif et réglementent, chacun dans
son département, et dans les cas prévus par les lois,
décrets et règlements d'administration en vigueur.

Eu égard à l'importance de leurs fonctions, les
ministres, de même et non moins que le Chef de l'État,
doivent, dans leur administration, ne pas s'écarter de
l'ordre politique existant et suivre l'opinion publique qui
leur est indiquée par la Chambre des Députés.

**74.** — Ils sont nommés et révoqués par décret du
Président de la République.

**75.** — Ils sont solidairement responsables, devant les
Chambres, de la politique générale du Gouvernement, et
individuellement de leurs actes personnels.

**76.** — Les ministres ont leur entrée dans les deux
Chambres et doivent être entendus quand ils le deman-
dent.

Ils peuvent se faire assister par des commissaires
désignés, pour la discussion d'un projet de loi déterminé,
par décret du Président de la République.

**77.** — Les ministres peuvent être mis en accusation
par la Chambre des Députés pour crimes commis dans
l'exercice de leurs fonctions. En ce cas, ils sont jugés par
le Sénat.

**78.** — Ils ont leur résidence à Versailles.

**79.** — Ils composent le Conseil des ministres.

L'un d'eux est président du Conseil.

**80.** — Ils sont au nombre de neuf.

**81.** — Ils portent le titre des départements ministériels dont l'administration leur est confiée par le
Président de la République:

Chacun d'eux prend aussi le titre de secrétaire d'État
pour son département.

# CHAPITRE III

## CONSEIL D'ÉTAT

**82.** — Nous parlerons du Conseil d'État en même
temps que du département ministériel de la justice, dont
il dépend.

# CHAPITRE IV

## PRINCIPES GÉNÉRAUX DE L'ADMINISTRATION FRANÇAISE

*84. Caractères distinctifs de l'administration française. —
85. Agent unique. — 86. Conseils. — 87. Tribunaux
administratifs. — 88. Résumé. — 89. Division des
Agents et des Tribunaux administratifs.*

**83.** — Avant de nous occuper de chacun des départements ministériels, nous rappellerons ici les principes
généraux de l'administration française.

**84.** — L'unité d'action, la séparation de la délibération, la centralisation, l'indépendance de l'autorité
judiciaire sont les caractères distinctifs de l'administration
française.

**85.** — Dans chaque branche des services publics

l'autorité administrative est représentée par un agent
unique qui centralise la direction et la responsabilité :

Un Président de la République pour l'ensemble du
Gouvernement;

Un ministre pour chaque branche de l'administration ;

Un préfet pour chaque département ;

Un sous-préfet par arrondissement;

Un maire par commune.

**86.** — Chacun de ces fonctionnaires est entouré de
conseils dont les discussions l'éclairent et lui fournissent
les éléments de ses décisions et qui contrôlent ses actes.

**87.** — Enfin, une juridiction administrative indépendante et parfaitement distincte de la juridiction judiciaire
complète l'organisation de l'administration.

**88.** — En résumé l'organisation administrative présente un cadre complet comprenant à chaque degré de
sa hiérarchie :

1º Des agents pour l'action;

2º Des conseils pour le contrôle;

3º Et des tribunaux pour le jugement.

**89.** — Ajoutons seulement, ce qui, du reste, n'a
d'importance qu'au point de vue théorique :

Que les agents administratifs se divisent :

En agents directs généraux, départementaux, communaux, algériens et coloniaux,

Ayant auprès d'eux et sous leurs ordres des agents
auxiliaires pour préparer et faciliter leur travail et
portant les mêmes dénominations de généraux, départementaux, communaux, algériens et coloniaux;

Que les Conseils placés auprès des agents directs se
divisent aussi en Conseils généraux, départementaux,
communaux, algériens et coloniaux;

Et qu'enfin les tribunaux administratifs peuvent être
classés :

En généraux et spéciaux, si on les considère d'après leurs attributions;

Ou en quatre séries, si on les considère d'après le nombre de juridictions que peuvent subir les affaires qui leur sont soumises; en d'autres termes, d'après le nombre de recours hiérarchiques dont leurs décisions sont susceptibles.

# LIVRE TROISIÈME

—

## MINISTÈRES

ou

## DÉPARTEMENTS MINISTÉRIELS

—

*90. Qu'appelle-t-on Ministère et Département Ministériel ?*
*— 91. Énumération des Départements Ministériels. —*
*92. Administration centrale. — 93. Des Sous-Secrétaires*
*d'État. — 94. Des Secrétaires généraux.*

**90.** — On appelle indistinctement ministère :

Le corps des ministres;

L'ensemble des attributions et des services confiés à
un ministre; cet ensemble porte aussi le nom de département ministériel;

Le corps des employés de tous grades formant l'administration centrale;

Et le bâtiment où se trouvent les bureaux concernant
le service confié à chaque ministre.

**91.** — Les départements ministériels sont aujour-
d'hui les suivants :

1º Affaires étrangères,

2º Agriculture et Commerce,

3º Finances,

4º Guerre,

5º Instruction publique, Cultes et Beaux-Arts,
6º Intérieur,
7º Justice,
8º Marine et Colonies,
9º Et Travaux Publics.

**92.** — Chaque ministère est pourvu d'une administration centrale destinée à préparer et à faciliter le travail des ministres.

**93.** — Quelques-unes de ces administrations ont à leur tête des *sous-secrétaires d'État* qui remplacent les ministres pour la direction des affaires purement administratives.

**94.** — Plusieurs ont aussi des secrétaires généraux.

---

# TITRE PREMIER

---

## DÉPARTEMENT DES AFFAIRES ÉTRANGÈRES

---

*95. Ses attributions.*

**95.** — Le ministère des affaires étrangères a dans ses attributions :

La négociation et l'exécution des traités et conventions de politique et de commerce ;

Les rapports avec les ambassadeurs, ministres et agents diplomatiques et consulaires, soit des puissances étrangères près le gouvernement français, soit du gouvernement français près des puissances étrangères ;

Le personnel des fonctionnaires et agents diplomatiques dans l'administration centrale et à l'étranger;

Les traités d'extradition et les questions qui s'y rattachent;

Le personnel du corps consulaire, du service des chancelleries et drogmans, etc., etc.

# CHAPITRE Ier

## ADMINISTRATION CENTRALE

## SECTION I

### SERVICE CENTRAL

*96. Siége de l'Administration Centrale. — 97. Division des services.*

**96.** — Le siége de l'administration centrale du ministère des affaires étrangères est à Paris, quai d'Orsay.

**87.** — Cette administration comprend les services suivants :

1º Cabinet du ministre et secrétariat;
— Bureau du départ et de l'arrivée des correspondances,
— Bureau des traducteurs,
— Protocole.

2º Direction des affaires politiques;
— Sous-direction du nord,
— Sous-direction du midi et de l'orient,
— Sous-direction de l'Amérique et de l'Indo-Chine.

3º Direction du contentieux politique et commercial;

4º Direction des consulats et affaires commerciales;
— Sous-direction du nord,
— Sous-direction de l'Orient et de l'Indo-Chine,
— Sous-direction du midi et de l'Amérique.

5° Direction des archives et de la chancellerie;
— Bureau de la chancellerie.
6° Direction des fonds et de la comptabilité.

## SECTION II

### CONSEILS DU MINISTRE DES AFFAIRES ÉTRANGÈRES

*98. Conseils du Ministre. — 99. Services spéciaux de l'administration centrale.*

**98.** — Il y a près du ministre des affaires étrangères :

1° Un *Comité des services extérieurs;*
2° Un *Comité consultatif du contentieux;*
3° Une *Commission des archives diplomatiques;*
4° Des *Secrétaires interprètes.*

Le nom de ces institutions, destinées à seconder le travail du ministre, indique suffisamment leurs attributions respectives.

**99.** — Il est en outre attaché à l'administration centrale du ministère quelques autres conseils d'une importance secondaire.

## CHAPITRE II

### SERVICE EXTÉRIEUR

*100. Par qui est-il fait?*

**100.** — Le service extérieur est fait par les agents diplomatiques et les agents consulaires.

## SECTION I

### DES AGENTS DIPLOMATIQUES

*101. Définition. — 102. Classes. Dénominations. — 103. Des Secrétaires. — 104. Des attachés surnuméraires. —*

**101.** — Les agents diplomatiques sont les représentants directs du Gouvernement dans les États auprès desquels ils sont accrédités.

**102.** — Ils se divisent en quatre classes, suivant l'importance de la mission diplomatique qu'ils occupent et prennent le titre :

D'ambassadeur,

De ministre plénipotentiaire,

De ministre résident,

Ou de chargé d'affaires,

Suivant la classe du poste auquel ils sont appelés.

Ces agents sont aussi désignés sous le terme générique de ministres publics.

On les distingue encore en ambassadeurs ou envoyés ordinaires ou extraordinaires, suivant leur classe.

Les ambassadeurs ou envoyés ordinaires sont ceux qui résident auprès d'un gouvernement.

Les ambassadeurs ou envoyés extraordinaires sont ceux qui sont envoyés auprès d'un gouvernement, pour une affaire particulière.

**103.** — Le corps des agents diplomatiques comprend en outre :

Des secrétaires,

Et des attachés surnuméraires.

Les secrétaires sont au nombre de trente-deux et se divisent en trois classes dont :

Quatorze de première classe,

Vingt-quatre de deuxième classe,

Et vingt-quatre de troisième classe.

Ils peuvent être attachés, suivant les besoins du service, à des ambassades ou des légations indistinctement, quelle que soit la classe à laquelle ils appartiennent.

**104.** — Le nombre des attachés surnuméraires est fixé à trente-six.

**105.** — Lorsque les besoins du service l'exigent, il est placé près des missions diplomatiques des chanceliers, auxquels peut être conféré le titre de consuls honoraires.

Il peut également dans le même cas être placé, auprès des missions diplomatiques, des interprètes et des drogmans.

**106.** — Les agents diplomatiques envoyés auprès d'une puissance étrangère doivent être porteurs de pouvoirs ou d'une lettre de créance qui est ordinairement présentée en audience solennelle.

**107.** — Ils représentent le Chef du Gouvernement; ils restent citoyens français, quelle que soit la durée de leur mission, et ils sont considérés comme étant sur le territoire de la puissance qu'ils représentent;

Par suite de ces principes ils ne sont pas soumis à la juridiction, soit civile, soit criminelle, du lieu de leur résidence; leur maison est considérée comme partie intégrante du territoire de leur pays, et leur personne comme leur demeure sont inviolables.

Les agents diplomatiques sont affranchis du paiement des impôts personnels, et de celui des droits de douane pour les objets qui leur viennent directement de l'étranger et qui sont destinés à eux ou aux personnes de leur suite. Leurs voitures sont, en général, exemptes à la frontière de la visite des préposés de l'administration des douanes.

L'indépendance acquise aux agents diplomatiques a

été étendue aux membres de leur famille et aux personnes de leur suite.

**108.** — Les agents diplomatiques représentent à la fois le Chef du Gouvernement et les intérêts de la nation.

Il sont chargés : des négociations avec les États auprès desquels ils sont accrédités;

De la protection de la personne et des biens de leurs nationaux qui se trouvent dans le lieu de leur résidence;

De la réception des actes de l'état-civil concernant les Français;

De la légalisation des actes passés dans le pays de leur résidence et dont il faut faire usage en France;

Et de la juridiction sur leurs nationaux pour les affaires civiles et commerciales, dans les limites déterminées par les traités politiques.

**109.** — Les traités et conventions entre la France et les puissances étrangères, les correspondances tant officielles que confidentielles entre le département des affaires étrangères et ses agents, les rapports, mémoires et autres documents par eux adressés ou reçus en leur qualité officielle étant la propriété de l'État, les agents diplomatiques, à l'expiration de leurs fonctions, sont tenus de faire la remise, soit à leur successeur, soit à la personne chargée de gérer provisoirement leur poste, de toutes les pièces confiées à leur garde ou reçues par eux durant le cours de leur gestion, aussi bien que des minutes de toutes celles qu'ils ont écrites.

**110.** — Le rappel des ambassadeurs ou la remise de leurs passe-ports est un moyen, pour une puissance, de témoigner son mécontentement. Le rappel du chef de la légation, momentanément suppléé par un secrétaire d'ambassade chargé d'affaires, est, en quelque sorte, un premier avertissement. La rupture complète des relations diplomatiques équivaut souvent à une déclaration de guerre.

**111.** — Les agents diplomatiques sont tenus d'avoir un établissement conforme à leur rang dans le lieu de leur résidence officielle.

Le caractère dont ils sont revêtus, la dignité de la nation qu'ils représentent à l'étranger, l'intérêt de la mission qui leur est confiée leur imposent une représentation honorable, quoique dans de sages limites.

Cette obligation exige, de la part des agents politiques et consulaires, une dépense de première mise considérable, pour l'acquisition de tous les objets qui doivent composer leur établissement.

L'État, pour lequel ces dépenses sont faites, leur accorde, pour les indemniser des pertes qui en résultent pour eux, une indemnité de frais d'établissement, réglée par décret spécial.

## SECTION II

### AGENTS CONSULAIRES

**112.** — Les agents consulaires sont institués pour protéger le commerce et la navigation des Français auprès des autorités étrangères, pour exercer la justice et la police sur les Français et pour fournir au Gouvernement les documents qui doivent le mettre à même d'assurer la prospérité du commerce extérieur.

Il en résulte que cette fonction ne peut être remplie que par des personnes ayant acquis, par des études spéciales appropriées au but de l'institution, et une expérience suffisante, des connaissances positives dans le droit public, dans la législation et les matières de commerce.

**113.** — Le droit d'avoir un consul dans un pays étranger ne peut résulter que d'une convention spéciale avec le Souverain du pays; un traité de commerce ne suffirait pas.

**114.** — Les consuls sont admis et reconnus en présentant leur provision selon les règles et formalités établies.

L'*exequatur* leur est nécessaire pour le libre exercice de leurs fonctions et pour qu'ils soient admis à la jouissance des exemptions, prérogatives, immunités, honneurs et priviléges attachés à leurs charges.

**115.** — Les attributions des consuls sont administratives, politiques et judiciaires.

Le consul est le chef de la réunion de ses compatriotes qui sont fixés dans le lieu de son établissement, et qui jouissent de la prérogative d'assister aux assemblées tenues pour l'intérêt commun. Il a la présidence de ces assemblées et le droit de faire exécuter les délibérations qui y ont été prises.

Les consuls ont le droit de recevoir dans leur chancellerie, au domicile des parties, et à bord des navires de leur nation, les déclarations que peuvent avoir à faire les capitaines, les gens de l'équipage et les passagers, les négociants et tous autres sujets du pays.

Ils sont autorisés à recevoir comme notaires tous actes que voudront passer leurs nationaux.

Ils peuvent traduire et légaliser toute espèce de documents émanés des autorités et fonctionnaires de leur

pays ; et ces traductions ont dans le pays de leur résidence la même force et valeur que si elles eussent été
faites par les interprètes du pays.

Ils peuvent aller personnellement ou envoyer des
délégués à bord des navires de leur nation, interroger
les capitaines et examiner les papiers du bord.

Ils sont chargés exclusivement du maintien de l'ordre
intérieur à bord des navires marchands de leur nation,
ils règlent eux-mêmes les contestations de toute nature
qui sont survenues entre le capitaine, les officiers du
navire et les matelots, et spécialement les engagements
réciproquement contractés.

Ils règlent les avaries souffertes en mer par les navires.

Ils ont des attributions judiciaires très-étendues.

Ils sont officiers de l'état-civil pour leurs nationaux.

Ils jouissent, dans les pays où ils sont envoyés, de
toutes les exemptions, prérogatives, immunités et priviléges qui sont accordés soit par le droit commun, soit
par l'usage, soit par les traités.

Il est interdit aux agents consulaires de faire le commerce soit directement, soit indirectement.

Ils ne peuvent accepter de commission ni de traitement
de la part d'une puissance étrangère.

Ils ne peuvent quitter, sans permission, le lieu de leur
résidence, ni se marier sans l'autorisation du Chef du
gouvernement.

**116.** — Les archives consulaires sont inviolables, et
les autorités locales ne peuvent, sous aucun prétexte, ni
dans aucun cas, visiter ni saisir les papiers qui en font
partie.

**117.** — Les consuls doivent, comme les agents
diplomatiques, en faire la remise à la cessation de leurs
fonctions.

**118.** — Les consuls ont droit à une retraite.

**119.** — On appelle consulat le siége de la juridiction d'un consul, et arrondissement consulaire la partie du territoire sur laquelle s'étend son action.

**120.** — Le corps des Consuls se compose de :
Consuls généraux ;
Consuls de 1re classe ;
Consuls de 2e classe ;
Élèves Consuls ;
Vice-Consuls ;
Et Agents consulaires.
Les Consuls ont sous leurs ordres des :
Chanceliers,
Interprètes,
Et Drogmans.

**121.** — Les postes consulaires se divisent en consulats généraux et en simples consulats.

Les consuls généraux et simples consuls ne sont pas subordonnés les uns aux autres et relèvent tous au même titre de l'ambassade ou de la légation française établie dans le même pays.

## § Ier

### CONSUL GÉNÉRAL

*122. Fonctions. — 123. Nomination. — 124. Rang.*

**122.** — Le consul général occupe le grade le plus élevé de la carrière consulaire.

Il surveille et dirige, dans les limites de ses instructions, soit générales, soit spéciales, les consuls établis dans l'arrondissement dont il est le chef.

Tous relèvent de lui sans distinction de grade.

Dans les États où il n'y a pas de consul général, les attributions en sont réunies à la mission diplomatique.

**123.** — Les consuls généraux sont nommés par le Chef du gouvernement.

**124.** — A l'égard des officiers de marine, les consuls généraux ont rang de contre-amiral.

## § II

### CONSULS

*125. Rang hiérarchique. — 126. Classes. — 127. Nomination. — 128. Rang. — 129. Nomination d'agents consulaires.*

**125.** — Les consuls dépendent, sous le rapport hiérarchique, du consul général de leur arrondissement.

**126.** — Nous avons vu qu'ils sont divisés en deux classes; il en est de même des postes consulaires; mais la classe pour les consuls est attachée à la personne de l'agent, indépendamment de la résidence à laquelle il est appelé.

**127.** — Les consuls sont nommés par le Chef de l'État.

**128.** — Les consuls de première classe ont rang de capitaine de vaisseau, et ceux de seconde classe de capitaine de frégate.

**129.** — Les consuls sont autorisés à nommer des délégués dans les lieux de leur arrondissement où ils le jugent utile au bien du service.

Toutefois, ils ne peuvent le faire sans en avoir reçu l'autorisation spéciale du ministre des affaires étrangères.

Ces délégués portent le titre d'agents consulaires.

## § III

### ÉLÈVES-CONSULS

*130. Nombre. — 131. Conditions d'admission. — 132. Où sont-ils placés?*

**130.** — Le nombre des élèves-consuls est fixé à quinze.

**181.** — Pour être nommé élève-consul, il faut être licencié en droit et bachelier ès-sciences physiques, âgé de vingt ans au moins et vingt-cinq ans au plus, et être jugé admissible après avoir subi l'épreuve d'un examen public devant une Commission spéciale nommée par le ministre des affaires étrangères.

**182.** — Ils sont attachés aux consulats généraux ou consulats que désigne le ministre des affaires étrangères.

Ils sont placés sous l'autorité et la direction immédiate du consul général ou consul près duquel ils résident.

## § IV

### AGENTS CONSULAIRES, VICE-CONSULS

133. *Agents consulaires.* — 134. *Fonctions.* — 135. *Vice-consuls.* — 136. *Étendue des pouvoirs des agents consulaires.* — 137. *Ils n'ont pas de chanceliers.*

**133.** — Nous avons vu que les délégués nommés par les consuls portent le titre d'agents consulaires.

Le titre honorifique de vice-consul peut leur être conféré lorsque l'importance du lieu, leur position sociale, ou quelque autre motif pris dans l'intérêt du service, peut l'exiger.

**134.** — Les agents et vice-consuls agissent sous la responsabilité du consul qui les a nommés.

Les fonctions des agents et vice-consuls ne donnent lieu à aucun traitement et ne confèrent aucun droit de concourir aux emplois de la carrière consulaire.

**135.** — Indépendamment des délégués nommés par les consuls dans leur arrondissement respectif, le ministre des affaires étrangères est autorisé à nommer dans les lieux où il n'existe pas de poste consulaire et où les besoins du service l'exigent, des vice-consuls qui correspondent directement avec lui et sont rétribués sur le budget de son département.

**186.** — Les agents consulaires n'ont droit d'exercer que les pouvoirs qui leur ont été délégués par le chef de poste qui les a brevetés.

**187.** — Ils n'ont pas de chanceliers, il en est de même des vice-consuls rétribués.

## § V

### CHANCELIERS

*138. Définition. — 139. Nomination. — 140. Conditions d'admission. — 141. Classes. — 142. 143. Ils concourent pour les postes consulaires; retraite. — 144. Attributions.*

**138.** — Les Chanceliers sont des officiers publics attachés aux consuls de France en pays étranger pour les assister dans toutes leurs fonctions.

**139.** — Ils sont nommés et brevetés par le Chef de l'État.

**140.** — Pour être chancelier, il suffit d'être Français et d'être âgé de vingt-cinq ans accomplis.

On ne peut être parent du consul ou du chef de la mission diplomatique jusqu'au degré de cousin germain inclusivement.

Dans les consulats du Levant, les chanceliers sont choisis par les consuls parmi les drogmans ou interprètes de leur Échelle, sans toutefois que le service de chancelier dispense de celui de drogman.

Dans les postes consulaires où il n'a pas été pourvu par le Chef de l'État à la nomination d'un chancelier, le titulaire de poste est autorisé à commettre à l'exercice de sa chancellerie, sous sa responsabilité, la personne qu'il en juge le plus capable, à la charge par lui de le faire agréer par le ministre des affaires étrangères.

**141.** — Les titulaires des chancelleries sont divisés en trois classes.

La classe est attachée à l'agent, indépendamment du poste dans lequel il exerce ses fonctions.

**142.** — Ils sont admis à concourir pour les postes consulaires.

**143.** — Ils ont droit à des pensions de retraite.

**144.** — Les attributions des chanceliers sont très-étendues :

En matière politique et administrative, ils remplissent l'office de secrétaires ;

En matière judiciaire, ils sont tantôt greffiers, tantôt huissiers ;

En matière de comptabilité ou de dépôt, ils perçoivent, sous le contrôle des consuls, les droits de chancellerie, et comme tels sont les préposés du Trésor ou de la Caisse des dépôts et consignations ;

Ils reçoivent les actes de l'état-civil de leurs nationaux ;

Ils remplissent à l'égard de ces derniers les fonctions de notaires ;

Ils tiennent le registre matricule sur lequel doivent se faire inscrire les Français résidant à l'étranger qui veulent s'assurer la protection du consul dans l'arrondissement duquel ils sont établis, ainsi qu'un moyen de justifier de leur esprit de retour, et la jouissance des droits et priviléges déjà attribués, ou qui pourraient l'être à l'avenir par les traités, aux seuls Français immatriculés.

## § VI

### INTERPRÈTES, DROGMANS

sition du corps des drogmans. — 149. *Choix des drogmans et élèves drogmans.*

**145.** — Les interprètes, appelés aussi drogmans en
Levant et en Barbarie, sont des officiers placés près des
consuls pour la traduction des écrits et des paroles.

**146.** — Trois de ces fonctionnaires, sous le titre de
secrétaires-interprètes du Gouvernement, sont attachés
à l'administration centrale du ministère des affaires
étrangères.

**147.** — Les secrétaires interprètes et les drogmans
sont nommés par le Chef de l'État sur la présentation du
ministre des affaires étrangères.

**148.** — Le corps des drogmans se compose des
secrétaires-interprètes dont un certain nombre réside à
Paris, de drogmans et d'élèves drogmans.

**149.** — Les drogmans sont choisis parmi les élèves
drogmans employés en Levant.

Les élèves drogmans sont nommés par le ministre
des affaires étrangères, parmi les élèves de l'École des
langues orientales, dite des Jeunes de langues.

# TITRE II

## DÉPARTEMENT DE L'AGRICULTURE ET DU COMMERCE

### 150. *Ses attributions.*

**150.** — Le ministère de l'agriculture et du commerce a dans ses attributions :

L'agriculture,

L'enseignement agricole et vétérinaire,

Les encouragements et les secours à l'industrie rurale,

Les dessèchements,

Les subsistances,

Les haras,

La préparation des lois et règlements relatifs au commerce intérieur, aux arts et manufactures,

Les sociétés anonymes,

Les assurances,

L'industrie,

Les écoles industrielles,

Les expositions de l'industrie,

Les Caisses de retraites pour la vieillesse,

Les Caisses d'épargne,

L'exécution des règlements sur le travail des enfants dans les manufactures,

La police sanitaire,

Les eaux minérales,

Les poids et mesures,

Les tarifs et lois de douanes, et les traités de commerce,

Les entrepôts et docks,

Les pêches maritimes,

Le commerce extérieur, etc., etc.

# CHAPITRE Ier

## ADMINISTRATION CENTRALE

### SECTION I

#### SERVICE CENTRAL

*151. Siége de l'administration centrale. — 152. Services de cette administration.*

**151.** — Le siége de l'administration centrale du

ministère de l'agriculture et du commerce est à Paris, rue Saint-Dominique-Saint-Germain, numéro 60.

**157.** — Cette administration comprend les services suivants :

1º Cabinet du ministre;

2º Secrétariat général,

3º Direction de la comptabilité centrale et de la statistique;

— Bureau des ordonnancements, comptes et budgets, et des écritures centrales,
— Bureau des comptes-matières et des secours,
— Service de la Caisse,
— Statistique générale de France.

4º Direction du commerce extérieur;

— 1er bureau, — Législation et tarifs de douanes en France,
— 2e bureau, — Législation commerciale et tarifs de douanes à l'étranger,
— 3e bureau, — Mouvement général du commerce et de la navigation,
Service intérieur, — Matériel et archives.

5º Direction de l'agriculture;

— 1er bureau, — Enseignement agricole et vétérinaire,
— 2e bureau, — Encouragements à l'agriculture,
— 3e bureau, — Subsistances.

6º Direction des Haras;

— Deux bureaux.

7º Direction du commerce intérieur;

— 1er bureau, — Commerce,
— 2e bureau, — Industrie,
— 3e bureau, — Police sanitaire et industrielle,
— 4e bureau, — Enseignement professionnel et travail des enfants dans les manufactures.

# SECTION II

## CONSEILS DU MINISTÈRE DE L'AGRICULTURE ET DU COMMERCE

*153. Principaux Conseils du ministère de l'Agriculture et du Commerce.*

**153.** — Il y a près du ministre de l'agriculture et du commerce de nombreux conseils, parmi lesquels :

1° Le Conseil supérieur du commerce, de l'agriculture et de l'industrie ;

2° Le Conseil général d'agriculture ;

3° Le Conseil supérieur des Haras ;

4° Le Comité consultatif des Haras ;

5° Le Comité consultatif des arts et manufactures ;

6° Le Comité de publication des brevets d'invention ;

7° Le Comité consultatif d'hygiène de la France ;

8° Le Comité consultatif des épizooties ;

9° Le Conseil supérieur de l'enseignement technique ;

10° La Commission supérieure du travail des enfants et des filles mineures employés dans l'industrie ;

11° La Commission du Herd-Book ;

12° La Commission du Stud-Book ;

13° La Commission de la Caisse des retraites pour la vieillesse ;

14° La Commission des Caisses d'assurances ;

15° Les Commissaires experts.

Outre ces conseils, comités et commissions dont nous donnons ci-après un aperçu, il y a encore près du ministère de l'agriculture et du commerce d'autres conseils dont le nom indique suffisamment l'objet, tels que :

1° La Commission du phylloxera ;

2° La Commission permanente pour la fixation annuelle des valeurs de douanes ;

3° Et la Commission supérieure des expositions internationales.

§ Ier

CONSEIL SUPÉRIEUR DU COMMERCE, DE L'AGRICULTURE
ET DE L'INDUSTRIE

*154. Ses attributions.*

**154.** — Le Conseil supérieur du commerce, de l'agriculture et de l'industrie donne son avis :

Sur toutes les questions que le Gouvernement juge à propos de lui renvoyer, notamment sur les projets de lois et décrets concernant le tarif des douanes ;

Sur les projets de traités de commerce et de navigation ;

Sur la législation commerciale des colonies et de l'Algérie ;

Sur le système des encouragements pour les grandes pêches maritimes ;

Sur les questions de colonisation et d'émigration.

S'il y a lieu de constater certains faits, le conseil supérieur peut entendre les personnes qu'il sait devoir l'éclairer ; il peut même, s'il en est besoin, procéder à des enquêtes, avec l'autorisation du ministre.

§ II

CONSEIL GÉNÉRAL D'AGRICULTURE

*155. Composition. — 156. Nomination de ses membres.—
157. Attributions.*

**155.** — Le Conseil général d'agriculture est composé de 100 membres, dont :

86 choisis parmi les membres des Chambres d'agriculture,

Et 14 pris en dehors.

**156.** — Ces membres sont nommés par le ministre de l'agriculture et du commerce.

**157.** — Le Conseil de l'agriculture peut être saisi de toutes les questions d'intérêt général sur lesquelles les Chambres d'agriculture ont été consultées.

Il donne son avis sur toutes celles que le ministre lui soumet.

## § III

### CONSEIL SUPÉRIEUR DES HARAS

158. *Nomination.* — *159. Nombre de ses membres.* — *160. Durée de leurs fonctions.* — *161. Attributions.*

**158.** — Le Conseil supérieur des Haras est nommé par le Président de la République.

**159.** — Le nombre de ses membres est fixé à 24.

**160.** — La durée de leurs fonctions est de neuf années.

**161.** — Il donne son avis sur le budget des Haras, sur les règlements généraux des concours et des courses, sur la nature et l'importance des encouragements qui se rapportent à la reproduction et à l'élevage, et sur toutes les questions qui lui sont soumises par le ministre ou, en son absence, par le directeur général des Haras.

Il reçoit communication des vœux et délibérations des Conseils généraux en ce qui concerne la question cheva-line.

Après chacune de ses sessions il est fait un rapport spécial et détaillé sur l'ensemble de ses travaux, et communication de ce rapport est donnée à l'Assemblée Nationale.

## § IV

### COMITÉ CONSULTATIF DES HARAS

162. *Il est présidé par le directeur général.* — *163. Sa composition.* — *164. Ses attributions.*

**162.** — Le Comité consultatif des Haras est établi auprès du directeur général et sous sa présidence.

**163.** — Il est composé des inspecteurs généraux.

**164.** — Ce Comité est consulté sur :

1° La répartition des étalons provenant de la remonte ou désignés pour être déplacés ;

2° L'ensemble des propositions relatives aux étalons à approuver, aux juments poulinières à primer, et aux encouragements de toute sorte à décerner ;

3° Les demandes consignées aux rapports d'inspection ;

4° Les budgets des établissements ;

5° Les règlements généraux du service ;

6° Les affaires importantes qui exigeraient un examen particulier avant d'être soumises au Conseil supérieur.

## § V

### COMITÉ CONSULTATIF DES ARTS ET MANUFACTURES

*165. Attributions.*

**165.** — Ce Comité a pour mission de donner la solution des questions techniques que rencontre l'administration dans la préparation ou l'application des mesures destinées à favoriser le progrès des arts industriels.

Il ne délibère que sur les questions qui lui sont soumises par le ministre de l'agriculture et du commerce.

## § VI

### COMITÉ DE PUBLICATION DES BREVETS D'INVENTION

*166. Attributions.*

**166.** — Ce Comité s'occupe :

1° De la délivrance des titres de brevets et de la copie des pièces annexées ;

2° Et de la publication des brevets dont les deux premières annuités ont été payées.

## § VII

### COMITÉ CONSULTATIF D'HYGIÈNE PUBLIQUE DE LA FRANCE

#### 167. Attributions.

**167.** — Ce Comité est chargé de l'étude et de l'examen de toutes les questions qui lui sont renvoyées par le ministre, spécialement en ce qui concerne :

Les quarantaines et les services qui s'y rattachent;

Les mesures à prendre pour prévenir et combattre les épidémies, et pour améliorer les conditions sanitaires des populations manufacturières et agricoles;

La propagation de la vaccine;

L'amélioration des établissements thermaux et les moyens d'en rendre l'usage de plus en plus accessible aux malades pauvres ou peu aisés;

Les titres des candidats aux places de médecins-inspecteurs des eaux minérales;

L'institution et l'organisation des conseils et des commissions de salubrité;

La police médicale et pharmaceutique;

La salubrité des ateliers.

Le Comité d'hygiène publique indique au ministre les questions à soumettre à l'Académie nationale de médecine.

## § VIII

### COMITÉ CONSULTATIF DES ÉPIZOOTIES

#### 168. Attributions.

**168.** — Ce Comité est chargé de l'étude et de l'examen de toutes les questions qui lui sont renvoyées par le ministre, spécialement en ce qui concerne :

Les réformes à introduire dans la législation relative aux épizooties;

L'instruction et l'organisation du service vétérinaire;

Les mesures à prendre pour prévenir et combattre les épizooties, ainsi que les mesures propres à améliorer les conditions sanitaires et hygiéniques des animaux et à favoriser la reproduction du bétail.

Il rédige sur ces objets les instructions qu'il peut y avoir lieu de publier.

Il centralise les informations sur les faits de maladies épizootiques à l'étranger et indique ceux de ces renseignements qu'il peut être utile de livrer à la publicité dans l'intérêt de l'agriculture.

Le Comité présente chaque année au ministre un rapport général sur l'état sanitaire du bétail pendant l'année écoulée.

## § IX

### CONSEIL SUPÉRIEUR DE L'ENSEIGNEMENT TECHNIQUE

*169. But de son institution.*

**169.** — Le but principal de ce Conseil est de rechercher les moyens les plus propres à développer et à perfectionner l'enseignement industriel.

## § X

### COMMISSION SUPÉRIEURE DU TRAVAIL DES ENFANTS ET DES FILLES MINEURES EMPLOYÉS DANS L'INDUSTRIE

*170. Attributions.*

**170.** — Cette commission est chargée :

1° De veiller à l'application uniforme et vigilante de la loi concernant le travail des enfants et des filles mineures employés dans l'industrie;

2° De donner son avis sur les règlements à faire et

généralement sur les diverses questions intéressant les travailleurs protégés;

3° Enfin, d'arrêter les listes de présentation des candidats pour la nomination des inspecteurs divisionnaires.

## § XI

### COMMISSION DU HERD-BOOK

*171. Attributions.*

**171.** — Cette commission est chargée de la tenue du registre matricule institué pour l'inscription des animaux de race pure de l'espèce bovine existant en France (Herd-Book français) et de statuer sur les inscriptions à faire.

## § XII

### COMMISSION DU STUD-BOOK

*172. Ses attributions.*

**172.** — Cette commission est chargée :

De statuer sur l'inscription des chevaux de race pure existant en France au registre matricule créé spécialement pour cet usage (Stud-Book français);

Et de la tenue de ce registre.

## § XIII

### COMMISSION DE LA CAISSE DES RETRAITES POUR LA VIEILLESSE

*173. Ses attributions.*

**173.** — Cette commission est chargée de l'examen de toutes les questions relatives à la Caisse des retraites pour la vieillesse.

## § XIV

### COMMISSION DES CAISSES D'ASSURANCES

*174. Ses attributions.*

**174.** — Cette commission est chargée de l'examen des questions relatives aux Caisses d'assurances en cas de décès et en cas d'accidents.

## § XV

### COMMISSAIRES EXPERTS

*175. Leurs fonctions. — 176. Ils ont un laboratoire.*

**175.** — Les commissaires experts sont chargés de statuer sur les doutes et difficultés qui peuvent s'élever relativement à l'espèce, à l'origine, ou à la qualité des produits, soit pour l'application des droits, des primes et des priviléges coloniaux.

Le ministre leur adjoint, pour chaque affaire et selon sa nature, au moins deux négociants ou fabricants.

**176.** — Ils ont un laboratoire dans lequel ils analysent la nature et la composition des matières soumises à leur jugement.

# CHAPITRE II

## SERVICE DÉPARTEMENTAL

*177. En quoi consiste ce service?*

**177.** — Le ministère de l'agriculture et du commerce n'a pas, à proprement parler, de service départemental; son unique but étant d'aider et de protéger l'agriculture, le commerce et l'industrie, et de contribuer de cette manière à leur progrès.

Il n'exerce son action que par voie d'encouragement,

en proposant des lois favorables, en facilitant la création d'institutions utiles, en propageant l'enseignement agricole, commercial et industriel, et en distribuant des secours, des primes et récompenses.

Il est cependant chargé de quelques services spéciaux.

Les institutions et les services qui dépendent de ce ministère feront l'objet du présent chapitre, qui sera divisé en trois sections : la première pour l'agriculture, la deuxième pour le commerce et l'industrie, et la troisième pour les services divers.

## SECTION Ire

### AGRICULTURE

#### § Ier

##### CHAMBRES CONSULTATIVES D'AGRICULTURE

*178. Nombre. — 179. Composition. — 180. Session. — 181. Attributions. — 182. Elles sont reconnues comme établissements d'utilité publique.*

**178.** — Il y a dans chaque arrondissement une Chambre consultative d'agriculture.

**179.** — Les Chambres consultatives d'agriculture sont composées d'autant de membres qu'il y a de cantons dans l'arrondissement, sans que le nombre de ces membres puisse être inférieur à six.

Le Préfet désigne dans chaque canton, pour faire partie de la Chambre d'agriculture, un agriculteur notable ayant son domicile ou des propriétés dans le canton.

**180.** — Un arrêté du Préfet fixe chaque année l'époque de la session ordinaire des Chambres d'agriculture de son département. Il en détermine la durée et arrête le programme des travaux.

**181.** — Les Chambres consultatives d'agriculture

présentent au Gouvernement leurs vues sur les questions qui intéressent l'agriculture.

Leur avis peut être demandé sur les changements à opérer dans la législation, en ce qui touche les intérêts agricoles, notamment en ce qui touche les contributions indirectes, les douanes, les octrois, la police et l'emploi des eaux.

Elles peuvent aussi être consultées sur l'établissement des foires et marchés, sur la destination à donner aux subventions de l'État et du département, enfin, sur l'établissement des écoles régionales et des fermes-écoles.

Elles sont chargées de la statistique agricole de l'arrondissement.

**182.** — Les Chambres consultatives d'agriculture *sont reconnues comme établissements d'utilité publique, et peuvent, en cette qualité, acquérir, recevoir, posséder et aliéner après y avoir été dûment autorisées.*

## § II

### ENSEIGNEMENT AGRICOLE

*183. Établissements d'enseignement agricole.*

**183.** — Les établissements d'enseignement agricole sont actuellement :

1º L'Institut agronomique ;
2º Les Écoles nationales d'agriculture ;
3º Les Écoles pratiques d'agriculture ;
4º Les Fermes-Écoles ;
5º Et quelques Écoles spéciales.

Ce système d'enseignement est complété au moyen de chaires et de cours nomades.

### ART 1er

#### INSTITUT AGRONOMIQUE

*184. But de sa création. — 185. Son siège. — 186. Élèves.*

*— 187. Délivrance des diplômes. — 188. Mission aux deux premiers élèves de chaque année. — 189. Champ d'expérience.*

**184.** — Cette école, nouvellement fondée, doit devenir pour l'agriculture ce qu'est l'École polytechnique pour les travaux publics, pour les arts et l'industrie : de même que celle-ci est l'expression la plus élevée de l'étude des sciences physiques et mathématiques, de même l'Institut supérieur de l'agriculture doit être l'expression la plus haute et la plus complète de l'étude des sciences naturelles, physiques et chimiques dans leurs rapports avec l'agriculture.

**185.** — Elle est établie au Conservatoire des Arts et Métiers, à Paris.

**186.** — L'établissement reçoit des élèves-externes et des auditeurs libres.

**187.** — Les élèves réguliers qui, à la suite des examens de fin d'études, en ont été jugés dignes, reçoivent un diplôme.

**188.** — Les deux premiers élèves sortant chaque année peuvent recevoir, aux frais de l'État, une mission complémentaire d'études.

Cette mission dure deux ans et a lieu tant en France qu'à l'étranger.

**189.** — Un champ d'expériences, d'une contenance ne pouvant pas dépasser cinquante hectares, doit être affecté, avec les bâtiments nécessaires, au service de l'Institut agronomique.

### ART. 2.

#### ÉCOLES NATIONALES D'AGRICULTURE

4

*Durée des études. — 195. Délivrance de diplômes. — 196. Stage supplémentaire accordé aux premiers élèves. — 197. Diplôme d'ingénieur agricole. — 198. Nombre de ces Écoles.*

**190.** — Les écoles d'agriculture sont des établissements destinés à former des agriculteurs éclairés, des cultivateurs praticiens instruits et habiles, des aides ruraux adroits et intelligents.

**191.** — Elles sont établies dans des domaines cultivés en régie pour le compte et aux frais de l'État.

**192.** — L'enseignement qui s'y donne est à la fois théorique et pratique.

**193.** — Ces écoles reçoivent des élèves internes, des élèves externes et des auditeurs libres.

Les élèves internes et les élèves externes ne sont admis qu'après avoir subi les épreuves d'un examen.

**194.** — La durée des études est de deux ans et demi.

**195.** — Les élèves qui ont satisfait aux examens de sortie peuvent recevoir un diplôme.

**196.** — Ceux des élèves diplômés qui sont sortis dans les premiers rangs de l'école peuvent obtenir un stage de deux années, aux frais de l'État, auprès d'établissements agricoles publics ou privés, pour y compléter leur instruction pratique.

**197.** — Les élèves diplômés peuvent concourir pour l'obtention du diplôme d'ingénieur agricole.

**198.** — Il y a trois écoles nationales d'agriculture :
L'école de Grignon (Seine-et-Oise) ;
L'école de Granjouan (Loire-Inférieure) ;
Et l'école de Montpellier (Hérault).

## ART. 2
### ÉCOLES PRATIQUES D'AGRICULTURE

**199.** — Les écoles pratiques d'agriculture sont destinées à tenir le milieu entre les écoles nationales d'agriculture et les fermes-écoles.

**200.** — L'enseignement n'y est pas aussi élevé que dans les écoles nationales d'agriculture; mais il y est supérieur à celui des fermes-écoles.

**201.** — Il peut être établi dans chaque département, ou pour plusieurs départements qui s'entendront à cet effet, une école pratique d'agriculture, instituée sur une exploitation gérée aux risques et périls de l'exploitant.

**202.** — Le choix du domaine sur lequel est instituée l'école pratique d'agriculture est fait par le ministre de l'agriculture et du commerce, après avoir pris l'avis du Conseil général ou des Conseils généraux intéressés.

**203.** — Les départements intéressés à la création d'écoles pratiques d'agriculture ont à s'imposer les sacrifices nécessaires à l'installation matérielle de ces établissements.

**204.** — La rétribution de tout le personnel dirigeant et enseignant des écoles pratiques d'agriculture et les frais accessoires de l'enseignement sont exclusivement à la charge de l'État.

L'État peut, en outre, intervenir pour tout ou partie des frais d'appropriation des lieux et d'achat de matériel d'enseignement dans les départements dont les ressources sont insuffisantes.

**205.** — Le programme des études est réglé pour chaque école, par le ministre, suivant la spécialité culturale de la contrée et après avis du comité de surveillance et de perfectionnement.

Il comporte le maniement des armes et des exercices de tir.

Ce programme peut comprendre l'étude de la pisciculture.

**206.** — Le brevet de capacité délivré à la sortie de ces établissements donne droit, sans autre épreuve, au bénéfice du volontariat d'un an.

**207.** — On compte aujourd'hui trois écoles pratiques d'agriculture :

Saint-Bon (Haute-Marne);

Les Merchines (Meuse);

Et Saint-Remy (Haute-Saône).

### Art. 4

#### FERMES-ÉCOLES

*208. Qu'est-ce qu'une Ferme-École? — 209. Dépenses à la charge de l'État. — 210. Admission. — 211. Certificat d'instruction. — 212. Durée de l'apprentissage. — 213. Primes. — 214. Nombre des Fermes-Écoles.*

**208.** — La ferme-école est une exploitation rurale conduite avec habileté et profit, et dans laquelle des apprentis, choisis parmi les travailleurs et admis à titre gratuit, exécutent tous les travaux, recevant en même temps qu'une rémunération de leur travail un enseignement agricole essentiellement pratique.

**209.** — Les traitements et gages du personnel enseignant sont payés par l'État;

L'État prend aussi à sa charge le prix de la pension qui, joint au travail des élèves, est alloué au directeur pour l'indemniser des dépenses de nourriture et autres, occasionnées par l'admission des apprentis.

**210.** — L'admission dans les fermes-écoles a lieu par voie de concours.

**211.** — Un certificat d'instruction est délivré aux apprentis qui ont satisfait aux examens de sortie.

Les jeunes gens porteurs de ce certificat sont admis au volontariat d'un an, sans autre épreuve.

**212.** — La durée de l'apprentissage varie de deux à trois ans, suivant les établissements.

**213.** — Chaque année, le Trésor distribue aux fermes-écoles des primes.

Elles sont réparties, à titre de pécule, tous les ans, sur la tête de chaque enfant suivant son mérite; mais elles ne sont remises à chacun qu'à la fin de son apprentissage et si à sa sortie il a obtenu le certificat d'instruction.

**214.** — On compte actuellement vingt-sept fermes-écoles :

Pont-de-Veyle (Ain); Paillerols (Basses-Alpes); Berthaux (Hautes-Alpes); Royat (Ariège); Besplas (Aude); La Montauronne (Bouches-du-Rhône); Puilboreau (Charente-Inférieure); Laumoy (Cher); Les Plaines (Corrèze); La Villeneuve (Creuze); Lavallade (Dordogne); La Roche (Doubs); Machorre (Gironde); Les Trois-Croix (Ille-et-Vilaine); Les Hubaudières (Indre-et-Loire); La Bâtie (Isère); Nolhac (Haute-Loire); Montat (Lot); Recoulettes (Lozère); Le Grand-Resto (Morbihan); Saint-Michel (Nièvre); Saut-Gautier (Orne); La Pilletière (Sarthe); Montlouis (Vienne); Chavaignac (Haute-Vienne); Labayvaux (Vosges); et l'Orme-du-Pont (Yonne).

## ART 5

### ÉCOLES DIVERSES SPÉCIALES

*215. Énumération de ces Écoles.*

**215.** — On peut encore citer comme faisant partie

des écoles d'agriculture les établissements suivants :

1° L'École pratique d'irrigation et de drainage du Lézardeau (Finistère);

2° L'École d'horticulture de Versailles;

3° La Bergerie du Haut-Tingry (Pas-de-Calais);

4° La Vacherie de Corbon (Calvados);

5° La Bergerie et l'École des bergers de Rambouillet (Seine-et-Oise).

### ART. 6

#### CHAIRES

##### *Chaires d'Agriculture.*

**216.** — Il existe actuellement des chaires d'agriculture à :

Rodez (Aveyron) ; Bourges (Cher) ; Dijon (Côte-d'Or) ; Lamballe (Côtes-du-Nord); Besançon (Doubs); Quimper (Finistère); Toulouse (Haute-Garonne); Bordeaux (Gironde); Tours (Indre-et-Loire); Lons-le-Saulnier (Jura); Orléans (Loiret); Châlons (Marne); Chaumont (Haute-Marne); Laval (Mayenne); Beauvais (Oise); Pau (Basses-Pyrénées); Perpignan (Pyrénées - Orientales); Melun (Seine-et-Marne); Rouen (Seine-Inférieure); Amiens (Somme); Avignon (Vaucluse); Poitiers (Vienne); Limoges (Haute-Vienne); Auxerre (Yonne).

##### *Chaires de Chimie agricole.*

**217.** — On trouve des chaires de chimie agricole à :
Caen (Calvados); Bordeaux (Gironde); Rennes (Ille-et-Vilaine); Nancy (Meurthe-et-Moselle).

##### *Chaire d'Horticulture, de Sylviculture et de Physiologie végétale.*

**218.** — Roanne (Loire) possède une chaire d'horticulture, de sylviculture et de physiologie végétale.

## ART. 7

### COURS NOMADES D'ARBORICULTURE ET D'HORTICULTURE

**219.** — Ces cours sont faits chaque année par un professeur, suivant un itinéraire tracé par le ministre.

## ART. 8

### COMITÉS DE SURVEILLANCE ET DE PERFECTIONNEMENT

*220. Ses attributions.*

**220.** — Il y a, pour chaque ferme-école et pour chaque école pratique d'agriculture, un comité chargé de veiller sur leur direction, leur discipline et leur enseignement.

Il donne son avis sur le programme des études et les conditions d'admission, les examens d'entrée et de sortie des élèves, la collation des brevets de capacité.

Les présentations pour les bourses et fractions de bourse ont lieu avec son concours et sous sa surveillance.

Le comité correspond directement avec le ministre de l'agriculture et du commerce.

Il adresse chaque année, aux conseils généraux intéressés, un rapport sur la situation de l'école.

## § III

### ÉCOLES VÉTÉRINAIRES

*221. Combien y a-t-il d'écoles vétérinaires? — 222. Où sont-elles établies? — 223. Élèves. — 224. Conditions d'admission. — 225. Durée des études. — 226. Enseignement. — 227. Diplôme et titre de vétérinaire. — 228. Hôpitaux des Écoles vétérinaires.*

**221.** — Les écoles vétérinaires sont au nombre de trois.

**222.** — Elles sont établies à Alfort, à Lyon et à Toulouse.

**223.** — Elles reçoivent des élèves internes, des élèves externes et des auditeurs libres français et étrangers.

**224.** — L'admission dans les écoles vétérinaires ne peut avoir lieu que par voie de concours et conformément à des règles spéciales.

Deux demi-bourses sont affectées à chaque département.

Le ministre dispose, en outre, de 68 demi-bourses.

Les unes et les autres sont accordées, sur la proposition du jury d'examen, aux élèves les mieux notés sous le double rapport de l'instruction et de la conduite, et par ordre de mérite d'après la liste de classement.

Les élèves militaires, nommés par le ministre de la guerre, au nombre de 60, sont reçus gratuitement.

**225.** — La durée des études dans les écoles vétérinaires est de quatre ans.

**226.** — L'enseignement vétérinaire a pour but l'étude des maladies des animaux domestiques.

**227.** — A la suite des examens de sortie subis avec succès, les élèves reçoivent le diplôme de vétérinaire.

Le titre de vétérinaire ne peut être pris que par ceux qui ont obtenu le diplôme délivré dans les écoles vétérinaires.

**228.** — Les écoles vétérinaires ont des hôpitaux où sont reçus et traités tous les animaux malades, moyennant une pension alimentaire dont le prix est fixé chaque année.

## § IV

### HARAS

**229.** — Un haras est un établissement, soit public, soit privé, où l'on entretient des étalons et des juments destinés au développement et à l'amélioration de l'espèce chevaline.

**230.** — On compte actuellement en France 22 de ces établissements appartenant à l'État et situés à :

Angers, Annecy, Aurillac, Besançon, Blois, Cluny, Compiègne, Hennebont, Lamballe, Libourne, Montier-en-Der, Pau, Perpignan, Le Pin, Pompadour, La Roche-sur-Yon, Rodez, Rosières-aux-Salines, Saintes, Saint-Lô, Tarbes, Villeneuve-sur-Lot.

**231.** — Les étalons des haras sont répartis tous les ans, à l'époque de la monte, en un certain nombre de stations, suivant les besoins des localités.

Ils sont placés autant que possible chez les propriétaires cultivateurs les plus habiles dans l'art d'élever les chevaux.

## § V
### ÉCOLE DES HARAS

*232. Où est-elle établie? — 233. But de cette école.*

**232.** — L'école des haras est établie au haras du Pin.

**233.** — Cette école a pour but de former les officiers destinés aux haras ;

Nul, en effet, ne peut être nommé officier des haras, s'il n'a reçu un diplôme attestant qu'il a satisfait aux examens de sortie de cette école.

## § VI
### ENCOURAGEMENTS A L'AGRICULTURE

*234. Quels sont les moyens d'encouragement?*

**234.** — Les moyens employés pour encourager l'agriculture sont :

Les subventions aux stations agronomiques, aux colonies et orphelinats agricoles, aux associations agricoles et au drainage;

Les Concours généraux et départementaux d'animaux de boucherie;

Les Concours régionaux d'animaux reproducteurs, d'instruments et de produits agricoles;

Les primes et prix culturaux;

Et les encouragements à la sériculture, à la viticulture et à l'irrigation.

## § VII

### ENCOURAGEMENTS A LA PRODUCTION CHEVALINE

*235. Quels sont les moyens d'encouragement?*

**235.** — Les moyens mis en œuvre pour encourager la production chevaline sont :

Les courses plates, au galop et au trot; les steeple-chases, les épreuves d'étalons de demi-sang, les primes de dressage;

Les concours de poulinières, de poulains, de pouliches;

Les primes aux étalons approuvés, les primes aux juments de race pure;

Les subventions aux écoles de dressage et les encouragements à divers établissements de dressage et d'équitation.

## SECTION II

### COMMERCE ET INDUSTRIE

### § Ier

### CHAMBRES DE COMMERCE

*236. Nomination des membres des Chambres de commerce. — 237. Nombre des membres. — 238. Durée de leurs fonctions. — 239. Membres correspondants. — 240.*

*Attributions des Chambres de commerce. — 241. Comment sont-elles établies? — 242. Elles sont considérées comme établissement d'utilité publique.*

**236.** — Les membres des Chambres de commerce sont choisis à l'élection conformément au décret du 22 janvier 1872.

Les conditions d'éligibilité sont déterminées par l'article 620 du Code de commerce, modifié par la loi du 21 décembre 1871.

**237.** — Le nombre des membres des Chambres de commerce est déterminé par le titre de leur institution, ou par un décret postérieur. Il ne peut être au-dessous de 9 ni excéder 21.

**238.** — Leurs fonctions durent six ans.

**239.** — Les Chambres de commerce peuvent désigner, dans toute l'étendue de leur circonscription, des membres correspondants, dont le nombre ne doit pas dépasser celui des membres de la Chambre elle-même.

Les membres correspondants peuvent assister aux délibérations de la Chambre, mais avec voix consultative seulement.

**240.** — Les Chambres de commerce ont pour attribution :

1º De donner au Gouvernement les avis et renseignements qui leur sont demandés sur les faits et les intérêts industriels et commerciaux;

2º De présenter leurs vues :

Sur les moyens d'accroître la prospérité de l'industrie et du commerce;

Sur les améliorations à introduire dans toutes les branches de la législation commerciale, y compris les tarifs des douanes et octrois;

Sur l'exécution des travaux et l'organisation des services publics qui peuvent intéresser le commerce ou l'industrie, tels que les travaux des ports, la navigation des fleuves, des rivières, les postes, les chemins de fer, etc., etc.

L'avis des Chambres de commerce est demandé spécialement :

Sur les changements projetés dans la législation commerciale ;

Sur les érections et règlements des Chambres de commerce ;

Sur les créations de Bourses et les établissements d'agents de change ou de courtiers;

Sur les tarifs des douanes;

Sur les tarifs et règlements des services de transports et autres, établis à l'usage du commerce;

Sur les usages commerciaux, les tarifs et règlements de courtage maritime et de courtage en matière d'assurance de marchandises, de change et d'effets publics;

Sur la création des tribunaux de commerce dans leur circonscription;

Sur les établissements de banque, de comptoirs d'escompte et de succursales de la Banque de France;

Sur les projets de travaux publics locaux relatifs au commerce;

Sur les projets de règlements locaux en matière de commerce ou d'industrie.

Quand il existe dans une même ville une Chambre de commerce et une Bourse, l'administration de la Bourse appartient à la Chambre, sans préjudice des droits du maire et de la police municipale dans les lieux publics.

Les établissements créés pour l'usage du commerce, comme les magasins de sauvetage, entrepôts, conditions pour les soies, cours publics pour la propagation des connaissances commerciales et industrielles, sont administrés par les Chambres de commerce, s'ils ont été formés au moyen de contributions spéciales sur les commerçants.

L'administration de ceux de ces établissements qui ont été formés par des dons, legs ou autrement, peut leur être remise, d'après le vœu des souscripteurs et donateurs.

Enfin, cette administration peut leur être déléguée pour les établissements de même nature qui seraient créés par l'autorité.

**241.** — Les Chambres de commerce sont établies par décret rendu dans la forme des règlements d'administration publique.

**242.** — Elles sont considérées comme établissements d'utilité publique.

## § II

### BOURSES DE COMMERCE

*243. Définition. — 244. Fixation des cours. — 245. Par qui les cours sont-ils constatés?*

**243.** — La Bourse de commerce est la réunion qui a lieu, sous l'autorité du chef de l'État, des commerçants, capitaines de navire, agents de change et courtiers.

**244.** — Le résultat des négociations et des transactions qui s'opèrent dans la Bourse, détermine le cours du change, des marchandises, des assurances, du fret ou nolis, du prix des transports par terre ou par eau, des effets publics et autres, dont le cours est susceptible d'être coté.

**245.** — Ces divers cours sont constatés par les agents de change et courtiers, dans la forme prescrite par les règlements de police généraux ou particuliers.

5

## § III

### CHAMBRES CONSULTATIVES DES ARTS ET MANUFACTURES

*246. Où peuvent-elles être établies? — 247. Leurs fonctions. — 248. Nomination de leurs membres. — 249. Nombre des membres. — 250. Durée de leurs fonctions.*

**246.** — Les Chambres consultatives des arts et manufactures peuvent être établies dans les lieux où le Gouvernement le juge convenable.

**247.** — Leurs fonctions sont de faire connaître les besoins et les moyens d'amélioration des manufactures, fabriques, arts et métiers.

**248.** — Les membres des Chambres consultatives des arts et manufactures sont choisis à l'élection, conformément au décret du 22 janvier 1872.

Les conditions d'éligibilité sont déterminées par l'article 620 du Code de commerce, modifié par la loi du 21 décembre 1871.

**249.** — Le nombre des membres de chaque Chambre est de 12.

**250.** — La durée de leurs fonctions est de six années.

## § IV

### ENSEIGNEMENT COMMERCIAL

#### ART. 1er

##### ÉCOLES COMMERCIALES

*251. Où trouve-t-on des écoles commerciales?
— 252. Enseignement.*

**251.** — Les villes de Paris, le Hâvre, Rouen, Lyon et Marseille ont des écoles commerciales destinées à former des négociants, des banquiers, des administrateurs, des directeurs, des employés d'établissements industriels et commerciaux.

**252.** — L'enseignement dans ces écoles porte plus spécialement sur les matières commerciales et industrielles.

## § V

### AGENTS DE CHANGE ET COURTIERS

253. *But de leur institution.* — 254. *Où en existe-t-il ?* — 255. *Par qui sont-ils nommés ?* — 256. *Fonctions des agents de change.* — 257. *Combien y a-t-il de sortes de courtiers ?* — 258. *Courtiers de marchandises.* — 259. *Courtiers d'assurances.* — 260. *Courtiers interprètes et conducteurs de navires.* — 261. *Cumul.* — 262. *Courtiers de transport par terre et par eau.* — 263. *Prohibitions faites aux agents de change et courtiers.*

**253.** — La loi reconnaît, pour les actes de commerce, des agents intermédiaires, savoir : les *agents de change* et les *courtiers*.

**254.** — Il y en a dans toutes les villes qui ont une Bourse de commerce.

**255.** — Ils sont nommés par le chef de l'État.

**256.** — Les *agents de change*, constitués de la manière prescrite par la loi, ont seuls le droit de faire les négociations des effets publics et autres susceptibles d'être cotés; de faire pour le compte d'autrui les négociations des lettres de change ou billets, et de tous papiers commerçables, et d'en constater le cours.

Les agents de change peuvent faire, concurremment avec les courtiers de marchandises, les négociations et le courtage des ventes ou achats des matières métalliques.

Ils ont seuls le droit d'en constater le cours.

**257.** — Il y a des courtiers de marchandises, — des

courtiers d'assurances, — des courtiers interprètes et
conducteurs de navires, — des courtiers de transport par
terre et par eau.

**258.** — Les *courtiers de marchandises*, constitués
de la manière prescrite par la loi, ont seuls le droit de
faire le courtage des marchandises, d'en constater le
cours; ils exercent, concurremment avec les agents de
change, le courtage des matières métalliques.

**259.** — Les *courtiers d'assurances* rédigent les
contrats ou polices d'assurance, concurremment avec les
notaires; ils en attestent la vérité par leur signature,
certifient le taux des primes pour tous les voyages de
mer ou de rivière.

**260.** — Les *courtiers interprètes* et *conducteurs
de navires* font le courtage des affrétements; ils ont, en
outre, seuls le droit de traduire, en cas de contestations
portées devant les tribunaux, les déclarations, chartes
parties, connaissements, contrats, et tous actes de
commerce dont la traduction serait nécessaire; enfin, de
constater le cours du fret ou du nolis.

Dans les affaires contentieuses de commerce et pour
le service des douanes, ils servent seuls de truchement à
tous étrangers, maîtres de navire, marchands, équipages
de vaisseau et autres personnes de mer.

**261.** — Le même individu peut, si l'acte du Gouvernement qui l'institue l'y autorise, cumuler les fonctions
d'agent de change; de courtier de marchandises ou
d'assurances, et de courtier interprète et conducteur de
navires.

**262.** — Les *courtiers de transport par terre et par
eau*, constitués selon la loi, ont seuls, dans les lieux où
ils sont établis, le droit de faire le courtage des transports
par terre et par eau.

Ils ne peuvent cumuler, dans aucun cas et sous aucun prétexte, les fonctions de courtiers de marchandises, d'assurances, ou de courtiers conducteurs de navires.

**263.** — Un agent de change ou courtier ne peut, dans aucun cas et sous aucun prétexte, faire des opérations de commerce ou de banque pour son compte.

Il ne peut s'intéresser directement ni indirectement, sous son nom ou sous un nom interposé, dans aucune entreprise commerciale.

Il ne peut recevoir ni payer pour le compte de ses commettants.

Il ne peut se rendre garant de l'exécution des marchés dans lesquels il s'entremet.

## § VI

### ENSEIGNEMENT INDUSTRIEL

### ART. 1er.

#### ÉCOLE CENTRALE DES ARTS ET MANUFACTURES

*264. Son siége. — 265. Elle appartient à l'État. — 266. Sa destination. — 267. Élèves. — 268. Durée des études. — 269. Diplômes d'ingénieur des arts et manufactures. — 270. Certificats de capacité.*

**264.** — Cette école est située à Paris, rue de Thorigny, numéro 7, et rue des Coutures-Saint-Gervais, numéro 1.

**265.** — Jusqu'en 1857, elle fut un établissement particulier.

La loi du 19 juin 1857 approuva la convention passée le 13 avril précédent pour la cession de cet établissement à l'État.

**266.** — Elle est destinée à former des ingénieurs civils pour toutes les branches de l'industrie, des directeurs d'usine, des chefs de fabrique et des chefs d'exploitations agricoles.

**267.** — Les élèves sont admis par voie de concours. Ils sont externes.

**268.** — La durée des études est de trois années.

**269.** — A la fin de la troisième année, il est ouvert, dans chaque spécialité, un concours à la suite duquel des diplômes d'ingénieur des arts et manufactures sont délivrés aux élèves qui ont satisfait complètement aux épreuves du concours.

**270.** — Des certificats de capacité sont accordés à ceux qui ont justifié seulement de connaissances suffisantes sur les points les plus importants de l'enseignement.

## Art. 2.

### CONSERVATOIRE DES ARTS ET MÉTIERS

271. *Son siége.*
272. *Sa destination.* — 273. *Cours publics.*

**271.** — Cet établissement est situé à Paris, rue Saint-Martin, numéro 292.

**272.** — Il est destiné :

1° A recevoir le dépôt des inventions industrielles;

2° Et à fournir, au moyen de cours publics et gratuits, l'enseignement de toutes les sciences appliquées aux arts.

Il possède, en outre, une bibliothèque d'ouvrages techniques et scientifiques.

**273.** — Il y est fait quatorze cours :

Géométrie appliquée aux arts,
Géométrie descriptive,
Mécanique appliquée aux arts,

Constructions civiles,
Physique appliquée aux arts,
Chimie générale dans ses rapports avec l'industrie,
Chimie industrielle,
Chimie agricole et analyse chimique,
Agriculture,
Travaux agricoles et génie rural,
Filature et tissage,
Chimie appliquée aux industries de la teinture, de la céramique et de la verrerie,
Économie politique et législation industrielle,
Économie industrielle et statistique.

### Art. 3

#### ÉCOLES DES ARTS ET MÉTIERS

*274. Nombre de ces écoles. — 275. Leur objet. — 276. Élèves. — 277. Durée des études. — 278. Enseignement. — 279. Produit du travail.*

**274.** — Il y a trois écoles d'arts et métiers, l'une à Châlons-sur-Marne, la seconde à Angers et la troisième à Aix.

**275.** — Elles ont pour objet de former, pour les industries correspondant à l'emploi du fer et du bois, des chefs d'atelier et des ouvriers exercés dans la pratique éclairée des arts spécialement utiles à ces industries.

**276.** — Elles ne reçoivent que des élèves internes.
L'admission dans les écoles d'arts et métiers ne peut avoir lieu que par voie de concours et conformément à des règles déterminées.

**277.** — La durée des études dans les écoles d'arts et métiers est de trois ans.

**278.** — L'enseignement donné dans ces écoles est théorique et pratique.

**279.** — Le produit du travail exécuté dans les écoles appartient à l'État.

## § VII

### INSPECTEURS DU TRAVAIL DES ENFANTS EMPLOYÉS DANS L'INDUSTRIE

*280. But de leur institution. — 281. Commissions locales.*

**280.** — D'après la loi du 19 mai 1874, il n'est permis d'employer des enfants ou des filles mineures à un travail industriel, dans les manufactures, fabriques, usines, mines, chantiers et ateliers, que sous des conditions déterminées.

Pour assurer l'exécution de cette loi, il est nommé quinze inspecteurs divisionnaires qui résident et exercent leur surveillance dans l'une des quinze circonscriptions territoriales qui leur est confiée.

**281.** — Il est institué en outre dans chaque département des commissions locales chargées :

1º De veiller à l'exécution de la loi;

2º De contrôler le service de l'inspection;

3º D'adresser au Préfet du département, sur l'état du service et l'exécution de la loi, des rapports qui sont transmis au ministre et communiqués à la Commission supérieure.

## § VIII

### ENCOURAGEMENTS AU COMMERCE ET A L'INDUSTRIE

**282.** — Les encouragements au commerce et à l'industrie se manifestent :

Par des récompenses, des subventions, des enquêtes, des missions, des achats et transports d'échantillons de produits étrangers, etc.

# SECTION III
## SERVICES DIVERS
### § Ier
### SERVICE DE LA VÉRIFICATION DES POIDS ET MESURES

*283. Composition du personnel. — 284. Comment se fait la vérification. — 285. Bureau international des poids et mesures.*

**283.** — Le personnel du service de la vérification se compose de vérificateurs en chef, de vérificateurs et de vérificateurs-adjoints.

Un vérificateur est nommé par chaque arrondissement; son bureau est établi autant que possible au chef-lieu.

**284.** — La vérification des poids et mesures destinés au commerce est faite sous la surveillance des préfets et sous-préfets.

La vérification est faite chaque année dans les communes.

Le préfet règle l'ordre dans lequel les diverses communes sont vérifiées.

**285.** — Une convention a été signée à Paris, le 20 mai 1875, pour assurer l'unification internationale et le perfectionnement du système métrique entre :

La France, — l'Allemagne, — l'Autriche, — la Belgique, — la Confédération Argentine, — le Danemarck, — l'Espagne, — les États-Unis d'Amérique, — l'Italie, — le Pérou, — le Portugal, — la Russie, — la Suède et la Norwège, — la Suisse, — la Turquie, — le Vénézuela.

Les parties contractantes se sont engagées à fonder et entretenir, à frais communs, un bureau international des poids et mesures, scientifique et permanent, dont le siège est à Paris.

Le bureau international fonctionne sous la direction et la surveillance exclusive d'un Comité international des poids et mesures placé lui-même sous l'autorité d'une Conférence générale des poids et mesures formée de délégués de tous les gouvernements contractants.

La présidence de la conférence générale des poids et mesures est attribuée au président en exercice de l'Académie des sciences de Paris.

Les autres gouvernements peuvent accéder à cette convention.

Cette convention a été mise à exécution à partir du 1er janvier 1876.

## § II

### CAISSE DES RETRAITES POUR LA VIEILLESSE

*286. Elle existe sous la garantie de l'État. — 287. Comment est formé le capital des retraites. — 288. Par qui est-elle gérée?*

**286.** — Il existe, sous la garantie de l'État, une Caisse de retraites ou rentes viagères pour la vieillesse.

**287.** — Le capital de ces retraites est formé par les versements volontaires des déposants effectués à la Caisse des dépôts et consignations.

**288.** — La Caisse des retraites est gérée par l'administration de la Caisse des dépôts et consignations.

## § III

### CAISSES D'ASSURANCES

*289. Elles existent sous la garantie de l'État. — 290. Par qui sont-elles gérées?*

Il existe sous la garantie de l'État :

**289.** — 1º Une Caisse d'assurance ayant pour objet de payer, au décès de chaque assuré, à ses héritiers ou ayant-droit, une somme déterminée, suivant des bases aussi déterminées ;

**290.** — 2º Une caisse d'assurance en cas d'accidents, ayant pour objet de servir des pensions viagères aux personnes assurées qui, dans l'exécution de travaux agricoles et industriels, seront atteintes de blessures entraînant une incapacité permanente de travail, et de donner des secours aux veuves et aux enfants mineurs des personnes assurées qui auront péri par suite d'accidents survenus dans l'exécution des dits travaux.

**291.** — Ces Caisses d'assurance sont gérées par la Caisse des dépôts et consignations.

## § IV

### ÉTABLISSEMENTS THERMAUX

*292. Autorisation. — 293. Inspection. — 294. Établissements appartenant à l'État.*

**292.** — Les établissements thermaux ne peuvent être ouverts au public qu'avec l'autorisation du ministre de l'agriculture et du commerce.

**293.** — Ils sont assujettis, en outre, à l'inspection qui en est faite selon des règles déterminées, par des docteurs en médecine nommés par le même ministre.

**294.** — Les établissements thermaux qui appartiennent à l'État sont ceux de :

Vichy, Néris, Bourbon-l'Archambault (Allier) ;
Plombières (Vosges) ;
Bourbonne (Haute-Marne) ;
Luxeuil (Haute-Savoie).

# TITRE TROISIÈME

---

## DÉPARTEMENT DES FINANCES

---

### 295. *Ses attributions.*

**295.** — Les principales attributions du Ministère des finances sont :

L'administration des revenus publics ;

La comptabilité générale ;

Le mouvement des fonds ;

Les opérations de trésorerie ;

La dette inscrite ;

La perception des contributions directes, des contributions indirectes, des droits de douane, d'enregistrement et de timbre ;

L'administration des domaines et des forêts de l'État ;

L'exploitation des tabacs et des postes ;

Et la fabrication et la vérification des monnaies et médailles.

## CHAPITRE Ier

### ADMINISTRATION CENTRALE

## SECTION I

### SERVICE CENTRAL

*296. Siége de l'administration centrale. — 297. Division des services.*

**296.** — Le siége de l'administration centrale du ministère des finances est à Paris, rue de Rivoli, palais du Louvre.

**297.** — Cette administration comprend les services suivants :

1º Cabinet du ministre et direction du personnel :
— Cabinet du ministre,
— Bureau de statistique,
— Direction du personnel.

2º Secrétariat général ;

3º Division de l'inspection générale des finances et du contrôle des administrations financières des dépêches et du contre-seing ;
— Cinq bureaux.

4º Division de l'ordonnancement et de la comptabilité spéciale des dépenses du ministère, des archives et du matériel ;
— Bureau de l'ordonnancement et de la comptabilité,
— Archives et bibliothèques,
— Matériel et service intérieur,
— Service des impressions,
— Service des bâtiments et conservation du mobilier,
— Service militaire de l'hôtel.

5º Direction du contentieux des finances ;
— Trois bureaux.

6º Direction du mouvement général des fonds ;
— Section des opérations de trésorerie,
— Bureau central,
— Section des ordonnances,
— Bureau du service extérieur,
— Bureau des écritures.

7º Direction de la dette inscrite ;
— Bureau central,
— Bureau du grand-livre,
— Bureau du double du grand-livre,
— Bureau des transferts et mutations (à la Bourse),

— Bureau des reconversions et renouvellements des titres de rentes au porteur (au Louvre),

— Bureau des pensions,

— Bureau des cautionnements.

8° Direction générale de la comptabilité publique ;

— Bureau central,

— Bureau de la perception des contributions directes et de la comptabilité des percepteurs et receveurs des communes et établissements publics,

— Bureau de la comptabilité des trésoriers-payeurs-généraux,

— Bureau de la comptabilité des trésoriers-payeurs de l'Algérie, des colonies et des corps d'armée,

— Bureaux de la comptabilité des régies et administrations financières.

9° Caisse centrale du Trésor public ;

— Bureau central et de comptabilité,

— Opérations en numéraire,

— Portefeuille du Trésor,

— Contrôle des dépenses.

10° Service du payeur central de la dette publique ;

— Bureau central,

— Bureau des paiements,

— Bureau de la comptabilité.

11° Division du contrôle central ;

12° Direction générale des contributions directes ;

13° Direction générale des contributions indirectes ;

14° Direction générale des douanes ;

15° Direction générale de l'enregistrement et des domaines ;

16° Direction générale des forêts ;

17° Direction générale des manufactures de l'État ;

18° Direction générale des postes ;

19° Administration des monnaies et médailles.

# SECTION II

## ADMINISTRATIONS FINANCIÈRES

*298. Quelles sont les administrations financières? — 299. Directeur général. — 300. Conseil d'administration. — 301. Fonctions de ce Conseil.*

**298.** — Les sept dernières directions énumérées à la fin de la section précédente et l'administration des monnaies forment des administrations distinctes, connues sous le nom d'*administrations financières*.

Chacune d'elles possède un service central et un service départemental qui lui est propre.

**299.** — A la tête du service central est placé un directeur général qui dirige et surveille, sous les ordres du ministre, toutes les parties du service central et du service départemental.

**300.** — Le directeur général est assisté d'un certain nombre d'administrateurs qui partagent la surveillance et la direction du service central et composent avec lui le Conseil d'administration du service financier dont il est chargé.

**301.** — Ce Conseil délibère, sous la présidence du directeur général, et donne son avis sur tous les points qui intéressent l'ensemble de tous les services de l'administration financière dont il fait partie.

## § I

### DIRECTION GÉNÉRALE DES CONTRIBUTIONS DIRECTES

### 1

#### ATTRIBUTIONS

**302.** — La direction générale des contributions directes a dans ses attributions :

Le répartement des contributions foncière, personnelle et mobilière, et des portes et fenêtres ;

L'assiette de la contribution des patentes ;

Le service du cadastre ;

Les rôles spéciaux d'impositions locales, etc.

## II
### SERVICE CENTRAL

*303. Siège. — 304. Services.*

**303.** — L'administration centrale de la direction générale des contributions directes est installée à Paris, au Louvre.

**304.** — Elle comprend les services suivants :

1° Bureau central et du personnel ;

2° Première division ;

— Bureau du répartement et du cadastre,

— Bureau de l'assiette et du contentieux.

3° Seconde division ;

— Bureau du service général.

## § II
### DIRECTION GÉNÉRALE DES CONTRIBUTIONS INDIRECTES

## I
#### ATTRIBUTIONS

**305.** — La direction générale des contributions indirectes a dans ses attributions la perception des impôts sur les boissons, les voitures publiques de terre et d'eau, les sucres, les sels, les alcools, la bière, les allumettes, les cartes à jouer, les marques de fabrique, la chicorée, le papier, le savon, les bougies, les huiles, les vinaigres, la garantie, la pêche, les octrois, etc., etc.

## II
### SERVICE CENTRAL
*306. Siége. — 307. Services.*

**306.** — L'administration centrale de la direction générale des contributions indirectes est établie à Paris, palais du Louvre, place du Carrousel.

**307.** — Ses services comprennent :
1º Bureau central.
2º Bureau du personnel;
— Deux bureaux.
3º Première division;
— Trois bureaux.
4º Deuxième division;
— Trois bureaux.
5º Troisième division ;
— Trois bureaux.

## § III
### DIRECTION GÉNÉRALE DES DOUANES

#### I
##### ATTRIBUTIONS

**308.** — La direction générale des douanes a dans ses attributions :
Le tarif des douanes, ses applications et ses résultats;
Les conventions relatives à la propriété littéraire;
Les entrepôts des douanes;
L'organisation militaire des douanes, etc.

#### II
##### SERVICE CENTRAL
*309. Siége. — 310. Services.*

**309.** — L'administration centrale des douanes a son siége à Paris, palais du Louvre.

**310.** — Elle comprend les services suivants :

1° Bureau central et du personnel.

2° Première division ;

— 1er bureau, — Tarif,
— 2e bureau, — Navigation et admissions temporaires,
— 3e bureau, — Archives commerciales,
— 4e bureau, — Régimes spéciaux.

3° Deuxième division ;

— 1er bureau, — Service général, — Ports et côtes, — Frontières de terre,
— 2e bureau, — Contentieux,
— 3e bureau, — Retraites,
— 4e bureau, — Ordonnancement et matériel.

## § IV
### DIRECTION GÉNÉRALE DE L'ENREGISTREMENT, DES DOMAINES ET DU TIMBRE

### I
#### ATTRIBUTIONS

**311.** — La direction générale de l'enregistrement, des domaines et du timbre, a dans ses attributions :

Les droits d'enregistrement sur les actes civils, publics, sous signature privée, administratifs, judiciaires et extra-judiciaires ;

La manutention hypothécaire et les droits d'hypothèques ;

Les droits de mutation par décès ;

La régie des domaines de l'État, autres que les forêts ;

La fabrication et la vente du timbre.

### II
#### SERVICE CENTRAL
*312. Siège. — 313. Services.*

**312.** — Le siége de l'administration centrale de la

direction générale de l'enregistrement, des domaines et du timbre, est à Paris, pavillon Colbert, au palais du Louvre.

**313.** — Les services de cette administration comprennent :

1° Bureaux placés sous les ordres immédiats du directeur général ;
— Bureau du personnel,
— Bureau central.
2° Première division ;
— Deux bureaux.
3° Deuxième division ;
— Deux bureaux.
4° Troisième division ;
— Trois bureaux.
5° Quatrième division ;
— Deux bureaux.

## § V
### DIRECTION GÉNÉRALE DES FORÊTS
#### I
##### ATTRIBUTIONS

**314.** — La direction générale des forêts a dans ses attributions :
Le régime forestier de la France;
L'aménagement et l'exploitation des forêts de l'État;
L'ensemencement des dunes;
Le reboisement et le regazonnement des montagnes;
L'école forestière.

#### II
##### SERVICE CENTRAL
315. *Siége.* — 316. *Services.*

**315.** — L'administration centrale de la direction générale des forêts est installée à Paris, au Louvre.

**316.** — Elle comprend les services suivants :

1º Bureau central et du personnel.

2º Première division ;

— Trois bureaux.

3º Deuxième division ;

— Trois bureaux.

## § VI

### DIRECTION GÉNÉRALE DES MANUFACTURES DE L'ÉTAT

### I

#### ATTRIBUTIONS

**317.** — La direction générale des manufactures de l'État a dans ses attributions :

Les manufactures de l'État ;

La culture, l'importation et l'exportation des tabacs ;

Les magasins des tabacs ;

L'école d'application des manufactures de l'État.

### II

#### SERVICE CENTRAL

*318. Siège. — 319. Services.*

**318.** — L'administration centrale de la direction générale des manufactures de l'État siège à Paris, au Louvre.

**319.** — Elle comprend les services suivants :

1º Bureau central et du personnel ;

2º Service de l'inspection ;

3º Première division ;

— 1er bureau, — Culture, — Achats,

— 2e bureau, — Comptabilité, — Matières et Deniers.

4º Deuxième division ;

1er bureau, — Manufacture des tabacs,

2º bureau, — Magasins, — Répartitions de matières premières, — Transports, — Ventes à l'étranger.

5º Service central des constructions;
6º Service de l'expertise des tabacs.

## III
### CONSEIL SUPÉRIEUR DES MANUFACTURES DE L'ÉTAT
*320. Attributions.*

**320.** — Ce Conseil, dont les membres sont désignés par le ministre des finances, et choisis parmi les directeurs des différents services du ministère, est appelé à examiner et à juger les affaires contentieuses et litigieuses relatives à l'exploitation du monopole des tabacs.

## § VII
### ADMINISTRATION DES MONNAIES ET MÉDAILLES
#### I
##### ATTRIBUTIONS

**321.** — L'administration des monnaies et médailles a dans ses attributions :
La direction et la fabrication des monnaies;
La vérification du titre des espèces étrangères;
La surveillance de la fabrication des médailles;
La conservation des collections qui composent le Musée monétaire;
La direction, la surveillance et le contrôle de la fabrication des timbres-poste.

#### II
##### SERVICE CENTRAL
*322. Siège. — 323. Services.*

**322.** — L'administration centrale des monnaies et médailles est à Paris, quai Conti, hôtel des Monnaies.

**323.** — Elle comprend les services suivants :
1º Bureau de l'administration ;

2° Laboratoire des essais ;

3° Bureau du graveur général des monnaies ;

4° Contrôle de la fabrication des coins et poinçons ;

5° Fabrication des timbres-poste.

### III

#### COMITÉ CONSULTATIF DES GRAVEURS

#### 324. *Attributions.*

**324.** — Il existe, près de l'administration centrale des monnaies, un comité dit Comité consultatif des graveurs.

Ce comité est chargé de donner son avis sur la reproduction des coins hors de service appartenant à l'État et servant à la fabrication des médailles ; sur la désignation des artistes à qui cette reproduction peut être confiée ; sur les prix à leur allouer ; sur la réception des travaux commandés ; sur les perfectionnements qui pourraient être apportés dans la fabrication tant des médailles que des espèces monétaires.

### § VIII

#### DIRECTION GÉNÉRALE DES POSTES

### I

#### ATTRIBUTIONS

**325.** — La Direction générale des postes a dans ses attributions :

L'organisation du service et des établissements des postes ;

L'application des lois et règlements concernant les correspondances intérieures et extérieures.

### II

#### SERVICE CENTRAL

#### 325 bis. *Siége.* — 326. *Services.*

**325 bis.** — L'administration centrale de la direction

générale des postes est à Paris, rue Jean-Jacques Rousseau, numéro 55.

**386.** — Elle comprend les services suivants :

1° Cabinet du directeur général.

2° Bureau central et du personnel.

3° Première division ;

— 1er bureau, — Correspondance intérieure,

— 2° bureau, — Organisation du service local,

— 3° bureau, — Franchise, contentieux et tarifs.

4° Deuxième division ;

— 1er bureau, — Correspondance étrangère,

— 2° bureau, — Services maritimes,

— 3° bureau, — Matériel.

5° Troisième division ;

— 1er bureau, — Ordonnancement des dépenses,

— 2° bureau, — Rebuts et réclamations de lettres,

— 3° bureau, — Articles d'argent,

— 4° bureau, — Vérification des produits.

## § IX

### CAISSE DES DÉPÔTS ET CONSIGNATIONS

*326 bis. Siége. — 327. Attributions. — 327 bis. Agents extérieurs.*

**386** *bis.* — La Caisse des dépôts et consignations est établie à Paris, rue de Lille 56, et quai d'Orsay 3.

**387.** — Bien qu'elle ne dépende réellement d'aucun ministère, elle ressort cependant davantage du ministère des finances, par la nature même de ses attributions.

Cette caisse est, en effet, chargée :

Des consignations obligatoires ;

Des dépôts volontaires ;

De la gestion de la Caisse des retraites pour la vieillesse ;

De la gestion des Caisses d'assurances en cas de décès et en cas d'accidents ;

Des services des fonds appartenant aux Caisses d'épargne, à la Légion d'honneur, à la Caisse des retraites, aux Sociétés de secours mutuels;

Des placements en rentes sur l'État;

Des prêts aux départements, communes et établissements publics.

Elle a encore de nombreuses attributions qu'il serait trop long d'énumérer ici.

**327 bis.** — La Caisse des dépôts et consignations a des préposés ou agents dans toutes les villes où siége un tribunal de première instance.

Ces préposés sont, en France, les trésoriers payeurs généraux et receveurs particuliers des finances; en Algérie, les trésoriers payeurs; dans les colonies, les trésoriers; aux armées, les payeurs.

C'est par l'intermédiaire de ces préposés qu'elle effectue à l'extérieur ses paiements et ses recettes.

## SECTION III

### INSPECTION GÉNÉRALE DES FINANCES

*328. Attributions des inspecteurs des finances.*

**328.** — Les inspecteurs des finances vérifient tous les services financiers; la gestion et les caisses des agents et comptables qui ressortissent directement ou indirectement au ministère des finances; celles des trésoriers des Invalides de la marine, des receveurs de villes et des communes, des hospices, bureaux de bienfaisance, monts-de-piété, dépôts de mendicité, maisons de détention, haras, et de tous autres établissements publics.

Ils surveillent l'exécution des lois et ordonnances concernant l'administration des finances, et spécialement l'observation des règlements qui ont rapport à la perception des droits de toute nature, à la direction et au mouvement des fonds et à leur application aux dépenses publiques.

## SECTION IV

### QUELQUES PRINCIPES DE LA COMPTABILITÉ PUBLIQUE.

329. *Définition des deniers publics.* — 330. *Périodes d'exécution des services financiers.* — 331. *Période de gestion.* — 332. *Période d'exercice.* — 333. *Définition du budget.* — 334. *Administrateurs.* — *Ordonnateurs.* — *Comptables.* — 335. *Autorisation des recettes et dépenses publiques.* — 336. *Pour quel temps sont consentis les impôts.* — 337. *Par qui peuvent être perçus les deniers de l'État.* — 338. *Les contributions ne peuvent être perçues si elles n'ont été autorisées par les lois.* — 339. *Dépenses.* — 340. *Fonctions des préposés à la perception des revenus publics.* — 341 à 349 inclus. *Responsabilité des agents comptables.*

**329.** — Les deniers publics sont les deniers de l'État, des départements, des communes et des établissements publics ou de bienfaisance.

**330.** — Les services financiers s'exécutent dans des périodes de temps dites *de gestion* et d'*exercice.*

**331.** — La *gestion* embrasse l'ensemble des actes d'un comptable, soit pendant l'année, soit pendant la durée de ses fonctions; elle comprend, en même temps que les opérations qui se règlent par exercice, celles qui s'effectuent pour des services de Trésorerie ou pour des services spéciaux.

**332.** — L'*exercice* est la période d'exécution des services d'un budget.

**333.** — Le budget est l'acte par lequel sont prévues et autorisées les recettes et les dépenses annuelles de

6

l'État ou des autres services que les lois assujettissent aux mêmes règles.

**384.** — Les administrateurs et les ordonnateurs sont chargés de l'établissement et de la mise en recouvrement des droits et produits, ainsi que de la liquidation et de l'ordonnancement des dépenses.

Des comptables responsables sont préposés à la réalisation des recouvrements et des paiements.

**385.** — Les recettes et les dépenses publiques à effectuer pour le service de chaque exercice sont autorisées par les lois annuelles de finances.

Aucun impôt ne peut être établi ni perçu s'il n'a été voté par la Chambre des députés et le Sénat.

**386.** — Les impôts de répartition sont consentis pour un an; tous les autres impôts peuvent l'être pour plusieurs années; les lois annuelles de finances en autorisent chaque année la perception.

**387.** — La perception des deniers de l'État ne peut être effectuée que par un comptable du Trésor et en vertu d'un titre légalement établi.

**388.** — Toutes contributions directes ou indirectes autres que celles qui sont autorisées par les lois de finances, à quelque titre et sous quelque dénomination qu'elles se perçoivent, sont formellement interdites, à peine, contre les autorités qui les ordonneraient, contre les employés qui confectionneraient les rôles et tarifs et ceux qui en feraient le recouvrement, d'être poursuivis comme concussionnaires, sans préjudice de l'action en répétition, pendant trois années, contre tous receveurs, percepteurs ou individus qui auraient fait la perception, et sans que, pour exercer cette action devant les tribunaux, il soit besoin d'une autorisation préalable.

**389.** — Aucune dépense faite pour le compte de

l'État ne peut être acquittée si elle n'a été préalablement ordonnancée directement par un ministre, ou mandatée par les ordonnateurs secondaires.

**840.** — Les préposés à la perception des revenus publics sont chargés de constater la dette des redevables, de leur en notifier le montant, d'en percevoir le produit et d'exercer les poursuites prescrites par les lois et règlements; toutefois, l'assiette des contributions directes est confiée à des fonctionnaires et agents administratifs.

**841.** — Tous les comptables ressortissant au ministère des finances sont responsables du recouvrement des droits liquidés sur les redevables et dont la perception leur est confiée; en conséquence, ils sont et demeurent chargés, dans leurs écritures et dans leurs comptes annuels, de la totalité des rôles ou des états de produits qui constatent le montant de ces droits, et ils doivent justifier de leur entière réalisation avant l'expiration de l'année qui suit celle à laquelle les droits se rapportent.

**842.** — Chaque comptable principal est responsable des recettes et dépenses de ses subordonnés qu'il a rattachées à sa gestion personnelle.

Toutefois, cette responsabilité ne s'étend pas à la portion des recettes des comptables inférieurs dont il n'a pas dépendu du comptable principal de faire effectuer le versement ou l'emploi.

**843.** — Lorsque des irrégularités sont constatées dans le service d'un comptable subordonné, le comptable supérieur prend ou provoque envers lui les mesures prescrites par les règlements; il est même autorisé à le suspendre immédiatement de ses fonctions et à le faire remplacer par un gérant provisoire à sa nomination, en donnant avis de ces dispositions à l'autorité administrative.

L'application de ces mesures aux préposés des douanes,

des contributions indirectes et des postes, appartient exclusivement aux agents administratifs chargés de la surveillance du service.

**344.** — Les receveurs généraux et particuliers des finances sont tenus de verser au Trésor, de leurs deniers personnels, le 30 novembre de chaque année, les sommes qui n'auraient pas été recouvrées sur les rôles des contributions directes de l'année précédente.

**345.** — A l'égard des autres receveurs de revenus publics, il est dressé, avant l'expiration de la seconde année de chaque exercice, des états par branche de revenus et par comptable, présentant les droits et produits restant à recouvrer, avec la distinction des créances qui doivent demeurer à la charge des comptables, de celles qu'il y a lieu d'admettre en reprise à l'exercice suivant, et de celles dont les receveurs sont dans le cas d'obtenir la décharge.

Le montant des droits et produits tombés en non-valeurs ou à porter en reprise figure distinctement dans les comptes des receveurs, et il en est justifié à la Cour des comptes.

**346.** — Les comptables en exercice versent immédiatement dans leur caisse le montant des droits dont ils ont été déclarés responsables; s'ils ne sont plus en fonctions, le recouvrement en est poursuivi contre eux à la diligence de l'agent judiciaire du Trésor public.

**347.** — Lorsque les comptables ont soldé de leurs deniers personnels les droits dûs par les redevables ou débiteurs ils demeurent subrogés à tous les droits du Trésor public conformément aux dispositions du Code civil.

Les comptables supérieurs qui, en exécution des articles ci-dessus, ont payé les déficit ou débet de leurs subordonnés, sont également subrogés à tous les droits du Trésor sur le cautionnement, la personne et les biens du comptable débiteur.

**248.** — Les comptables à la charge desquels ont été mis, en conformité des articles ci-dessus, des droits et produits restant à recouvrer, peuvent obtenir la décharge de leur responsabilité, s'ils justifient qu'ils ont pris toutes les mesures, et fait en temps utile toutes poursuites et diligences nécessaires contre les débiteurs.

**349.** — Tout comptable supérieur qui a soldé de ses deniers le déficit ou le débet de l'un de ses préposés peut, s'il se croit fondé à en réclamer la décharge, provoquer une enquête administrative pour faire constater les circonstances qui ont précédé ou accompagné le déficit ou le débet, et s'il doit être attribué à des circonstances indépendantes de la surveillance du comptable.

Le ministre des finances statue sur les demandes en décharge de responsabilité prévues au présent article, après avoir pris, s'il y a lieu, l'avis de la section des finances du Conseil d'État, et sauf l'appel au même Conseil jugeant au contentieux.

## SECTION V

### COUR DES COMPTES

**350.** — Nous en parlerons au ministère de la justice.

# CHAPITRE II

## SERVICE DÉPARTEMENTAL

### 351. Par qui est-il fait?

**351.** — Le service départemental du ministère des finances est fait par les comptables du Trésor public et par les administrations financières.

6.

# SECTION I

## COMPTABLES DU TRÉSOR PUBLIC

*352. Quels sont les comptables du Trésor?*

**352.** — Le Trésor public est représenté dans les départements par les trésoriers payeurs généraux, les receveurs particuliers des finances et les percepteurs.

Chaque département a son personnel distinct et indépendant.

### § Ier

#### TRÉSORIERS PAYEURS GÉNÉRAUX

*353. Définition. — 354. 355. Attributions. — 356. 357. Ils tiennent un livre auxiliaire du Grand-Livre de la Dette publique, paient les arrérages de rente. — 358. Responsabilité. — 359. Receveur central pour le département de la Seine.*

**353.** — Les trésoriers payeurs généraux sont des fonctionnaires qui réunissent dans chaque département les fonctions de receveur général et de payeur.

**354.** — Ils centralisent les contributions et revenus publics, ils acquittent les dépenses de l'État et les dépenses départementales.

**355.** — Ils sont également chargés de pourvoir aux recouvrements et aux paiements, comme préposés de la Caisse des dépôts et consignations, de la Grande-Chancellerie de la Légion d'honneur et de la Caisse des Invalides de la marine.

**356.** — Les trésoriers payeurs généraux tiennent un livre auxiliaire du Grand-Livre de la Dette publique.

Le paiement des arrérages de la Rente s'effectue à leur caisse ou à celle de leurs préposés.

**357.** — Les trésoriers payeurs généraux exercent

les fonctions de receveur particulier de l'arrondissement du chef-lieu et de payeur du Trésor pour l'acquit des dépenses publiques et départementales.

**358.** — Ils répondent de la gestion des receveurs particuliers du département.

**359.** — Pour le département de la Seine, les fonctions de trésorier payeur général sont remplies par un comptable désigné sous le nom de receveur central, dont les attributions diffèrent sur quelques points.

## § II

### RECEVEURS PARTICULIERS DES FINANCES

*360. Où sont-ils établis? — 361 à 365. Fonctions.*
*366. Responsabilité.*

**360.** — Il est établi un receveur particulier dans chaque chef-lieu de sous-préfecture autre que le chef-lieu de département.

**361.** — Les receveurs particuliers des finances dirigent et centralisent la perception et le recouvrement des contributions directes de leur arrondissement.

**362.** — Ils reçoivent directement plusieurs produits du budget, et ils exécutent les opérations du service de trésorerie.

**363.** — Ils sont les préposés de la Caisse des dépôts et consignations et de la Légion d'honneur.

**364.** — Ils paient les arrérages de la Rente.

**365.** — Ils gèrent sous la direction, la surveillance et la responsabilité des trésoriers payeurs généraux, auxquels ils rendent compte.

**366.** — Ils sont responsables de la gestion des percepteurs de leur arrondissement.

## § III

### PERCEPTEURS

**367.** — Les percepteurs sont les agents du Trésor chargés du recouvrement des contributions directes, des taxes spéciales y assimilées et du produit des amendes et condamnations pécuniaires.

**368.** — Ils sont, en même temps, pour la plupart, receveurs des communes, hospices et bureaux de bienfaisance situés dans le ressort de leur perception.

**369.** — Les percepteurs ont seuls titre pour effectuer et poursuivre le recouvrement des contributions directes appartenant, soit à l'État, soit aux départements, soit aux communes.

**370.** — Ils sont tenus de délivrer, sur la demande des intéressés, moyennant une rétribution de 0 fr. 25 c. par article, les extraits relatifs à leur contribution et tout autre extrait de rôle ou certificat négatif.

**371.** — Un percepteur ne peut exiger aucune somme des contribuables, s'il n'est porteur d'un rôle rendu exécutoire par le préfet et publié par le maire dans chaque commune.

Aussitôt après les publications des rôles, le percepteur est tenu de faire parvenir aux contribuables les avertissements qui ont été dressés par le directeur des contributions.

**372.** — Ils paient les rentes nominatives, les pensions de l'État, de la Légion d'honneur et de la Caisse des Invalides de la marine, les coupons de rentes mixtes et au porteur, lorsqu'on leur présente les titres d'où les coupons ont été détachés.

**373.** — A mesure des vacances, les percepteurs des contributions directes sont supprimés dans les grandes villes chefs-lieux de département et d'arrondissement, et toutes les attributions et obligations imposées par la loi aux percepteurs sont dévolues aux trésoriers payeurs généraux et aux receveurs particuliers.

Il ne peut être fait d'exception que pour les villes d'une population supérieure à 100,000 habitants.

**374.** — Des percepteurs surnuméraires sont placés dans chaque département, celui de la Seine excepté.

Il sont sous les ordres du trésorier payeur général du département dans lequel ils sont nommés; ils sont employés sous la direction des receveurs d'arrondissement, aux travaux relatifs aux services confiés aux percepteurs titulaires.

Ils peuvent aussi être appelés, sous la responsabilité des receveurs des finances, à remplir les fonctions d'agents spéciaux et de gérants intérimaires.

## SECTION II

### CONTRIBUTIONS DIRECTES

*375. Directions départementales. — 376. Personnel.*

**375.** — Les services extérieurs de la direction générale des contributions directes sont divisés en directions départementales comprenant chacune un département.

**376.** — Indépendamment des trésoriers payeurs généraux, des receveurs particuliers des finances et des percepteurs, agents de la perception, le personnel des contributions directes comprend des directeurs, des inspecteurs et des contrôleurs.

## § Ier

### DIRECTEURS

*377. Nombre. — 378. Fonctions.*

**377.** — Il y a un directeur pour chaque département.

**378.** — Cet agent dirige et surveille le service.

Il prépare et expédie les travaux relatifs à l'assiette des contributions directes; fait opérer le recensement de la matière imposable; confectionne les matrices et les rôles; et est chargé du cadastre et de l'instruction des réclamations des contribuables.

## § II

### INSPECTEURS

*379. Nombre. — 380. Fonctions.*

**379.** — Il y a au moins un inspecteur par département.

**380.** — Cet agent surveille l'exécution des travaux de la direction, l'administration de la comptabilité des percepteurs, ainsi que le travail des contrôleurs.

## § III

### CONTROLEURS

*381. Nombre. — 382. Fonctions.*

**381.** — Il y a dans chaque département un nombre de contrôleurs proportionné à son étendue.

**382.** — Ces agents prennent part aux opérations du cadastre et aux travaux préparatoires des mutations; ils assistent les répartiteurs, font les calculs et rédigent la matrice.

# SECTION III

## CONTRIBUTIONS INDIRECTES

*383. Directions départementales. — 384. Personnel.*

**383.** — Le service départemental de la direction générale des contributions indirectes est divisé en autant de directions qu'il y a de départements.

**384.** — Le personnel de chaque direction comprend un directeur, des sous-directeurs lorsqu'il y a lieu, des inspecteurs, des receveurs principaux, des receveurs particuliers, des contrôleurs, des receveurs buralistes et divers autres agents spéciaux.

### § Ier

#### DIRECTEURS

*385. Nombre. — 386. Fonctions. — 387. Commis de direction.*

**385.** — Il y a un directeur par département.

**386.** — Cet agent a pour mission de guider et d'éclairer l'action des autres préposés.

**387.** — Il est assisté de commis nommés par la régie.

### § II

#### SOUS-DIRECTEURS

*388. Nombre et fonctions. — 389. Commis de sous-direction.*

**388.** — La plupart des départements ont des subdivisions administratives gérées, sous l'autorité du directeur, par des chefs de service portant le titre de sous-directeur ou directeur d'arrondissement.

Tous les employés, y compris les receveurs principaux, leur sont subordonnés.

**389.** — Les sous-directeurs sont assistés de commis nommés par la régie.

## § III
### INSPECTEURS

*390. Fonctions. — 391. Résidence.*

**390.** — Les inspecteurs sont chargés des vérifications qu'il y a lieu d'opérer sur le terrain, chez les assujettis, chez les agents d'exécution et chez les comptables.

Ils sont placés sous l'autorité exclusive du directeur du département.

Leur action s'étend au service de tous les employés autres que les sous-directeurs.

**391.** — Ils résident au chef-lieu du département.

## § IV
### RECEVEURS PRINCIPAUX

*392. Fonctions. — 393. Subdivision des recettes principales.*

**392.** — Les receveurs principaux sont chargés de la comptabilité de la circonscription au chef-lieu de laquelle se trouve un directeur ou un sous-directeur.

Ils centralisent les opérations de comptabilité (recettes et dépenses) des divers receveurs secondaires de leur circonscription.

Ils sont en même temps entreposeurs des tabacs et des poudres à feu pour l'arrondissement au chef-lieu duquel ils résident.

**393.** — Les recettes principales se subdivisent en recettes particulières.

## § V
### RECEVEURS PARTICULIERS

*394. Ils relèvent du receveur principal. — 395. Receveurs*

**394.** — Les receveurs particuliers relèvent du receveur principal.

Les circonscriptions de recettes particulières se distinguent en recettes sédentaires et en recettes ambulantes.

### Receveurs sédentaires.

**395.** — Les receveurs sédentaires centralisent les recettes effectuées pour le compte du Trésor par les simples buralistes et par les receveurs d'entrée et d'octroi.

Les recettes sédentaires se divisent en sections dont le nombre varie avec leur importance.

### Receveurs ambulants.

**396.** — Les receveurs ambulants sont chargés des exercices ou vérifications chez les assujettis de toutes les catégories.

Ils constatent l'impôt et le perçoivent.

**397.** — Ils se divisent en receveurs à pied et receveurs à cheval, suivant l'étendue des circonscriptions qui leur sont confiées.

**398.** — Le personnel des recettes ambulantes se compose d'un receveur et d'un commis principal ou commis adjoint.

## § VI

### CONTROLEURS

### 390. Fonctions.

**399.** — Les contrôleurs sont chargés de la direction du service dans les recettes sédentaires où le nombre des sections d'exercice est de plus de deux.

Les contrôleurs vérifient les opérations des receveurs sédentaires, buralistes, receveurs d'entrée et d'octroi.

## § VII

### RECEVEURS BURALISTES

*400. Fonctions.*

**400.** — Les receveurs buralistes sont chargés de recevoir les déclarations d'établissement et de délivrer les expéditions nécessaires pour le transport des boissons, etc.

Ils sont les subordonnés des receveurs ambulants de leur circonscription.

## § VIII

### AGENTS SPÉCIAUX

**401.** — Outre les agents dont nous venons de parler il y a encore de nombreux agents chargés de services spéciaux, tels que ceux de la garantie, de la navigation, des sels, des sucres, des fabriques de chicorée, d'huiles minérales, de savons, de bougies, etc.

## SECTION IV

### DOUANES

*402. Division des frontières en directions. — 403. Chefs-lieux des directions.*

**402.** — Le territoire continental de la France est entouré, pour le service des douanes, par une zône frontière continue, divisée en vingt-six circonscriptions portant le nom de directions.

**403.** — Les chefs-lieux de ces directions sont :
Dunkerque, — Lille, — Valenciennes, — Charleville, — Nancy, — Épinal, — Besançon, — Bourg, — Lyon, — Chambéry, — Nice, — Marseille, — Montpellier, —

Perpignan, — Bayonne, — Bordeaux, — La Rochelle, — Nantes, — Vannes, — Brest, — Saint-Brieuc, — Caen, — Rouen, — Le Hâvre, — Boulogne, — Bastia.

§ 1er
### SERVICES

*404. Il y a deux sortes de services. — 405. Le directeur est chef des deux services. — 406. Service actif. — 407. Service de bureau.*

**404.** — On distingue dans le service des douanes :

Le service actif ou de brigade, chargé de la garde de la frontière,

Et le service de bureau ou administratif, chargé de la perception des droits.

**405.** — Le directeur de chaque direction est le chef de ces deux services.

### ART 1er
#### SERVICE ACTIF

**406.** — Le personnel du service actif comprend, par ordre hiérarchique, des capitaines, lieutenants, brigadiers, sous-brigadiers, préposés (service de terre), patrons, sous-patrons et matelots (service des embarcations), des gardes-magasins et des emballeurs.

### ART. 2
#### SERVICE DE BUREAU

**407.** — Le personnel du service des bureaux comprend, par ordre hiérarchique, des directeurs, inspecteurs, receveurs principaux, sous-inspecteurs, contrôleurs, vérificateurs et commis.

§ II
### ORGANISATION MILITAIRE DES DOUANES

**408.** — Le personnel du service des douanes entre dans la composition des forces militaires du pays.

Chaque inspection des douanes forme, pour la mobilisation, un bataillon de douanes ayant un nombre de
compagnies égal en général à celui des capitaines de
l'inspection.

Dans chaque bataillon, les compagnies formées pour
la mobilisation sont divisées en deux catégories :

Les unes, composées des hommes propres au service
de campagne, sont dites compagnies actives et sont
destinées à seconder les opérations de l'armée active;

Les autres, dites compagnies territoriales, comprennent
tous les autres préposés valides et sont appelées à concourir au service de l'armée territoriale.

## SECTION V

### ENREGISTREMENT, DOMAINES ET TIMBRE

*409. Directions départementales. — 410. Personnel.*

**409.** — Le service départemental de la direction
générale de l'enregistrement, des domaines et du timbre,
est divisé en autant de directions qu'il y a de départements.

**410.** — Le personnel de chaque direction comprend
un directeur, des inspecteurs, des sous-inspecteurs et
vérificateurs, des receveurs, des contrôleurs, des conservateurs d'hypothèques et des surnuméraires.

### § Ier

#### DIRECTEUR

*411. Attributions. — 412. Personnel de bureau.*

**411.** — Le directeur, placé à la tête de l'administration dans chaque département, est chargé de diriger et
de surveiller toutes les branches du service.

**412.** — Les directeurs ont auprès d'eux des rece-
veurs-rédacteurs, des garde-magasins et des contrôleurs
de comptabilité.

## § II
### INSPECTEURS
*413. Nombre. — 414. Attributions.*

**413.** — Il y a un inspecteur par département.

**414.** — Cet agent, placé dans l'ordre hiérarchique immédiatement au-dessous du directeur, doit reconnaître et constater, dans les bureaux, la situation de toutes les parties du service, surveiller les opérations des vérificateurs et des receveurs, et les dépôts publics, et rendre compte du résultat de ses investigations.

## § III
### SOUS-INSPECTEURS ET VÉRIFICATEURS
*415. Attributions.*

**415.** — Les sous-inspecteurs et vérificateurs sont chargés de vérifier, dans toutes ses parties, la gestion des comptables de l'administration et d'examiner en détail les registres, minutes et répertoires des notaires, greffiers, huissiers et autres officiers ministériels, ainsi que ceux des communes et des établissements publics.

## § IV
### RECEVEURS
*416. Fonctions.*

**416.** — Les receveurs sont chargés de l'accomplissement des formalités de l'enregistrement et du timbre, et de la perception de tous les droits dont le recouvrement est confié à l'administration.

## § V
### CONTROLEURS DES SUCCESSIONS, DES BAUX ET DÉCLARATIONS VERBALES
*417. Fonctions.*

**417.** — Ces employés, qui n'existent que dans les

villes importantes, ont pour mission de rechercher les droits soustraits au Trésor.

## § VI
### CONSERVATEURS DES HYPOTHÈQUES
*418. Fonctions.*

**418.** — Les conservateurs des hypothèques sont chargés :

1° De l'exécution des formalités civiles prescrites pour la conservation des hypothèques et la consolidation des mutations de propriété immobilière.

2° De la perception des droits établis, au profit du Trésor, pour chacune de ces formalités.

## § VII
### SURNUMÉRAIRES
*419. Définition. — 420. Conditions d'admission.*

**419.** — Ce sont des jeunes gens admis à travailler dans les bureaux pour y acquérir les connaissances nécessaires à un receveur.

**420.** — Pour obtenir un brevet de surnuméraire, il faut satisfaire aux conditions requises par les lois et règlements.

## SECTION VI
### FORÊTS
*421. Division de la France en conservations. — 422. Personnel des conservations.*

**421.** — La France était divisée en trente-cinq conservations forestières portant les numéros un à trente-cinq.

Les conservations portant les numéros cinq, six et onze sont aujourd'hui annexées.

Il en reste encore, en conséquence, trente-deux.

Ces conservations sont elles-mêmes divisées en inspections et cantonnements.

**482.** — Le personnel de chaque conservation comprend : un conservateur, des inspecteurs, des sous-inspecteurs ou gardes généraux, des gardes généraux adjoints, des brigadiers, des gardes domaniaux et des gardes communaux ou mixtes.

§ I<sup>er</sup>

### CONSERVATIONS FORESTIÈRES

**483.** — Les trente-deux conservations actuelles sont :

1<sup>re</sup> *Paris*, — Oise, Seine, Seine-et-Marne, Seine-et-Oise ;

2<sup>e</sup> *Rouen*, — Eure, Seine-Inférieure ;

3<sup>e</sup> *Dijon*, — Côte-d'Or ;

4<sup>e</sup> *Nancy*, — Meurthe-et-Moselle ;

7<sup>e</sup> *Amiens*, — Aisne, Nord, Pas-de-Calais, Somme ;

8<sup>e</sup> *Troyes*, — Aube, Yonne ;

9<sup>e</sup> *Épinal*, — Vosges ;

10<sup>e</sup> *Châlons*, — Ardennes, Marne ;

12<sup>e</sup> *Besançon*, — Doubs, Haut-Rhin ;

13<sup>e</sup> *Lons-le-Saulnier*, — Jura ;

14<sup>e</sup> *Grenoble*, — Isère, Loire, Rhône ;

15<sup>e</sup> *Alençon*, — Calvados, Eure-et-Loir, Manche, Mayenne, Orne, Sarthe ;

16<sup>e</sup> *Bar-le-Duc*, — Meuse ;

17<sup>e</sup> *Mâcon*, — Ain, Rhône, Saône-et-Loire ;

18<sup>e</sup> *Toulouse*, — Ariége, Haute-Garonne, Lot, Tarn-et-Garonne ;

19<sup>e</sup> *Tours*, — Indre-et-Loire, Loir-et-Cher, Loiret ;

20<sup>e</sup> *Bourges*, — Cher, Nièvre, Indre ;

21<sup>e</sup> *Moulins*, — Allier, Creuse, Loire, Puy-de-Dôme ;

22º *Pau,* — Gers, Basses-Pyrénées, Hautes-Pyré-nées ;

23º *Rennes,* — Côtes-du-Nord, Finistère, Ille-et-Vilaine, Loire-Inférieure, Morbihan, Maine-et-Loire ;

24º *Niort,* — Charente, Charente-Inférieure, Deux-Sèvres, Vendée, Vienne ;

25º *Carcassonne,* — Aude, Tarn, Pyrénées-Orientales ;

26º *Aix,* — Basses-Alpes, Bouches-du-Rhône, Vaucluse ;

27º *Nimes,* — Ardèche, Gard, Hérault, Lozère ;

28º *Aurillac,* — Cantal, Corrèze, Haute-Loire, Haute-Vienne, Aveyron ;

29º *Bordeaux,* — Dordogne, Gironde, Landes, Lot-et-Garonne ;

30º *Ajaccio,* — Corse ;

31º *Chaumont,* — Haute-Marne ;

32º *Vesoul,* — Haute-Saône ;

33º *Chambéry,* — Savoie, Haute-Savoie ;

34º *Nice,* — Alpes-Maritimes, Var ;

35º *Gap,* — Hautes-Alpes, Drôme.

## § II

### ÉCOLE FORESTIÈRE

**494.** — Une école spéciale a été instituée à Nancy pour former les jeunes gens qui se destinent au service de l'administration des forêts.

Nul n'y est admis comme élève du Gouvernement que par voie de concours.

La durée des études est de deux ans.

## § III

### ORGANISATION MILITAIRE DES FORÊTS

**495.** — Le personnel de l'administration des forêts entre dans la composition des forces militaires du pays.

Il est organisé par conservation et suivant l'effectif disponible, en compagnies ou sections qui prennent la dénomination de compagnie ou section de chasseurs forestiers.

Ces compagnies sont divisées en deux catégories, les unes destinées au service de l'armée active, les autres au service de l'armée territoriale; les premières sous le titre de compagnies actives, et les secondes sous celui de compagnies territoriales.

## SECTION VII

### MANUFACTURES DE L'ÉTAT

*426. Division de la France et de l'Algérie en directions. — 427. Division des services. — 428. Personnel.*

**426.** — Le territoire de la France continentale et celui de l'Algérie sont divisés, pour les services des tabacs, en directions.

**427.** — Les services se divisent eux-mêmes en service de culture et service de fabrication.

**428.** — Le personnel du service se compose de directeurs, d'inspecteurs, d'entreposeurs, de contrôleurs, de vérificateurs et de commis de culture.

Et le personnel du service de fabrication comprend des directeurs, des ingénieurs, des sous-ingénieurs, des contrôleurs et des garde-magasins.

### § Ier

### DIRECTIONS

On compte en France et en Algérie :

**429.** — 1° Huit directions de tabacs :

Nancy, — Lille, — Le Hâvre, — Morlaix, — Bordeaux, — Tonneins, — Marseille, — Nice.

**430.** — 2° Sept directions des manufactures :

Paris (Gros-Caillou et Reuilly), — Dieppe, — Nantes, — Châteauroux, — Lyon, — Toulouse, — Riom, — Dijon, — Le Mans.

Ces deux dernières provisoires.

**481.** — 3° Six directions de la culture et des magasins :

Béthune, — Vesoul, — Cahors, — Périgueux, — Chambéry, — Alger. .

Et deux inspections :

Tarbes, — Neufchâteau.

## Art 1er
### CULTURE

**432.** — La culture du tabac est autorisée dans les départements suivants :

Alpes-Maritimes, — Bouches-du-Rhône, — Dordogne, — Gironde, — Ille-et-Vilaine, — Landes, — Lot, — Lot-et-Garonne, — Meurthe-et-Moselle, — Nord, — Pas-de-Calais, — Puy-de-Dôme, — Hautes-Pyrénées, — Haute-Saône, — Savoie, — Haute-Savoie, — Var.

**433.** — Elle est libre en Algérie.

## Art. 2
### FABRICATION

**434.** — La fabrication du tabac s'opère dans les manufactures nationales que possède chacune des villes chef-lieu des directions des tabacs et des manufactures.

## § II
### ÉCOLE D'APPLICATION DES MANUFACTURES DE L'ÉTAT

*435. Siége. — 436. Objet. — 437. Durée des études.*

**435.** — Cette école est établie à Paris, quai d'Orsay, 57, à la Manufacture Nationale des tabacs.

**436.** — Elle a pour objet de compléter l'instruction

pratique des élèves ingénieurs sortis de l'École poly-technique.

**437.** — La durée des études est de deux ans.

## SECTION VIII

### MONNAIES ET MÉDAILLES

*438. Énumération des services. — 439. Personnel.*

**438.** — Les services extérieurs de l'administration des monnaies et médailles comprennent :

1° Les hôtels des monnaies ;

2° Et les bureaux de garantie dans les départements et en Algérie.

**439.** — Le personnel de chacun des hôtels des monnaies se compose d'un commissaire des monnaies, d'un directeur de la fabrication, d'un contrôleur au change et d'un contrôleur au monnayage.

Le personnel de chaque bureau de garantie se compose d'un contrôleur et d'un receveur dépendant des contributions indirectes, et d'un essayeur placé sous les ordres directs de l'administration des monnaies et médailles.

### § 1er

#### HOTELS DES MONNAIES

*440. Nombre. — 441. Lettres monétaires. —*
*442. Différent.*

**440.** — Il y a en France deux hôtels des monnaies, l'un à Paris et l'autre à Bordeaux.

Aucune pièce de monnaie ou médaille ne peut être frappée ailleurs que dans les ateliers de ces hôtels.

**441.** — Chacun de ces établissements a une lettre particulière qu'il imprime sur toutes les pièces sortant de ses ateliers.

Ces lettres, dites *lettres monétaires*, sont, pour Paris, A, et pour Bordeaux, K.

**442.** — Chaque directeur a, en outre, une marque particulière ou *différent*.

## § II

### BUREAUX DE GARANTIE

*443. Nombre. — 444. Attributions.*

**443.** — Il existe en France soixante-sept bureaux de garantie.

On en compte sept en Algérie.

**444.** — Les agents de ces bureaux ont pour mission d'examiner le titre des ouvrages d'or et d'argent mis dans le commerce, d'appliquer sur ces ouvrages le poinçon de l'État, de percevoir les droits de garantie, et de surveiller les établissements de fabrication et de vente des objets d'or et d'argent.

## SECTION IX

### POSTES

*445. Services.*

**445.** — Les services extérieurs de l'administration générale des postes sont divisés en :
Service départemental,
Service ambulant,
Et service maritime.

## § Ier

### SERVICE DÉPARTEMENTAL

*446. Division en directions. — 447. Personnel.*

**446.** — Chaque département de la France forme une direction.

Cette direction comprend des bureaux sédentaires de plein exercice, des recettes simples et des bureaux à opérations limitées.

**447.** — Le personnel des agents de chacune des directions se compose d'un directeur, d'un receveur principal, d'un ou plusieurs contrôleurs, d'un receveur assisté de commis pour chaque bureau sédentaire de plein exercice, d'un receveur par recette simple, d'un facteur boitier par bureau à opérations limitées, et de facteurs distributeurs.

### § II
#### BUREAUX AMBULANTS
*448. Services. — 449. Personnel.*

**448.** — Les bureaux ambulants comprennent le service des lignes du Nord, de l'Est, du Sud-Ouest, de l'Ouest, du Nord-Ouest, de Lyon, des Pyrénées et de la Méditerranée.

**449.** — Les agents de ces services se composent d'un directeur et d'un contrôleur par ligne, de chefs de brigade, de commis principaux, de commis, de gardiens de bureau, de chargeurs.

### § III
#### SERVICES MARITIMES
*450. Services.*

**450.** — Les services maritimes comprennent :
Le service de la Manche,
Le service de la Méditerranée et de l'Indo-Chine,
Le service des lignes transatlantiques du Brésil, de la Plata et des Antilles,
Le service des lignes transatlantiques des Antilles et du Mexique,

Et le service de la ligne transatlantique du Hâvre à New-York.

---

# TITRE QUATRIÈME

## DÉPARTEMENT DE LA GUERRE

---

*451. Ses attributions.*

**451.** — Le ministère de la guerre a pour principales attributions :

L'application à l'armée des lois générales de l'État ;

L'organisation générale de l'armée ;

L'instruction et l'entretien des troupes ;

L'organisation offensive et défensive de la France ;

Les opérations militaires ;

La police et la justice militaires ;

Les écoles militaires ;

Les poudres et salpêtres, etc.

## CHAPITRE Ier

### ADMINISTRATION CENTRALE

### SECTION I

#### SERVICE CENTRAL

*452. Siége. — 453. Services.*

**452.** — L'administration centrale du ministère de la guerre siége à Paris, rue Saint-Dominique-Saint-Germain, numéro 80.

**453.** — Cette administration comprend les services suivants :

1° État-major particulier;

2° Cabinet du ministre;

3° État-major général :

— 1er bureau, — Organisation et mobilisation générales de l'armée, emplacements et effectifs,

— 2e bureau, — Statistique militaire et étude des armées étrangères,

— 3e bureau, — Opérations militaires et instruction générale de l'armée,

— 4e bureau, — Service des étapes et des chemins de fer, exécution des mouvements de troupes, transport des troupes par voie de fer et par eau;

— 5e bureau, — Dépôt de la guerre;

4° Direction générale du personnel et du matériel ;

### 1er Service

Bureau de la correspondance générale, !

— 1er bureau, — États-majors, personnels administratifs, écoles militaires,

— 2e bureau, — Infanterie,

— 3e bureau, — Recrutement,

— 4e bureau, — Réserves et armée territoriale;

### 2e Service

— 5e bureau, — Cavalerie,

— 6e bureau, — Remonte,

— 7e bureau, — Justice militaire, gendarmerie;

### Service de l'artillerie

— 8e bureau, — Personnel de l'artillerie et des équipages militaires,

— 9e bureau, — Matériel de l'artillerie et des équipages militaires ;

### Service des Poudres et Salpêtres

— 10e bureau;

*Service du génie*

— 11e bureau, — Personnel du génie,
— 12e bureau, — Matériel du génie;

*Services administratifs*

— 13e bureau, — Subsistances militaires, chauffage, fourrages,
— 14e bureau, — Hôpitaux, invalides, lits militaires,
— 15e bureau, — Transports généraux, habillement et campement;

5° Direction générale du contrôle et de la comptabilité :

*1er Service*

— 1er bureau, — Contrôle des dépenses, contentieux, budgets généraux, liquidation de la dotation de l'armée, liquidation des dépenses des armées;
— 2e bureau, — Fonds, ordonnances et comptes généraux,
— 3e bureau, — Comptes-matières, états des approvisionnements généraux,
— 4e bureau, — Soldes, revues de comptabilité, indemnités de route,
— Agence comptable;

*2e Service*

— 5e bureau, — Pensions et secours,
— 6e bureau, — Archives,
— Service intérieur.


# SECTION II

## COMITÉS ET COMMISSIONS PRÈS DU MINISTRE DE LA GUERRE

**454.** — Le ministre de la guerre a près de lui de nombreux comités et commissions, parmi lesquels :

1° Le Comité supérieur de la Caisse des Offrandes nationales en faveur des armées de terre et de mer;

2° Le Comité consultatif de l'artillerie;

3° Le Comité spécial consultatif des poudres et salpêtres ;

4° Le Comité consultatif des fortifications ;

5° La Commission de télégraphie militaire ;

6° La Commission militaire supérieure des chemins de fer ;

7° Le Conseil de santé des armées ;

8° La Commission d'hygiène hippique ;

9° La Commission mixte des travaux publics ;

10° La Commission chargée de dresser la liste de classement des sous-officiers proposés pour les emplois civils.

# CHAPITRE II

## SERVICE MILITAIRE

*455. Service obligatoire pour tous. — 456. Durée de cette obligation. — 457. Vote. — 458. Tirage au sort. — 459 à 462. Temps de service dans chaque catégorie de l'armée. — 463. Manœuvres de la réserve de l'armée active (28 jours). — 464 à 466. Mariage. — 467. 468. Engagements. — 469 à 471. Rengagements. — 472. 473. Engagements conditionnels d'un an. — 474 à 483. Obligations imposées aux engagés volontaires d'un an.*

**455.** — Tout Français doit le service militaire personnel.

**456.** — Tout Français qui n'est pas déclaré impropre à tout service militaire peut être appelé, depuis l'âge de vingt ans jusqu'à celui de quarante ans, à faire partie de l'armée active et des réserves.

**457.** — Les hommes présents au corps ne prennent part à aucun vote.

**458.** — Il est procédé chaque année à un tirage au sort entre les jeunes gens ayant atteint l'âge de vingt ans révolus dans l'année précédente, inscrits sur le tableau dressé à cet effet.

Le but de ce tirage au sort est de permettre l'application de la disposition du numéro 460 ci-après.

**459.** — Tout Français qui n'est pas déclaré impropre à tout service militaire fait partie :

De l'armée active pendant cinq ans;

De la réserve de l'armée active pendant quatre ans;

De l'armée territoriale pendant cinq ans;

De la réserve de l'armée territoriale pendant six ans.

**460.** — Après une année de service des jeunes soldats de l'armée active, ne sont plus maintenus sous les drapeaux que les hommes dont le chiffre est fixé chaque année par le ministre de la guerre.

Ils sont pris, par ordre de numéro, sur la première partie de la liste du recrutement de chaque canton et dans la proportion déterminée par la décision du ministre ; cette décision est rendue aussitôt après que toutes les opérations du recrutement sont terminées.

**461.** — Nonobstant les dispositions de l'article précédent, le militaire compris dans la catégorie de ceux ne devant pas rester sous les drapeaux, mais qui, après l'année de service mentionnée audit article, ne sait pas lire et écrire, et ne satisfait pas aux examens déterminés par le ministre de la guerre, peut être maintenu au corps pendant une seconde année.

**462.** — Le militaire placé dans la même catégorie, qui, par l'instruction acquise antérieurement à son entrée au service, et par celle reçue sous les drapeaux, remplit toutes les conditions exigées, peut, après six mois, à des époques fixées par le ministre de la guerre, et avant l'expiration de l'année, être envoyé en disponibilité dans ses foyers.

**463.** — Les hommes de la réserve de l'armée active sont assujettis, pendant le temps de service de ladite réserve, à prendre part à deux manœuvres.

La durée de chacune de ces manœuvres ne peut dépasser quatre semaines.

**464.** — Les hommes en disponibilité de l'armée active et les hommes de la réserve peuvent se marier sans autorisation.

**465.** — Les hommes mariés restent soumis aux obligations de service imposées aux classes auxquelles ils appartiennent.

**466.** — Toutefois, les hommes en disponibilité ou en réserve qui sont pères de quatre enfants vivants passent de droit dans l'armée territoriale.

**467.** — Tout Français peut être autorisé à contracter un engagement volontaire suivant des conditions déterminées.

**468.** — La durée de cet engagement est de cinq ans.

**469.** — Des rengagements peuvent être reçus pour deux ans au moins et cinq au plus.

**470.** — Ces rengagements ne peuvent être reçus que pendant le cours de la dernière année de service sous les drapeaux.

**471.** — Ils sont renouvelables jusqu'à l'âge de vingt-neuf ans accomplis pour les caporaux et soldats, et jusqu'à l'âge de trente-cinq ans pour les sous-officiers.

**472.** — Les jeunes gens qui ont obtenu des diplômes de bachelier ès-lettres, de bachelier ès-sciences, des diplômes de fin d'études, ou des brevets de capacité institués par les articles 4 et 6 de la loi du 21 juin 1865 (72 *bis*); ceux qui font partie de l'École centrale des arts et manufactures, des Écoles Nationales des Arts et Métiers, des Écoles Nationales des Beaux-Arts, du Conservatoire de Musique, des Écoles Nationales vétérinaires et des Écoles Nationales d'Agriculture; les élèves externes de l'École des Mines, de l'École des Ponts et Chaussées, de l'École du Génie maritime, et les élèves de l'École des Mineurs de Saint-Étienne, sont admis, avant le tirage au sort, lorsqu'ils présentent les certificats d'études émanés des autorités désignées par un règlement inséré au Bulletin des lois, à contracter dans l'armée de terre des engagements conditionnels d'un an, selon le mode déterminé par ledit règlement.

**473.** — Indépendamment des jeunes gens indiqués en l'article précédent, sont admis, avant le tirage au sort, à contracter un semblable engagement, ceux qui satisfont à un des examens exigés par les différents programmes préparés par le ministre de la guerre et approuvés par décrets rendus dans la forme des règlements d'administration publique.

**474.** — L'engagé volontaire d'un an est habillé, monté, équipé et entretenu à ses frais.

**475.** — Toutefois, le ministre de la guerre peut exempter de tout ou partie des obligations déterminées au paragraphe précédent les jeunes gens qui ont donné, dans leur examen, des preuves de capacité et justifient, dans les formes prescrites par les règlements, être dans l'impossibilité de subvenir aux frais résultant de ces obligations.

**476.** — L'engagé volontaire d'un an est incorporé et soumis à toutes les obligations de service imposées aux hommes présents sous les drapeaux.

**477.** — Il est astreint aux examens prescrits par le ministre de la guerre.

**478.** — Si, après un an de service, l'engagé volontaire d'un an ne satisfait pas à ces examens, il est obligé de rester une seconde année au service.

**479.** — Si, après cette seconde année, l'engagé volontaire ne satisfait pas à cet examen, il est, par décision du ministre de la guerre, déclaré déchu des avantages réservés aux volontaires d'un an, et il reste soumis aux mêmes obligations que celles imposées aux hommes de la première partie de la classe à laquelle il appartient.

**480.** — Il en est de même pour le volontaire qui, pendant la première ou la seconde année, a commis des fautes graves et répétées contre la discipline.

**481.** — En temps de guerre, l'engagé volontaire d'un an est maintenu au service.

**482.** — En cas de mobilisation, l'engagé volontaire d'un an marche avec la première partie de la classe à laquelle il appartient par son engagement.

**483.** — Dans l'année qui précède l'appel de leur classe, les jeunes gens mentionnés dans le numéro 472 ci-dessus, qui n'auraient pas terminé les études de la faculté ou des écoles auxquelles ils appartiennent, mais qui voudraient les achever dans un laps de temps déterminé, peuvent, tout en contractant l'engagement d'un an, obtenir de l'autorité militaire un sursis avant de se rendre au corps pour lequel ils se sont engagés. Le sursis peut leur être accordé jusqu'à l'âge de vingt-quatre ans accomplis.

# CHAPITRE III

## ARMÉE FRANÇAISE

**484.** — L'armée française est divisée en deux grandes catégories :

1° L'armée active,

2° Et l'armée territoriale.

Chacune d'elles a une réserve.

## SECTION I
### ARMÉE ACTIVE

*485. Composition.*

**485.** — L'armée active se compose :

*Premièrement.*

Des corps de troupes de toutes armes, savoir :

L'infanterie,

La cavalerie,

L'artillerie,

Le génie,

Le train des équipages militaires ;

*Deuxièmement.*

Du personnel de l'état-major général et des services généraux de l'armée, savoir :

L'état-major général de l'armée,

Le service de l'état-major,

Le corps de l'inspection de l'administration de la guerre ;

*Troisièmement.*

Du personnel des états-majors et des services particuliers, savoir :

Le corps de l'intendance militaire ;

Les états-majors particuliers de l'artillerie et du génie,

Le corps des officiers de santé militaire,

Le service du recrutement et de la mobilisation ;

Les vétérinaires militaires,

Le service de la trésorerie et des postes ;

Le service de la télégraphie,

Le service des chemins de fer,

Les Écoles militaires,

La justice militaire,

Les dépôts de remonte,

Les affaires indigènes en Algérie,

Les officiers d'administration,

Les établissements militaires,

L'aumônerie militaire ;

### Quatrièmement.

De la gendarmerie ;

### Cinquièmement.

Du régiment de sapeurs-pompiers de la ville de Paris ;

### Sixièmement.

De corps spéciaux.

### § Ier

## CORPS DE TROUPES DE TOUTES ARMES

### ART. 1er

#### INFANTERIE

*486. Composition.*

**486.** — L'infanterie comprend :

144 régiments d'infanterie de ligne à quatre bataillons de quatre compagnies, plus deux compagnies de dépôt ;

30 bataillons de chasseurs à pied à quatre compagnies, plus une compagnie de dépôt.

Elle comprend, en outre, les troupes suivantes, spéciales au dix-neuvième corps, savoir :

4 régiments de zouaves à quatre bataillons de quatre compagnies, plus une compagnie de dépôt ;

3 régiments de tirailleurs algériens à quatre bataillons de quatre compagnies, plus une compagnie de dépôt ;

Une légion étrangère à quatre bataillons de quatre compagnies ;

3 bataillons d'infanterie légère d'Afrique ;

5 compagnies de discipline, dont une de pionniers et quatre de fusiliers.

## ART. 2

### CAVALERIE

#### 487. *Composition.*

**487.** — La cavalerie comprend :

*Premièrement.*

77 régiments, savoir :
12 régiments de cuirassiers,
26 régiments de dragons,
20 régiments de chasseurs,
12 régiments de hussards,
4 régiments de chasseurs d'Afrique,
3 régiments de spahis.

Les 70 régiments de l'intérieur sont à cinq escadrons; ils constituent dix-huit brigades de deux régiments, à raison d'une brigade par corps d'armée, et un certain nombre de brigades et de divisions de cavalerie indépendantes, placées en dehors des corps d'armée.

Les régiments de chasseurs d'Afrique et de spahis sont à six escadrons; ils sont spécialement affectés au dix-neuvième corps d'armée.

*Deuxièmement.*

19 escadrons d'éclaireurs volontaires.

Ces escadrons, constitués en tout temps, ne sont appelés à l'activité qu'au moment de la mobilisation et des manœuvres; ils sont alors rattachés, pour l'administration, à l'un des régiments de cavalerie des corps d'armée.

*Troisièmement.*

8 compagnies de cavalerie de remonte, à raison d'une compagnie par chacune des quatre circonscriptions de remonte, une compagnie aux écoles et trois en Algérie.

## ART. 3

### ARTILLERIE

#### 488. *Composition.*

**488.** — L'artillerie comprend :

##### *Premièrement.*

38 régiments, tous stationnés en France et constituant dix-neuf brigades à deux régiments, à raison d'une brigade par corps d'armée.

Le premier régiment de chaque brigade est à treize batteries, dont trois à pied, huit montées, deux montées de dépôt et de sections de munitions.

Le deuxième régiment est à treize batteries, dont huit montées, trois à cheval, deux montées de dépôt et de sections de munitions.

##### *Deuxièmement.*

2 régiments d'artillerie pontonniers à quatorze compagnies chacun.

##### *Troisièmement.*

10 compagnies d'ouvriers d'artillerie, chargées de la construction de la partie du matériel de l'artillerie, du génie et du train des équipages militaires, dont la confection ne serait pas confiée à l'industrie civile.

##### *Quatrièmement.*

5 compagnies d'artificiers.

##### *Cinquièmement.*

57 compagnies du train d'artillerie, à raison de trois par brigade d'artillerie.

Ces trois compagnies sont placées, pour l'administration, la police et la discipline, à la suite des régiments de la brigade, savoir : une au premier régiment et deux au second.

Le service permanent de l'artillerie est assuré en Algérie :

1º Par des batteries à pied détachées des régiments de l'intérieur et dont un certain nombre sont organisées en batteries montées et en batteries de montagnes;

2º Par des compagnies de pontonniers et du train d'artillerie, fournies également par les corps de l'intérieur.

### ART. 4

#### GÉNIE

#### 489. *Composition.*

**489.** — Les troupes du génie se composent de :

4 régiments de sapeurs-mineurs, attachés aux quatre écoles de l'arme.

Chaque régiment comprend cinq bataillons à quatre compagnies, une compagnie de dépôt, une compagnie d'ouvriers de chemins de fer, une compagnie de sapeurs-conducteurs.

A chacun des dix-neuf corps d'armée correspond un bataillon de sapeurs-mineurs qui en porte le numéro et qui rejoint ce corps en cas de mobilisation et de manœuvres, ou sur un ordre du ministre de la guerre.

Le service permanent du génie est assuré en Algérie par un certain nombre de compagnies détachées des régiments.

### ART. 5

#### TRAIN DES ÉQUIPAGES MILITAIRES

#### 490. *Composition.*

**490.** — Le train des équipages militaires comprend :

20 escadrons, tous stationnés en France.

Chaque escadron est à trois compagnies.

Le service de l'Algérie est assuré par un certain

nombre de compagnies mixtes, rattachées, pour l'administration, aux escadrons de l'intérieur.

## § II
### PERSONNEL DE L'ÉTAT-MAJOR GÉNÉRAL ET DES SERVICES GÉNÉRAUX DE L'ARMÉE

#### ART. 1er
##### ÉTAT-MAJOR GÉNÉRAL DE L'ARMÉE

**491.** — Le personnel de l'état-major général de l'armée se compose :

Des maréchaux de France,

Des généraux de division et de brigade de la section d'activité et de disponibilité,

Et des généraux de division et de brigade appartenant à la section de réserve.

#### ART. 2
##### SERVICE DE L'ÉTAT-MAJOR

**492.** — Le service de l'état-major est fait par des colonels, des lieutenants-colonels et des chefs d'escadron.

#### ART. 3
##### CORPS DE L'INSPECTION DE L'ADMINISTRATION DE LA GUERRE

**493.** — Ce corps sera organisé par la loi à intervenir sur l'administration de l'armée.

## § III
### PERSONNEL DES ÉTATS-MAJORS ET DES SERVICES PARTICULIERS

#### ART. 1er
##### CORPS DE L'INTENDANCE MILITAIRE

**494.** — Le corps de l'intendance militaire est chargé spécialement de l'administration et de la comptabilité générales de l'armée.

Il se compose :

D'intendants généraux inspecteurs,
D'intendants divisionnaires,
De sous-intendants de 1re classe,
De sous-intendants de 2e classe,
D'adjoints à l'intendance de 1re classe,
D'adjoints à l'intendance de 2e classe.

## ART. 2

### ÉTATS-MAJORS PARTICULIERS DE L'ARTILLERIE ET DU GÉNIE

**495.** — Les états-majors particuliers de l'artillerie et du génie ont pour mission d'assurer :

*Aux armées,*

Le service des états-majors de l'artillerie et du génie des armées, corps d'armée et divisions, et la direction générale des divers services de ces armes;

*A l'intérieur,*

Le fonctionnement des établissements et services de ces mêmes armes.

Ils se composent de colonels, de lieutenants-colonels et de chefs d'escadron.

Les services de l'artillerie et du génie sont répartis :

*En France,*

Pour l'artillerie, entre vingt-deux directions;

Pour le génie, entre neuf directions supérieures et vingt-sept directions;

*En Algérie,*

Pour l'artillerie, entre trois directions;

Pour le génie, entre une direction supérieure et trois directions.

La Corse a une direction d'artillerie.

## ART. 3

### OFFICIERS DE SANTÉ MILITAIRES

**496.** — Le corps des officiers de santé militaires est chargé du service médical dans l'armée de terre.

Il est composé de médecins et de pharmaciens inspecteurs, de médecins et de pharmaciens principaux de 1re et de 2e classe, de médecins et de pharmaciens-majors de 1re classe, et de médecins et de pharmaciens aides-majors de 1re et 2e classe.

## ART. 4
### SERVICE DU RECRUTEMENT ET DE LA MOBILISATION.

**497.** — Les bureaux de recrutement sont établis par subdivisions de région et embrassent les services du recrutement, de la mobilisation, des réquisitions et de l'armée territoriale.

Les commandants de bureaux de recrutement dirigent ces services sous l'autorité hiérarchique des généraux de brigade et de division en fonctions dans le corps d'armée, auxquels le commandement des subdivisions de région correspondante est conféré en vertu de décisions prises par le ministre de la guerre.

Ces officiers généraux sont investis du commandement territorial desdites subdivisions de région, sous l'autorité supérieure des commandants de corps d'armée.

Le service du recrutement, de la mobilisation, des réquisitions et de l'armée territoriale, est assuré dans les commandements de Paris et de Lyon par un règlement spécial du ministre de la guerre.

## ART. 5
### VÉTÉRINAIRES MILITAIRES

**498.** — Les vétérinaires militaires sont chargés du service de l'hygiène des chevaux de l'armée.

Le corps des vétérinaires se compose de vétérinaires principaux de 1re et 2e classe, de vétérinaires en premier et en second, et d'aides-vétérinaires.

## ART. 6
### SERVICE DE LA TRÉSORERIE ET DES POSTES

**499.** — *Le service de la trésorerie et des postes* aux

8.

armées est confié à des agents des finances préposés à l'exécution simultanée de ces deux services.

Ces agents ne forment qu'une seule et même administration.

Ce service a pour objet :

1° D'opérer, à l'exclusion de tous les autres services, les recettes provenant du Trésor public ou faites pour le compte de l'État;

2° De pourvoir à l'acquittement de toutes les dépenses régulièrement ordonnancées ou assignées sur ses caisses, au compte soit du budget de l'État, soit des services spéciaux rattachés pour ordre à ce budget, soit des opérations de trésorerie ou autres;

3° De faire, pour le compte de la Caisse des dépôts et consignations et de la Légion d'honneur, toutes les recettes et dépenses concernant ces deux services;

4° D'exécuter le service des postes au-delà des stations têtes d'étapes de guerre, le service des postes pour les armées, corps d'armée, divisions, brigades ou services auprès desquels ils sont placés.

L'administration de la trésorerie et des postes aux armées est organisée en tout temps, mais elle n'est appelée à l'activité qu'à partir de la mobilisation ou de l'organisation des armées, corps d'armée, divisions ou services auxquels elle est attachée.

Elle relève du ministre des finances pour le personnel, l'alimentation des caisses, la comptabilité et la partie professionnelle ou technique du service.

Pour toutes les autres mesures, telles que la marche générale du service, les ordres de route, de campement et d'expédition des courriers, elle est placée sous les ordres du commandant militaire.

Il n'existe aucune assimilation entre les grades de

l'armée et la hiérarchie propre au service de la trésorerie et des postes.

Toutes les dispositions relatives à la marche générale du service des postes aux armées, aux conditions du transport des dépêches, aux jours et heures du départ des courriers, sont arrêtées par le général en chef ou commandant militaire, sur la proposition du chef de service de la trésorerie et des postes.

## ART. 7
### SERVICE DE LA TÉLÉGRAPHIE

**500.** — *Le service de la télégraphie militaire* comprend, en temps de guerre :

Un service de marche ou de première ligne,

Un service d'étapes ou de deuxième ligne,

Et un service territorial ou de troisième ligne.

La télégraphie militaire est placée aux armées sous les ordres des chefs d'état-major des armées, corps d'armée et divisions.

## ART. 8
### SERVICE DES CHEMINS DE FER

**501.** — *Le service militaire des chemins de fer* comprend, en temps de guerre :

1° Le service en-deçà de la base d'opérations sur laquelle l'armée se réunit ;

2° Le service au-delà de cette base.

Le service en-deçà de la base d'opérations est assuré par les ressources et les moyens ordinaires des compagnies de chemins de fer, requises à cet effet.

Le service au-delà de la base d'opérations est confié à des commissions militaires des chemins de fer en campagne.

Le premier de ces services est préparé, dirigé et surveillé par la Commission militaire supérieure des chemins de fer, et le second par une commission de direction militaire des chemins de fer de campagne placée à l'état-major général de chaque armée.

## ART. 9
### ÉCOLES MILITAIRES

503. *Prytanée militaire.* — 504. *École spéciale militaire.* — 505. *École polytechnique.* — 506. *École d'application de l'artillerie et du génie.* — 507. *École d'application d'état-major.* — 508. *École d'application de cavalerie.* — 509. *École de médecine et de pharmacie militaires.* — 510. *École d'administration.* — 511. *École normale de gymnastique.* — 512. *Écoles régionales de tir.* — 513. *Écoles régimentaires.* — 514. *Écoles d'artillerie.* — 515. *École centrale de pyrotechnie militaire.* — 516. *École des sous-officiers d'infanterie.* — 517. *École d'essai des enfants de troupe.* — 518. *École militaire supérieure.*

**502.** — Les écoles militaires de l'armée sont actuellement :

**503.** — I. Le *Prytanée militaire* établi à La Flèche, destiné à donner à des fils de militaires des armées de terre et de mer une éducation qui les prépare spécialement à la carrière militaire et puisse, exceptionnellement, leur ouvrir l'accès d'autres carrières.

**504.** — II. L'*École spéciale militaire* de Saint-Cyr, qui a pour objet d'instruire dans les différentes branches de l'art de la guerre, et de mettre en état d'entrer comme officiers dans l'infanterie, la cavalerie et l'infanterie de marine, les jeunes gens qui se destinent à la carrière militaire.

L'admission a lieu au concours.

La durée des études est de deux années.

**505.** — III. L'*École polytechnique*, à Paris, spécialement destinée à former des élèves pour les services ci-après, savoir :

L'artillerie de terre,

L'artillerie de mer,

Le génie militaire,

Le génie maritime,

La marine nationale,

Le corps des ingénieurs hydrographes,

Les ponts et chaussées,

Les mines,

Le corps d'état-major,

Les poudres et salpêtres,

Les lignes télégraphiques,

L'administration des tabacs,

Enfin, pour les autres services publics qui exigent des connaissances étendues dans les sciences mathématiques, physiques et chimiques.

Nul n'est admis à l'École polytechnique que par voie de concours.

La durée des cours d'étude à l'École polytechnique est de deux ans.

**506.** — IV. *L'École d'application de l'artillerie et du génie*, à Fontainebleau, se recrutant exclusivement parmi les élèves sortant de l'École polytechnique destinés à devenir officiers des services de l'artillerie et du génie pour l'armée de terre et officiers d'artillerie pour l'armée de mer.

La durée des cours est de deux ans, trois ans au plus.

**507.** — V. *L'École d'application d'état-major*, à Paris, destinée à former des officiers pour le service d'état-major.

**508.** — VI. *L'École d'application de cavalerie*, à Saumur, destinée à perfectionner l'instruction des officiers de cavalerie, d'artillerie et de gendarmerie, et à initier au service régimentaire les aides-vétérinaires nouvellement promus.

**509.** — VII. L'*École de médecine et de pharmacie militaires*, à Paris, destinée à pourvoir au recrutement des officiers de santé de l'armée.

**510.** — VIII. L'*École d'administration*, à Vincennes, destinée à former le personnel nécessaire au recrutement des officiers d'administration, des bureaux de l'intendance militaire, des hôpitaux, des subsistances, de l'habillement et du campement.

**511.** — IX. L'*École normale de gymnastique*, à Joinville-le-Pont.

**512.** — X. Les *Écoles régionales de tir* du camp de Châlons, du camp du Ruchard, du camp de la Valbonne et de Blidah.

**513.** — XI. Les *Écoles régimentaires* des diverses armes.

**514.** — XII. Les *Écoles d'artillerie*, au nombre de dix-neuf. Chaque commandement en comprend une, sauf les commandements de Paris, de Lyon et d'Alger.

Elles sont placées à :

Douai, — La Fère, — Versailles, — Le Mans, — Orléans, — Châlons-sur-Marne, — Besançon, — Bourges, — Poitiers, — Rennes, — Vannes, — Angoulême, — Clermont-Ferrand, — Grenoble, — Valence, — Castres, — Toulouse, — Tarbes, — Vincennes.

**515.** — XIII. L'*École centrale de pyrotechnie militaire*, placée à Bourges.

**516.** — XIV. L'*École des sous-officiers d'infanterie*, au camp d'Avor (8ᵉ région).

**517.** — XV. L'*École d'essai des enfants de troupe*, à Rambouillet.

**518.** — Il doit être créé une *École militaire supérieure*.

## ART. 10

### JUSTICE MILITAIRE

**519.** — La justice militaire est rendue :

1º Par des conseils de guerre;

2º Et par des conseils de révision.

Des prévôtés sont établies aux armées dans les cas prévus par le Code de justice militaire.

Le service de la justice militaire comprend :

1º Les parquets et les greffes des conseils de guerre et des conseils de révision;

2º Et les établissements pénitentiaires et les prisons militaires.

## ART. 11

### DÉPOTS DE REMONTE

**520.** — La remonte est chargée de l'achat et du dressage des chevaux propres au service de la cavalerie.

Pour le service de la remonte, le territoire de la France est divisé en quatre circonscriptions :

| Circonscriptions | Chefs-Lieux | Dépôts |
|---|---|---|
| 1re | Caen, | Caen, — Bec-Hellouin, — Saint-Lô, — Alençon, — Paris. |
| 2e | Fontenay-le-Comte, | Fontenay-le-Comte, — Saint-Jean-d'Angély, — Angers, — Guingamp. |
| 3e | Tarbes, | Tarbes, — Agen, — Mérignac, — Guéret, — Aurillac. |
| 4e | Mâcon, | Mâcon, — Sampigny, — Favernay. |

## ART. 12

### AFFAIRES INDIGÈNES EN ALGÉRIE

**521.** — Les affaires indigènes en Algérie comprennent les bureaux arabes et les commandants de cercles.

Le personnel des bureaux arabes se compose d'officiers hors-cadres et d'officiers détachés des corps de troupe.

Les commandements de cercles sont exercés par des officiers employés en Algérie et désignés à cet effet.

## ART. 13

### OFFICIERS D'ADMINISTRATION

**522.** — On comprend sous la dénomination d'officiers d'administration les officiers chargés :

1° De la gestion des bureaux de l'intendance ;

2° De la gestion des bureaux de l'état-major et du recrutement ;

3° De la direction des commis et ouvriers militaires ;

4° Et de la direction des infirmiers militaires.

## ART. 14

### ÉTABLISSEMENTS MILITAIRES

**523.** — L'État possède divers établissements qui servent à la fabrication et à l'entretien du matériel destiné aux armées, parmi lesquels :

1° Trois *manufactures d'armes ;*

Saint-Étienne (13e corps),

Tulle (12e corps),

Et Châtellerault (9e corps),

Les deux premières consacrées exclusivement à la fabrication des armes à feu,

Et la troisième produisant à la fois des armes à feu et des armes blanches ;

2° Une *fonderie,* à Bourges (8e corps) ;

3° Trois *ateliers de construction,* à :

Tarbes (18e corps),

Avignon (15e corps),

Vernon (3e corps) ;

4° Des *forges*, à :

Mézières (6e corps),

Rennes (10e corps),

Besançon (7e corps),

Nevers (8e corps),

Toulouse (17e corps);

5° Trois *poudreries militaires* :

Au Bouchet (gouvernement militaire de Paris),

Au Ripault (9e corps),

A Saint-Chamas (15e corps);

6° Des *raffineries et poudreries*, à :

Lille (1re région),

Marseille (15e région),

Bordeaux (18e région),

Saint-Ponce (6e région),

Vouges (8e région),

Toulouse (17e région),

Saint-Médard (18e région),

Angoulême (12e région),

Pont-de-Buis, Moulin-Blanc (11e région),

Esquerdes (1re région),

Sévran-Livry (3e région).

### ART. 15

#### AUMONIERS MILITAIRES

**584.** — Les rassemblements de troupes sont pourvus, pour le service religieux, de tout ce qu'exige l'exercice des cultes reconnus par l'État.

Les aumôniers militaires sont chargés de ce service.

### § IV

#### GENDARMERIE

### ART. 1er

#### COMPOSITION

**585.** — La gendarmerie se compose de :

1º La gendarmerie départementale de l'intérieur, comprenant 30 légions réparties dans les départements, à raison d'une compagnie par département dont elle porte le nom, sauf la Corse, qui a deux compagnies désignées par première et deuxième, et le territoire de Belfort, qui n'a qu'un détachement;

2º La gendarmerie d'Afrique, qui forme la 31ᵉ légion avec les compagnies d'Alger, de Milianah, de Constantine et d'Oran;

3º La gendarmerie mobile, à Versailles (gouvernement de Paris), comprenant une légion;

4º La garde républicaine de Paris, comprenant 3 bataillons d'infanterie à huit compagnies et 3 divisions de cavalerie à deux escadrons;

5º La gendarmerie coloniale, comprenant 4 compagnies et 3 détachements.

## ART. 2.

### SERVICE AUX ARMÉES

**526.** — Lorsqu'une armée est constituée et mobilisée, le commandant supérieur de la gendarmerie y reçoit le titre de grand-prévôt, et le commandant de la gendarmerie de chaque corps s'appelle prévôt.

Le service de la gendarmerie aux armées comprend le service prévôtal proprement dit, le service des convois et la garde des prisonniers.

Le grand-prévôt exerce sa juridiction sur toute l'armée, les prévôts sur les corps d'armée auxquels ils sont attachés, et les officiers de gendarmerie près des divisions auxquelles ils sont aussi attachés.

## § V

### RÉGIMENT DE POMPIERS DE LA VILLE DE PARIS

**527.** — Les sapeurs-pompiers de la ville de Paris

constituent un régiment d'infanterie à deux bataillons et six compagnies.

## § VI
### CORPS SPÉCIAUX

**528.** *Compagnies de douaniers.* — **529.** *Compagnies de chasseurs forestiers.*

Les corps spéciaux se composent :

**528.** — 1° Des compagnies de douaniers;

**529.** — 2° Et des compagnies de chasseurs forestiers;

Dont nous avons rappelé l'organisation militaire pages 111 et 116 (ministère des finances).

## SECTION II
### ARMÉE TERRITORIALE

**530.** *Formation.* — **531. 532.** *Appel à l'activité.* — **533.** *Affectation en cas de mobilisation.* — **534.** *Constitution en divisions et en corps d'armée.* — **535.** *Comment a lieu la formation des divers corps.* — **536.** *Composition de l'armée territoriale.* — **537.** *Supériorité à grade égal des officiers, fonctionnaires et agents de l'armée active.*

**530.** — L'armée territoriale est formée des hommes domiciliés dans la région.

**531.** — Les militaires de tous grades qui la composent restent dans leurs foyers et ne sont réunis ou appelés à l'activité que sur l'ordre de l'autorité militaire.

**532.** — La réserve de l'armée territoriale n'est appelée à l'activité qu'en cas d'insuffisance des ressources fournies par l'armée territoriale.

Dans ce cas, l'appel se fait par classe et en commençant par la moins ancienne.

**533.** — En cas de mobilisation, les corps de troupes

de l'armée territoriale peuvent être affectés à la garnison des places fortes, aux postes et lignes d'étapes, à la défense des côtes, des points stratégiques; ils peuvent être aussi formés en brigades, divisions et corps d'armée destinés à tenir campagne.

Enfin, ils peuvent être détachés pour faire partie de l'armée active.

**534.** — Lorsque les troupes de l'armée territoriale sont constituées en divisions et en corps d'armée, elles sont pourvues d'états-majors, de services administratifs sanitaires et auxiliaires spéciaux.

**535.** — La formation des divers corps de l'armée territoriale a lieu :

Par subdivision de région pour l'infanterie;

Et sur l'ensemble de la région pour les autres armes.

**536.** — L'armée territoriale se compose :

Des corps de troupes de toutes armes, savoir :

L'infanterie,

La cavalerie,

L'artillerie,

Le génie,

Le train des équipages militaires,

Les corps spéciaux;

D'officiers hors cadre,

Et d'un personnel administratif.

**537.** — A égalité de grade, les officiers, fonctionnaires et agents de l'armée active ont le commandement sur ceux de la réserve de l'armée territoriale.

## § Ier

### CORPS DE TROUPES DE TOUTES ARMES

#### ART. 1er

##### INFANTERIE

**538.** — Chaque subdivision de région fournit un

régiment d'infanterie composé de trois bataillons à quatre compagnies et d'un cadre de compagnie de dépôt.

Il est créé un second régiment, également à trois bataillons, dans la subdivision d'Aix, à raison de son étendue, ce qui porte le nombre des régiments à 145.

Les régiments sont commandés par des lieutenants-colonels.

### ART. 2
#### CAVALERIE

**539.** — Il est formé dans chaque région un nombre d'escadrons de cavalerie qui dépend des ressources en chevaux du territoire.

Il peut être formé des escadrons de cavaliers volontaires avec les militaires de l'armée territoriale qui s'engageront à s'équiper et à se monter à leurs frais.

### ART. 3
#### ARTILLERIE

**540.** — Chaque région fournit un régiment d'artillerie, ainsi qu'un certain nombre de compagnies du train d'artillerie.

Les régiments sont commandés par des lieutenants-colonels.

### ART. 4
#### GÉNIE

**541.** — Chaque région fournit un bataillon du génie.

### ART. 5
#### TRAIN DES ÉQUIPAGES

**542.** — Chaque région fournit un escadron du train des équipages.

### § II
#### CORPS SPÉCIAUX

Les corps spéciaux comprennent :

**543.** — 1° *Les compagnies de douaniers;*

**544.** — 2° Et les *compagnies de chasseurs forestiers,* dont nous avons signalé l'organisation militaire pages 111 et 146 (ministère des finances);

**545.** — Et les *canonniers du Nord.*

Les compagnies de canonniers sédentaires et de canonniers vétérans du département du Nord font partie de l'artillerie de l'armée territoriale et sont affectés en principe aux places du Nord.

### § III
#### OFFICIERS HORS-CADRES

**546.** — En dehors des corps appartenant aux corps de troupes, l'organisation de l'armée territoriale comporte un certain nombre d'officiers de différentes armes, lesquels sont adjoints, en cas de mobilisation, aux commandements des places, aux commandements des étapes, aux états-majors de l'intérieur et à ceux des corps d'armée, divisions et brigades constitués avec les troupes de ladite armée.

### § IV
#### PERSONNEL ADMINISTRATIF

**547.** — Le personnel administratif affecté aux corps de troupes d'infanterie est rattaché aux bureaux de recrutement des subdivisions régionales et placé sous les ordres des commandants de ces bureaux.

Le personnel administratif affecté à l'ensemble des corps de troupe autres que ceux de l'infanterie est établi au chef-lieu de la région et relève directement de l'officier supérieur compris dans la section territoriale de l'état-major général du corps d'armée et qui centralise le service du recrutement de la région.

# CHAPITRE IV

## DIVISION TERRITORIALE DE LA FRANCE. COMMANDEMENT

**548.** — Le territoire de la France est divisé, pour l'organisation de l'armée active, de la réserve de l'armée active, de l'armée territoriale et de sa réserve, en dix-huit régions et subdivisions de régions.

Ces régions et subdivisions de régions sont établies d'après les ressources du recrutement et les exigences de la mobilisation.

**549.** — Chaque région est occupée par un corps d'armée qui y tient garnison.

Un corps d'armée spécial est, en outre, affecté à l'Algérie.

Chacun de ces corps d'armée comprend :

Deux divisions, et chaque division deux brigades d'infanterie,

Une brigade de cavalerie,

Une brigade d'artillerie,

Un bataillon du génie,

Un escadron du train des équipages,

Ainsi que les états-majors et les divers services nécessaires.

**550.** — Chaque région et subdivision de région possède des magasins d'approvisionnements dans lesquels se trouvent les armes et munitions, et les effets d'habillement, d'armement, de harnachement, d'équipement et de campement nécessaires aux diverses armes qui entrent dans la composition du corps d'armée.

**551.** — Dans chaque subdivision de région, il y a un ou plusieurs bureaux de recrutement.

Un officier supérieur faisant partie de la section territoriale, et désigné par le ministre de la guerre, est chargé de centraliser le service de recrutement.

**552.** — Un officier supérieur est placé à la tête du service du recrutement de chaque subdivision.

Tous les militaires de l'armée active, de la réserve et de l'armée territoriale, qui se trouvent à un titre quelconque dans leurs foyers et sont domiciliés dans la subdivision, relèvent de cet officier supérieur.

**553.** — Dans chaque région, le général commandant le corps d'armée a sous son commandement le territoire, les forces de l'armée active et de sa réserve, de l'armée territoriale et de sa réserve, ainsi que tous les services et établissements militaires qui sont exclusivement affectés à ces forces.

Les établissements spéciaux destinés à assurer la défense générale du pays, ou à pourvoir aux services généraux des armées, restent sous la direction immédiate du ministre de la guerre, dans les conditions de fonctionnement qui leur sont afférentes.

Toutefois, le commandant du corps d'armée exerce une surveillance permanente sur ces établissements et transmet ses observations au ministre de la guerre.

**554.** — En temps de paix, le commandant d'un corps d'armée ne pourra conserver que pendant trois années au plus son commandement, à moins qu'à l'expiration de ce délai il ne soit maintenu dans ses fonctions par un décret spécial rendu en Conseil des ministres.

**555.** — Les commandements des places de Paris et de Lyon sont confiés à des commandants supérieurs nommés par le Président de la République.

**556.** — Les départements de la Seine, Seine-et-Oise, dont le territoire est réparti entre les corps d'armée environnant Paris, sont, ainsi que les troupes qui s'y trouvent stationnées, sous le commandement du commandant supérieur de Paris.

**557.** — De même le département du Rhône, dont le territoire est réparti entre les corps d'armée environnant Lyon, ainsi que les communes de Miribel, de Rilleux, de Neyron et de Sathonay, du département de l'Ain; celles de Balan, de Béligneux et de Saint-Maurice, de Gonidon, du même département comprenant le camp de Valbonne, enfin la commune de Feyzin, du département de l'Isère, dont les territoires sont rattachés à la circonscription de la place de Lyon, sont, ainsi que les troupes qui s'y trouvent stationnées, sous le commandement du commandant supérieur de Lyon.

**558.** — En cas de mobilisation et à dater du jour où il a reçu l'ordre de mobilisation, le général commandant le corps d'armée est assisté dans son commandement par l'officier général qui doit le remplacer et qui est désigné d'avance par le ministre de la guerre.

Cet officier prend le commandement de la région le jour où le corps d'armée mobilisé quitte la région.

**559.** — Le général commandant un corps d'armée a sous ses ordres un service d'état-major placé sous la direction de son chef d'état-major général et divisé en deux sections :

1° Section active marchant avec les troupes en cas de mobilisation.

2° Section territoriale attachée à la région d'une manière permanente, chargée d'assurer en tout temps le fonctionnement du recrutement, des hôpitaux, de la remonte, et en général de tous les services territoriaux.

Les états-majors de l'artillerie, du génie et les divers services administratifs et sanitaires du corps d'armée sont également divisés en partie active et en partie territoriale.

**560.** — Outre les états-majors le commandant du corps d'armée a auprès de lui et sous ses ordres les fonctionnaires et les agents chargés d'assurer la direction et la gestion des services administratifs et du service de santé.

**561.** — Le tableau suivant résume la division territoriale de la France en régions avec les départements qui les forment, les corps d'armée qui les occupent et leurs quartiers généraux :

| Régions | Corps d'armée | Quartiers généraux | Départements formant les régions |
|---|---|---|---|
| 1re | 1er | Paris | Nord, Pas-de-Calais. |
| 2e | 2e | Amiens | Aisne, Oise, Somme, Seine-et-Oise (arrondissement de Pontoise), Seine (cantons de Saint-Denis et de Pantin, 10e, 19e et 20e arrondissements de Paris). |
| 3e | 3e | Rouen | Calvados, Eure, Seine-Inférieure, Seine-et-Oise (arrondissements de Mantes et de Versailles), et Seine (cantons de Courbevoie et de Neuilly, 1er, 7e, 8e, 9e, 15e, 16e, 17e et 18e arrondissements de Paris). |

| Régions | Corps d'armée | Quartiers généraux | Départements formant les régions |
|---|---|---|---|
| 4e | 4e | Le Mans | Eure-et-Loir, Mayenne, Orne, Sarthe, Seine-et-Oise (arrondissement de Rambouillet), et Seine (cantons de Villejuif et de Sceaux, 4e, 5e, 13e et 14e arrondissements de Paris). |
| 5e | 5e | Orléans | Loiret, Loir-et-Cher, Seine-et-Marne, Yonne, Seine-et-Oise (arrondissements de Corbeil et d'Étampes), et Seine (cantons de Charenton et de Vincennes, 2e, 3e, 11e et 12e arrondissements de Paris). |
| 6e | 6e | Châlons-sur-Marne | Ardennes, Aube, Marne, Meurthe-et-Moselle, Meuse et Vosges. |
| 7e | 7e | Besançon | Ain, Doubs, Jura, Haute-Marne, arrondissement de Belfort, Haute-Saône et Rhône (canton de Neuville, 4e et 5e arrondissements de Lyon). |
| 8e | 8e | Bourges | Cher, Côte-d'Or, Nièvre, Saône-et-Loire et Rhône (arrondissement de Villefranche). |
| 9e | 9e | Tours | Maine-et-Loire, Indre-et-Loire, Indre, Deux-Sèvres et Vienne. |
| 10e | 10e | Rennes | Côtes-du-Nord, Manche et Ille-et-Vilaine. |

| Régions | Corps d'armée | Quartiers généraux | Départements formant les régions |
|---|---|---|---|
| 11e | 11e | Nantes | Finistère, Loire-Inférieure, Morbihan et Vendée. |
| 12e | 12e | Limoges | Charente, Corrèze, Creuse, Dordogne et Haute-Vienne. |
| 13e | 13e | Clermont-Ferrand | Allier, Loire, Puy-de-Dôme, Haute-Loire, Cantal et Rhône (cantons de l'Arbresle, Condrieu, Limonest, Mornant, Saint-Symphorien, Saint-Laurent et Vaugneray). |
| 14e Chef-lieu Grenoble | 14e | Lyon | Hautes-Alpes, Drôme, Isère, Savoie, Haute-Savoie et Rhône (cantons de Givors, Saint-Genis-Laval, Villeurbanne, 1er, 2e, 3e et 6e arrondissements de Lyon). |
| 15e | 15e | Marseille | Basses-Alpes, Alpes-Maritimes, Ardèche, Bouches-du Rhône, Corse, Gard, Var et Vaucluse. |
| 16e | 16e | Montpellier | Aude, Aveyron, Hérault, Lozère, Tarn et Pyrénées-Orientales. |
| 17e | 17e | Toulouse | Ariège, Haute-Garonne, Gers, Lot, Lot-et-Garonne et Tarn-et-Garonne. |
| 18e | 18e | Bordeaux | Charente-Inférieure, Gironde, Landes, Hautes-Pyrénées, Basses-Pyrénées. |
| 19e | 19e | Alger | Alger, Oran, Constantine. |

# TITRE CINQUIÈME

## DÉPARTEMENT DE L'INSTRUCTION PUBLIQUE, DES CULTES ET DES BEAUX-ARTS

### 562. *Ses attributions.*

**562.** — Les attributions du ministère de l'instruction publique, des cultes et des beaux-arts, sont :

L'administration académique ;

L'instruction supérieure, secondaire et primaire ;

Les cultes reconnus ;

Les beaux-arts ;

Les archives nationales ;

La décoration des monuments civils et religieux et des places publiques ;

L'entretien des monuments historiques, etc., etc.

## CHAPITRE Ier

### ADMINISTRATION CENTRALE

### SECTION I

#### SERVICE CENTRAL

##### 563. *Siége.* — 564. *Services.*

**563.** — L'administration centrale du ministère de l'instruction publique, des cultes et des beaux-arts, a son siége à Paris, rue de Grenelle-Saint-Germain, 110.

**564.** — Elle comprend les services suivants :

1º Cabinet du ministre ;

— Service intérieur du ministère,

— Bureau de l'enregistrement et des archives ;

2º Secrétariat général.

# I
## *Service de l'instruction publique.*

1º Direction des sciences et lettres;
— 1er bureau, — Travaux historiques et Sociétés savantes,
— Bibliothèque du ministère et des Sociétés savantes,
2e bureau, — Bibliothèques et souscriptions,
3e bureau, — Dépôt des livres et des bibliothèques scolaires;

2º 1re direction, — Administration académique et instruction supérieure;
— 1er bureau, — Inspection générale, administration académique, facultés et écoles,
— 2e bureau, — Établissements scientifiques et littéraires, enseignement libre,
— 3e bureau, — Matériel et comptabilité;

3º 2me direction, — Instruction secondaire;
— 1er bureau, — Enseignement secondaire classique et enseignement spécial,
2e bureau, — Personnel,
3e bureau, — Matériel et comptabilité;

4º 3me direction, — Instruction primaire;
— 1er bureau, — Personnel de l'enseignement primaire,
— 2e bureau, — Contentieux et discipline de l'enseignement primaire,
— 3e bureau, — Administration et matériel de l'enseignement primaire,
— 4e bureau, — Comptabilité de l'enseignement primaire;

5º Division de la comptabilité;
— 1er bureau, — Comptabilité générale,
— 2e bureau, — Pensions de retraite;

6º Direction générale des archives nationales, à Paris, rue des Francs-Bourgeois, 58.
— Section du secrétariat,
— Section historique,
— Section administrative,
— Section législative et judiciaire.

## II
### *Service des cultes.*
A Paris, rue de Bellechasse, 66 ; à Versailles, grande cour, aile nord
des ministres, escalier n° 3.

1° 1re division. — Personnel du clergé, — Pensions et secours ecclésiastiques, — Fabriques, — Congrégations, Dons et legs, — Contrôle administratif, — Contentieux.

— 1er bureau, — Personnel du clergé, — Pensions et secours, — Organisation et régime des chapitres, séminaires et fabriques, — Contentieux,

— 2e bureau, — Biens des fabriques, cures et succursales, — Congrégations, — Dons et legs, — Contrôle administratif;

2° 2e division. — Administration temporelle des intérêts diocésains, — Travaux diocésains, — Secours aux communes pour édifices paroissiaux, — Circonscription paroissiale.

— 1er bureau, — Administration temporelle des intérêts diocésains,

— 2e bureau. — Travaux diocésains, — Contrôle des travaux;

3° 3e division. — Cultes non catholiques;

4° 4e division. — Comptabilité centrale.

— 1er bureau, — Opérations centrales, — Liquidation, ordonnancement,

— 2e bureau, — Écritures centrales, — Tenue des livres, — Pensions, — Service du matériel des bureaux, — Service des archives.

## III
### *Service des Beaux-Arts.*
Rue de Valois (Palais-Royal).

1° Direction des beaux-arts.
— Bureau des beaux-arts,
— Bureau des monuments historiques,
— Bureau des théâtres,
— Bureau des manufactures nationales,
— Bureau du personnel et de la comptabilité.

# SECTION II

## CONSEILS DU MINISTRE DE L'INSTRUCTION PUBLIQUE, DES CULTES ET DES BEAUX-ARTS

**565.** — Le ministre de l'instruction publique, des cultes et des beaux-arts, a près de lui, entre autres conseils :

1º Le conseil supérieur de l'instruction publique;

2º Le comité consultatif de l'enseignement public;

3º Le comité des travaux historiques et des sociétés savantes;

4º Le Comité des inspecteurs généraux des travaux diocésains;

5º La commission de l'inventaire général des richesses d'art de la France;

6º Le conseil supérieur des beaux-arts;

7º La commission des théâtres;

8º La commission des monuments historiques.

Nous dirons un mot des deux premiers seulement.

### § Ier

## CONSEIL SUPÉRIEUR DE L'INSTRUCTION PUBLIQUE

### 566. *Ses attributions.*

**566.** — Le conseil supérieur de l'instruction publique peut être appelé à donner son avis sur les projets de lois, de règlements et de décrets relatifs à l'enseignement, et en général sur toutes les questions qui lui sont soumises par le ministre.

Il est nécessairement appelé à donner son avis :

Sur les règlements relatifs aux examens, aux concours et aux programmes d'études dans les écoles publiques, à la surveillance des écoles libres, et, en général, sur tous les arrêtés portant règlement pour les établissements d'instruction publique;

Sur la création des facultés, lycées et colléges;

Sur les secours et encouragements à accorder aux établissements libres d'instruction secondaire;

Sur les livres qui peuvent être introduits dans les écoles publiques et sur ceux qui doivent être défendus dans les écoles libres, comme contraires à la morale, à la Constitution et aux lois.

Il prononce en dernier ressort sur les jugements rendus par les conseils départementaux ou académiques, dans les cas déterminés par les articles 14, 68 et 76 de la loi du 15 mars 1850.

## § II

### COMITÉ CONSULTATIF DE L'ENSEIGNEMENT PUBLIC

*567. Sa composition. — 568. Ses attributions.*

**567.** — Le comité consultatif de l'enseignement public est composé des inspecteurs généraux de l'instruction publique.

**568.** — Il donne son avis sur les projets de lois, de règlements et de programmes d'études, sur les questions de contentieux administratif et de discipline qui lui sont renvoyés par le ministre.

Il est consulté sur les questions relatives à l'avancement des fonctionnaires et membres du corps enseignant.

Il délibère sur les vœux émis dans les comités mensuels de perfectionnement, dans les assemblées de facultés et dans les réunions des professeurs des lycées et colléges.

A la fin de chaque année scolaire, le comité consultatif tient une session spéciale pour dresser un tableau général d'avancement de tous les membres du corps enseignant, et proposer, s'il y a lieu, des mutations et des mesures disciplinaires.

Pendant cette session les présidents des jurys d'agrégation sont appelés à siéger dans le comité avec voix délibérative.

# CHAPITRE II
## SERVICE DÉPARTEMENTAL DE L'INSTRUCTION PUBLIQUE

## SECTION I
### UNIVERSITÉ

*569. Qu'appelle-t-on Université? — 570. Sa division en académies. — 571. Tableau des divisions académiques.*

**569.** — On appelle *Université* le corps enseignant français.

**570.** — L'Université se divise en *16 académies.*

**571.** — Le tableau suivant indique le chef-lieu de ces académies et les départements qui composent leurs circonscriptions. •

| Nos d'ordre | Chefs-Lieux d'Académie | Départements formant la circonscription académique |
|---|---|---|
| 1 | Aix | Bouches-du-Rhône, Basses-Alpes, Alpes-Maritimes, Corse, Var, Vaucluse. |
| 2 | Besançon | Doubs, Jura, Haute-Saône, Haut-Rhin. |
| 3 | Bordeaux | Gironde, Dordogne, Landes, Lot-et-Garonne, Basses-Pyrénées. |
| 4 | Caen | Calvados, Eure, Manche, Orne, Sarthe, Seine-Inférieure. |
| 5 | Chambéry | Savoie, Haute-Savoie. |
| 6 | Clermont | Puy-de-Dôme, Allier, Cantal, Corrèze, Creuse, Haute-Loire. |

| Nos d'ordre | Chefs-Lieux d'Académie | Départements formant la circonscription académique |
|---|---|---|
| 7 | Dijon | Côte-d'Or, Aube, Haute-Marne, Nièvre, Yonne. |
| 8 | Douai | Nord, Aisne, Ardennes, Pas-de-Calais, Somme. |
| 9 | Grenoble | Isère, Hautes-Alpes, Ardèche, Drôme. |
| 10 | Lyon | Rhône, Ain, Loire, Saône-et-Loire. |
| 11 | Montpellier | Hérault, Aude, Gard, Lozère, Pyrénées-Orientales. |
| 12 | Nancy | Meurthe-et-Moselle, Meuse, Vosges. |
| 13 | Paris | Seine, Cher, Eure-et-Loir, Loir-et-Cher, Loiret, Marne, Oise, Seine-et-Marne, Seine-et-Oise. |
| 14 | Poitiers | Vienne, Charente, Charente-Inférieure, Indre, Indre-et-Loire, Deux-Sèvres, Vendée, Haute-Vienne. |
| 15 | Rennes | Ille-et-Vilaine, Côtes-du-Nord, Finistère, Loire-Inférieure, Maine-et-Loire, Mayenne, Morbihan. |
| 16 | Toulouse | Haute-Garonne, Ariége, Aveyron, Gers, Lot, Hautes-Pyrénées, Tarn, Tarn-et-Garonne. |

## § Ier

### FONCTIONNAIRES D'ACADÉMIE

**532.** — Les fonctionnaires chargés de l'administration de chaque académie sont :

1º Un recteur pour l'académie entière;

2º Le préfet et un inspecteur d'académie pour chaque département;

3° Et un inspecteur de l'instruction primaire par arrondissement.

### ART. 1er.

#### RECTEUR D'ACADÉMIE

**573.** — Le recteur est chargé de l'administration de l'académie.

Il réside au chef-lieu académique.

Il comprend dans ses attributions :

1° La direction et la surveillance des établissements d'enseignement supérieur ;

2° La direction et la surveillance des établissements publics d'enseignement secondaire ;

3° La surveillance de l'enseignement secondaire libre ;

4° Le maintien des méthodes de l'enseignement primaire public ;

5° Et le visa et la délivrance des diplômes des gradués.

### ART. 2

#### PRÉFET

**574.** — Le Préfet est chargé de la direction purement administrative, de la discipline du personnel et de la gestion financière de l'enseignement.

Il nomme et révoque les instituteurs communaux, les institutrices et les directrices de salles d'asiles.

Il préside le conseil départemental.

### ART. 3

#### INSPECTEUR D'ACADÉMIE

**575.** — L'inspecteur d'académie réside au chef-lieu du département.

Il correspond avec le recteur pour tout ce qui concerne les affaires de l'enseignement supérieur, celles de l'enseignement secondaire public ou libre, et les méthodes de l'enseignement primaire public.

Pour l'instruction des affaires de l'instruction primaire, il correspond avec les délégués du Conseil départemental de l'instruction publique, avec les maires et curés, et avec les instituteurs primaires publics ou libres.

L'inspecteur d'académie délégué en Corse prend le titre de *vice-recteur*.

## Art. 4
### INSPECTEUR PRIMAIRE

**576.** — L'inspecteur primaire réside au chef-lieu d'arrondissement.

Il est sous les ordres immédiats de l'inspecteur d'académie.

L'inspecteur d'académie exerce les fonctions d'inspecteur primaire pour l'arrondissement chef-lieu; il a pour auxiliaire dans cette partie de son service un des inspecteurs primaires d'arrondissement qu'il désigne annuellement à tour de rôle.

## § II
### CONSEILS DES FONCTIONNAIRES D'ACADÉMIE

**577.** — Les fonctionnaires d'académie sont assistés :

1º Le recteur d'académie, d'un conseil académique;

2º Le préfet et l'inspecteur d'académie, d'un conseil départemental;

3º L'inspecteur de l'instruction primaire, d'un comité d'arrondissement.

Il y a, en outre, dans chaque département, des commissions d'instruction primaire, des délégués cantonaux et des comités locaux.

## Art. 1er
### CONSEIL ACADÉMIQUE

**578.** — Le conseil académique établi au chef-lieu de chaque académie veille au maintien des méthodes d'enseignement prescrites par le ministre, en conseil de l'instruction publique, et qui doivent être suivies dans les écoles publiques d'instruction primaire, secondaire ou supérieure, du ressort.

Il donne son avis sur les questions d'administration, de finance ou de discipline, qui intéressent les colléges communaux, les lycées et les établissements d'enseignement supérieur.

### Art. 2.

#### CONSEIL DÉPARTEMENTAL

**579.** — Le conseil départemental de l'instruction publique établi au chef-lieu de chaque département exerce, en ce qui concerne les affaires de l'instruction primaire et les affaires disciplinaires et contentieuses relatives aux établissements particuliers d'instruction secondaire, les attributions déférées au conseil académique par la loi du 15 mars 1850.

Les appels de ses décisions, dans les matières qui intéressent la liberté d'enseignement, sont portés directement devant le conseil de l'instruction publique.

### Art. 3

#### COMITÉ D'ARRONDISSEMENT

**580.** — Le comité d'arrondissement établi au chef-lieu de chaque sous-préfecture est spécialement chargé de surveiller et d'encourager l'instruction primaire.

### Art. 4

#### COMMISSIONS D'INSTRUCTION PRIMAIRE

**581.** — Il y a dans chaque département une ou plusieurs commissions d'instruction primaire chargées d'examiner tous les aspirants aux brevets de capacité, soit pour l'instruction primaire élémentaire, soit pour l'instruction primaire supérieure.

Ces commissions sont également chargées de faire les examens d'entrée et de sortie des élèves de l'école normale primaire.

## ART. 5
### DÉLÉGUÉS CANTONAUX

**582.** — Le conseil départemental désigne un ou plusieurs délégués résidant dans chaque canton, pour surveiller les écoles publiques et libres du canton, et détermine les écoles particulièrement soumises à la surveillance de chacun.

## ART. 6
### COMITÉS LOCAUX

**583.** — Il y a près de chaque école communale un comité local de surveillance composé du maire ou adjoint, président; du curé ou pasteur, et d'un ou plusieurs habitants notables désignés par le comité d'arrondissement.

# SECTION II
## ENSEIGNEMENT

*584. Sa division.*

**584.** — L'enseignement se divise :

Sous le rapport de sa distribution, en :

*Enseignement public,* s'il est donné par l'État, les départements ou les communes,

Et *enseignement libre,* s'il est donné par les particuliers;

Et sous le rapport de son objet, en :

*Enseignement primaire,*

*Enseignement secondaire,*

Et *enseignement supérieur.*

Nous ne parlerons ici que de ces trois derniers modes d'enseignement.

## § 1er

### ENSEIGNEMENT PRIMAIRE

**585.** — L'enseignement primaire comprend :
L'instruction morale et religieuse,
La lecture,
L'écriture,
Les éléments de la langue française,
Le calcul et le système légal des poids et mesures.
Il peut comprendre en outre :
L'arithmétique appliquée aux opérations pratiques,
Les éléments de l'histoire et de la géographie,
Des notions des sciences physiques et de l'histoire naturelle, applicables aux usages de la vie,
Des instructions élémentaires sur l'agriculture, l'industrie et l'hygiène,
L'arpentage, le nivellement, le dessin linéaire,
Le chant et la gymnastique.
L'enseignement primaire est donné gratuitement à tous les enfants dont les familles sont hors d'état de le payer.

## § II

### ENSEIGNEMENT SECONDAIRE

**586.** — L'enseignement secondaire comprend l'étude:
De la grammaire française,
Des langues mortes (grec et latin),
De l'histoire universelle,
De la géographie,
Du dessin,
Des sciences mathématiques, physiques et naturelles,
Et des langues vivantes.

Cet enseignement se divise :
En enseignement classique,
Et enseignement industriel,

## § III

### ENSEIGNEMENT SUPÉRIEUR

*587. Qu'est-ce que comprend l'enseignement supérieur? — 588. Liberté de l'enseignement supérieur. — 589. Facultés libres. — 590. Universités libres. — 591. Déclaration d'utilité publique. — 592. Extinction de ces établissements. — 593. Grades.*

**587.** — L'enseignement supérieur comprend l'étude des théories les plus élevées de toutes les connaissances humaines.

**588.** — L'enseignement supérieur est libre.

Tout Français âgé de 25 ans, n'ayant encouru aucune incapacité, les associations formées légalement dans un dessein d'enseignement supérieur, pourront ouvrir librement des cours et des établissements d'enseignement supérieur, aux conditions prescrites par la loi.

Les cours isolés dont la publicité ne sera pas restreinte aux auditeurs régulièrement inscrits resteront soumis aux prescriptions des lois sur les réunions publiques.

**589.** — Les établissements d'enseignement supérieur ouverts conformément à la loi et comprenant au moins le même nombre de professeurs pourvus du grade de docteur que les facultés de l'État qui comptent le moins de chaires, peuvent prendre le nom de faculté libre des lettres, des sciences, de droit, de médecine, etc., s'ils appartiennent à des particuliers ou à des associations.

**590.** — Quand ils réuniront trois facultés ils pourront prendre le nom d'Université.

**591.** — Ces établissements d'enseignement supérieur, facultés, ou associations, pourront, sur leur demande, être déclarés établissements d'utilité publique, dans les formes voulues par la loi, après avis du conseil supérieur de l'instruction publique.

Une fois reconnus, ils pourront acquérir et contracter à titre onéreux; ils pourront également recevoir des dons et legs dans les conditions prévues par la loi.

La déclaration d'utilité publique ne pourra être révoquée que par une loi.

**592.** — En cas d'extinction d'un établissement d'enseignement supérieur reconnu, soit par l'expiration de la société, soit par la révocation de la déclaration d'utilité publique, les biens acquis par donation entre vifs et par disposition à cause de mort feront retour aux donateurs ou aux successeurs des donateurs et testateurs, dans l'ordre réglé par la loi, et, à défaut de successeurs, à l'État.

Les biens acquis à titre onéreux feront également retour à l'État, si les statuts ne contiennent, à cet égard, aucune disposition.

Il sera fait emploi de ces biens pour les besoins de l'enseignement supérieur, par décrets rendus en conseil d'État, après avis du conseil supérieur de l'instruction publique.

**593.** — Les élèves des facultés libres peuvent se présenter, pour l'obtention des grades, devant les facultés de l'État, en justifiant qu'ils ont pris, dans les facultés dont ils ont suivi les cours, le nombre d'inscriptions voulu par les règlements.

Les élèves des Universités pourront se présenter, s'ils le préfèrent, devant un jury spécial formé dans des conditions déterminées.

Le baccalauréat ès-lettres et le baccalauréat ès-sciences restent exclusivement conférés par les facultés de l'État.

## § IV

### ÉTABLISSEMENTS D'ENSEIGNEMENT

**594.** — L'enseignement se donne, savoir :

L'enseignement primaire, dans les écoles normales primaires, les écoles primaires supérieures, les écoles de garçons et de filles et les salles d'asile,

L'enseignement secondaire, dans l'école normale supérieure, l'école normale d'enseignement spécial de Cluny, les lycées et colléges,

Et l'enseignement supérieur, dans les facultés, les écoles de pharmacie, les écoles préparatoires de médecine et de pharmacie et les écoles préparatoires à l'enseignement supérieur des sciences et des lettres.

Outre les établissements d'instruction dont nous venons de parler, il y a encore divers établissements d'enseignement supérieur non soumis à la juridiction académique.

Ce sont :

Le Collége de France,

Le Muséum d'histoire naturelle,

L'École des langues orientales,

L'École des chartes,

L'École des hautes-études,

Le Bureau des longitudes,

Les Observatoires,

L'École française d'Athènes,

L'École française de Rome,

Enfin, au sommet de tous ces établissements, l'Institut de France.

### ART. 1er

### ÉTABLISSEMENTS D'ENSEIGNEMENT PRIMAIRE

### I

#### Écoles normales primaires.

595. Leur destination. — 596. Leur nombre. — 597. Élèves. — 598. Durée des cours.

**595.** — Les écoles normales primaires sont destinées à former des instituteurs.

**596.** — Tout département est tenu d'entretenir une école normale primaire, soit par lui-même, soit en se réunissant à un ou plusieurs départements voisins.

**597.** — Chaque année, le ministre détermine, sur l'avis du conseil départemental, eu égard aux besoins du service, le nombre des élèves maitres qui peuvent être admis à l'école normale, soit à leurs frais, soit aux frais du département et des communes, soit aux frais de l'État.

Les élèves-maitres sont exercés à la pratique des méthodes d'enseignement dans les écoles primaires annexées aux écoles normales.

**598.** — La durée des cours d'études est de trois ans.

## II

### Écoles primaires.

**599.** — La loi reconnaît deux espèces d'écoles primaires :

1° Les écoles fondées ou entretenues par les communes, les départements ou l'État, et qui prennent le nom d'écoles publiques;

2° Et les écoles fondées et entretenues par des particuliers ou des associations, et qui prennent le nom d'écoles libres.

**600.** — Toute commune de 500 habitants et au-dessus est tenue d'avoir au moins une école publique de filles, si elle n'en est pas dispensée par le Conseil départemental.

L'enseignement primaire dans ces écoles comprend, outre les matières de l'enseignement primaire, les travaux à aiguille.

**601.** — Dans toute école mixte tenue par un instituteur, une femme nommée par le préfet, sur la proposition du maire, est chargée de diriger les travaux à aiguille des filles.

**602.** — Le nombre des écoles publiques de garçons ou de filles à établir dans chaque commune est fixé par le Conseil départemental, sur l'avis du conseil municipal.

Le Conseil départemental détermine, sur l'avis du Conseil municipal, les cas où il peut être établi une ou plusieurs écoles de hameau.

**603.** — Toute commune qui veut user de la faculté d'entretenir une ou plusieurs écoles entièrement gratuites peut, en sus de ses ressources propres et des centimes spéciaux autorisés par la même loi, affecter à cet entretien le produit d'une imposition extraordinaire qui n'excédera pas quatre centimes additionnels au principal des quatre contributions directes.

En cas d'insuffisance des ressources indiquées au paragraphe qui précède, et sur l'avis du Conseil départemental, une subvention peut être accordée à la commune sur les fonds du département, et à leur défaut, sur les fonds de l'État, dans les limites du crédit spécial porté annuellement, à cet effet, au budget du ministère de l'instruction publique.

**604.** — Toute commune doit fournir à l'instituteur et à l'institutrice, ainsi qu'à l'instituteur et à l'institutrice adjoints, un local convenable, le mobilier de classe et un traitement.

**605.** — Une délibération du Conseil municipal, approuvée par le Préfet, peut créer, dans toute commune, une caisse des écoles destinée à encourager et à faciliter la fréquentation de l'école, par des récompenses aux élèves assidus et par des secours aux élèves indigents.

**606.** — Aucune école primaire, publique ou libre, ne peut, sans l'autorisation du Conseil départemental, recevoir d'enfants au-dessous de six ans, s'il existe dans la commune une salle d'asile publique ou libre.

**607.** — Tout Français, âgé de 21 ans accomplis, peut exercer, dans toute la France, la profession d'instituteur public ou libre s'il remplit, du reste, les conditions déterminées.

### III
#### Salles d'asile

**608.** — Le salles d'asile sont publiques ou libres. Elles reçoivent les enfants de deux à sept ans.

Elles sont destinées à préparer les enfants pour leur entrée à l'école plutôt qu'elles ne sont des établissements d'instruction.

### ART. 2
#### ÉTABLISSEMENTS D'ENSEIGNEMENT SECONDAIRE

### I
#### École normale supérieure

609. Siége. — 610. Sa destination. — 611. Durée des cours. — 612. Juridiction.

**609.** — L'École normale supérieure est établie à Paris, rue d'Ulm, 45.

**610.** — Elle est destinée à former des professeurs d'enseignement secondaire pour les établissements de l'État.

**611.** — La durée des cours est de trois ans.

**612.** — Cette école n'est pas soumise à la juridiction académique.

## II
### École normale de Cluny

**613.** — L'École normale de Cluny est destinée à former des maîtres pour l'enseignement secondaire spécial.

## III
### Lycées

**614.** — Les lycées sont placés sous la direction immédiate et exclusive de l'État.

Ils sont dirigés et administrés par un proviseur.

## IV
### Colléges communaux

**615.** — Les colléges communaux sont fondés par les villes.

Ils sont administrés en majeure partie par les principaux, à leurs risques et périls, et moyennant une subvention communale; les autres sont administrés en régie, c'est-à-dire au compte des villes, qui profitent des bénéfices ou subissent les pertes de la gestion.

## Art. 3
### ÉTABLISSEMENTS D'ENSEIGNEMENT SUPÉRIEUR

## I
### Facultés.

616. Combien compte-t-on de Facultés? — 617. Attributions. — 618. Grades. — 619. Doyen. — 620. Énumération des Facultés existant aujourd'hui.

**616.** — Il y a dans l'Université cinq ordres de facultés, savoir :

1º Les facultés de théologie,

2º Les facultés de droit,

3º Les facultés de médecine,

4º Les facultés des sciences mathématiques et physiques,

5º Et les facultés des lettres.

**617.** — Les facultés sont chargées de l'enseignement des sciences approfondies et de la collation des grades.

**618.** — Ces grades sont au nombre de trois dans chaque faculté, savoir :

Le baccalauréat,

La licence,

Et le doctorat.

**619.** — Chaque faculté a pour chef un doyen qui est chargé de la direction et de l'administration, sous la direction et la surveillance du recteur d'académie.

**620.** — Voici quelles sont les facultés existant aujourd'hui :

7 facultés de théologie : Caen, — Paris, — Lyon, — Aix, — Toulouse (2), — Bordeaux, et une faculté protestante à Montauban pour le culte réformé.

10 facultés de droit : Douai, — Rennes, — Caen, — Paris, — Nancy, — Dijon, — Aix, — Grenoble, — Toulouse, — Poitiers.

3 facultés de médecine : Paris, — Nancy, — Montpellier.

15 facultés des sciences : Douai, — Rennes, — Caen, Paris, — Nancy, — Besançon, — Dijon, — Lyon, — Aix, — Montpellier, — Grenoble, — Toulouse, — Bordeaux, — Poitiers, — Clermont.

15 facultés des lettres : Douai, — Rennes, — Caen, — Paris, — Nancy, — Besançon, — Dijon, — Lyon, — Aix, — Montpellier, — Grenoble, — Toulouse, — Bordeaux, — Poitiers, — Clermont.

## II
### Écoles supérieures de pharmacie

*621. Attributions. — 622. Pharmaciens et herboristes.*

**621.** — Les écoles supérieures de pharmacie confèrent le titre de pharmacien de première classe et le certificat d'aptitude à la profession d'herboriste de première classe.

Elles délivrent, en outre, mais seulement pour les départements de leur ressort, les certificats d'aptitude pour les professions de pharmacien et d'herboriste de seconde classe.

**622.** — Les pharmaciens et herboristes de première classe peuvent exercer par toute la France, et ceux de seconde classe, seulement dans le département pour lequel ils ont été reçus.

## III
### Écoles préparatoires de médecine et de pharmacie

*623. Nature de ces écoles. — 624. Diplômes et certificats. — 625. Elles peuvent être érigées en écoles de plein exercice.*

**623.** — Ces écoles sont des établissements communaux.

Les villes où elles existent pourvoient à toutes les dépenses, soit du personnel, soit du matériel.

**624.** — Ces écoles confèrent, pour les départements de leur circonscription, le diplôme d'officier de santé et de pharmacien de seconde classe.

Elles délivrent des certificats d'aptitude à la profession d'herboriste et de sage-femme de seconde classe.

**625.** — Ces écoles peuvent être érigées en écoles de plein exercice lorsque les villes s'engagent à subvenir aux frais d'entretien du personnel et du matériel de ces établissements.

Les études, dans ces écoles, ont alors la même valeur que dans les facultés et écoles supérieures de pharmacie.

## IV

### Écoles préparatoires à l'enseignement supérieur des sciences et des lettres.

**626.** — Il existe des écoles préparatoires à l'enseignement supérieur des sciences et des lettres dans plusieurs villes qui ne sont pas siéges de facultés.

Ces écoles délivrent des inscriptions qui peuvent être converties en inscriptions des facultés correspondantes sous des conditions déterminées.

## ART. 4

### ÉTABLISSEMENTS D'ENSEIGNEMENT SUPÉRIEUR NON SOUMIS A LA JURIDICTION ACADÉMIQUE

### I

#### Collége de France.

**627.** — Le Collége de France est établi à Paris, rue des Écoles, place Cambrai.

Les élèves sont externes et libres.

Les leçons sont publiques et gratuites.

Il comprend trente-six chaires :

Mécanique céleste, — mathématiques, — physique générale et mathématique, — physique générale et expérimentale, — chimie minérale, — chimie organique, — médecine, — histoire naturelle des corps inorganiques, — histoire naturelle des corps organisés, — embryogénie comparée, — anatomie générale, — droit de la nature et des gens, — histoire des législations comparées, — économie politique, — histoire des doctrines économiques, — histoire et morale, — épigraphie et antiquités romaines, — philologie et archéologie égyptienne, — philologie et archéologie assyrienne, —

langues hébraïques, chaldaïque et syriaque, — langue arabe, — langue persane, — langue turque, — langue et littérature chinoise et tartare-mandchou, — langue et littérature sanscrite, — langue et littérature grecque, — éloquence latine, — poésie latine, — philosophie grecque et latine, — philosophie moderne, — langue et littérature française du moyen-âge, — langue et littérature française moderne, — langues et littératures d'origine germanique, — langues et littératures de l'Europe méridionale, — langue et littérature d'origine slave, — grammaire comparée.

Et un cours complémentaire d'épigraphie et antiquités grecques.

## II
### Muséum d'histoire naturelle.

**628.** — Cet établissement est installé à Paris, au Jardin-des-Plantes, rue Cuvier.

Les cours publics sont gratuits.

Ils sont au nombre de dix-sept, dont voici la nomenclature :

Chimie appliquée aux corps organiques, — physique appliquée à l'histoire naturelle, — culture, — chimie appliquée aux corps inorganiques, — anatomie et histoire naturelle de l'homme, — physique végétale, — géologie, — zoologie, insectes, crustacés et arachnides, — anatomie comparée, — physiologie générale, — paléontologie, — botanique, classification et familles naturelles, — zoologie, reptiles et poissons, — zoologie, mammifères et oiseaux, — minéralogie, — zoologie, annélides, mollusques et zoophytes, — iconographie.

## III
### École des langues orientales vivantes.

**629.** — Cette école est installée à Paris, rue de Lille, 2.

Les cours sont publics et gratuits.

Leur durée est de trois années.

On y enseigne :

L'arabe, — le persan, — le turc, — l'arménien, — le grec moderne, — l'indoustani, — le chinois, — le malais et le javanais, — le japonais, — l'annamite, — le russe.

On y fait les cours complémentaires suivants :

Histoire et géographie de l'orient musulman, — grammaire arabe, — langue roumaine, — tartare, mandchou et mongol.

Les élèves qui ont satisfait aux examens de fin d'études reçoivent un diplôme.

## IV
### École des chartes.

**630.** — L'école des chartes est située à Paris, au palais des Archives nationales, rue des Francs-Bourgeois, 58.

Elle est destinée à former des archivistes-paléographes.

Les cours sont publics et gratuits.

Les élèves sont nommés par le ministre de l'instruction publique.

## V
### École pratique des hautes-études.

**631.** — Il est établi à Paris, auprès des établissements scientifiques qui relèvent du ministère de l'instruction publique, une école pratique des hautes-études, ayant pour but de placer à côté de l'enseignement théorique les exercices qui peuvent le fortifier et l'étendre.

Il n'est exigé aucune condition d'âge, de grade ou de nationalité pour l'admission à l'école pratique, mais les candidats sont soumis à un stage.

L'école pratique des hautes-études peut comprendre des annexes instituées auprès des établissements scientifiques des départements.

## VI

### Bureau des longitudes.

**632.** — Le bureau des longitudes est établi à Paris, au palais de l'Institut.

Il est institué en vue du perfectionnement des diverses branches de la science astronomique et de leurs applications à la géographie, à la navigation et à la physique du globe, ce qui comprend :

1º Les améliorations à introduire dans la construction des instruments astronomiques et dans les méthodes d'observation, soit à terre, soit à la mer;

2º La rédaction des instructions concernant les études sur l'astronomie physique, sur les marées et sur le magnétisme terrestre;

3º L'indication et la préparation des missions jugées par le bureau utiles au progrès des connaissances actuelles sur la figure de la terre, la physique du globe ou l'astronomie;

4º L'avancement des théories de la mécanique céleste et de leurs applications; le perfectionnement des tables du soleil, de la lune et des planètes;

5º La rédaction et la publication des observations astronomiques importantes communiquées au bureau par les voyageurs, astronomes, géographes et marins.

Sur la demande du gouvernement, le bureau des longitudes donne son avis :

1º Sur les questions concernant l'organisation et le service des observatoires existants, ainsi que sur la fondation de nouveaux observatoires;

2º Sur les missions scientifiques confiées aux navigateurs chargés d'expéditions lointaines.

Le bureau des longitudes assure, dans la mesure de ses ressources, aux voyageurs, aux géographes et aux marins qui réclament son concours, la préparation scientifique nécessaire pour l'accomplissement de leur mission, ainsi que l'étude et la vérification de leurs instruments.

Le bureau des longitudes rédige et publie la connaissance des temps, à l'usage des astronomes et des navigateurs; il en assure la publication trois ans au moins à l'avance.

## VII

### Observatoires.

**633.** — Le service des observatoires de l'État est confié à un personnel astronomique dépendant du ministère de l'instruction publique et comprenant des astronomes titulaires, des astronomes adjoints et des aides astronomes.

Ce personnel est réparti entre les divers observatoires, en raison des besoins du service et des ressources spéciales que chacun de ces établissements peut offrir aux recherches des observateurs.

Les travaux des observatoires comprennent :

1° L'étude des lois de l'univers, fondée sur l'observation continue et systématique des astres et le perfectionnement des méthodes d'après lesquelles s'opère cette observation;

2° Les études de météorologie et de physique du globe, en France et à l'étranger; la concentration, la discussion et la publication des documents recueillis dans les diverses stations météorologiques françaises ou par les soins des commissions départementales; la préparation des avis relatifs aux variations du temps, expédiés chaque jour dans l'intérêt de la navigation et de l'agriculture.

## VIII
### École française d'Athènes.

**634.** — L'école française d'Athènes a pour objet le perfectionnement dans l'étude de la langue, de l'histoire et des antiquités grecques.

Elle se compose de trois sections :

Une section des lettres,

Une section des sciences,

Et une section des beaux-arts.

Les membres de l'école sont nommés pour trois ans, y compris une année de séjour à l'école française de Rome.

La section romaine de l'école d'Athènes prend le titre d'école archéologique de Rome.

## IX
### École française de Rome.

**635.** — L'école française de Rome a pour objet :

La préparation pratique des membres de l'école d'Athènes aux travaux qu'ils doivent faire en Grèce et en Orient;

L'étude érudite des monuments et des bibliothèques de l'Italie;

Les collations et les recherches qui lui sont demandées par l'Institut, par les comités du ministère et par divers savants autorisés par le directeur de l'école.

Elle est une mission permanente en Italie.

L'école se compose :

1º Des membres de première année de l'école d'Athènes;

2º Des membres propres à l'école de Rome.

Les membres de l'école sont nommés pour un an.

Il peut leur être accordé une prolongation, d'abord d'une seconde année, puis d'une troisième année.

## Art. 5

### INSTITUT DE FRANCE

636. *Siège.* — 637. *Division en académies.* — 638. *Composition.* — 639. *Remplacement de ses membres.* — 640. *Séance publique.* — 641. *Régime.*

**636.** — L'Institut tient ses séances au palais de l'Institut, autrefois collège des Quatre-Nations.

**637.** — Il est divisé en cinq académies :

1° L'Académie française,

2° L'Académie des inscriptions et belles-lettres,

3° L'Académie des sciences,

4° L'Académie des beaux-arts,

5° Et l'Académie des sciences morales et politiques.

**638.** — L'Académie française se compose de 40 membres;

L'Académie des inscriptions et belles-lettres, de 40 membres, 10 académiciens libres, 8 membres associés étrangers et 50 correspondants, dont 30 étrangers et 20 Français;

L'Académie des sciences, de 66 membres, 10 académiciens libres et 8 associés étrangers; elle se divise en onze sections, à chacune desquelles sont attachés des correspondants;

L'Académie des beaux-arts, de 40 membres répartis en cinq sections, 10 académiciens libres, 10 associés étrangers, 40 correspondants et 2 correspondants honoraires;

L'Académie des sciences morales et politiques, de 40 membres répartis en cinq sections, 6 académiciens libres, 6 associés étrangers et d'un nombre de correspondants variant, suivant les sections, de 30 à 40.

**639.** — Chaque académie remplace par l'élection les membres décédés.

**640.** — Les cinq académies tiennent une séance publique commune le 25 octobre.

**641.** — Chacune d'elles a son régime indépendant.

# SECTION III

## INSPECTION

**642.** — Tous les établissements d'instruction publique sont surveillés par l'Université.

Cette surveillance est exercée par des inspecteurs généraux.

# SECTION IV

## PALAIS DES ARCHIVES NATIONALES

**643.** — Le palais des Archives nationales est situé à Paris, rue des Francs-Bourgeois, 58.

Il sert de dépôt central pour tous les documents d'intérêt public dont la conservation est jugée utile et qui ne sont plus nécessaires au service des départements ministériels ou administrations qui en dépendent.

Un règlement détermine les conditions auxquelles sont délivrées les expéditions des documents déposés aux Archives nationales et le mode de communication à faire, soit sur place, soit au dehors, aux administrations et aux particuliers.

Cet établissement est placé sous les ordres d'un directeur général.

# CHAPITRE III

## SERVICE DÉPARTEMENTAL DES CULTES

**644.** — Avant d'entrer dans le détail du service départemental des cultes, nous donnerons les principes généraux qui les concernent.

# SECTION I

## PRINCIPES GÉNÉRAUX CONCERNANT LES DIFFÉRENTS CULTES

645. *Liberté des cultes.* — 646. *Leur exercice.* — 647. *Distinction des cultes.* — 648. *Cultes reconnus.* — 649. *Cultes non reconnus.* — 650. *Ministres salariés.* — 651. *Indépendance du pouvoir temporel et du pouvoir spirituel.* — 652. *Principal devoir des ministres de toutes les religions.* — 653. *Subdivision des cultes reconnus.*

**645.** — Tous les cultes sont libres en France et jouissent d'une égale faveur auprès du gouvernement.

**646.** — Leur exercice peut être public, en se conformant aux règlements de police que le gouvernement juge nécessaires pour la tranquillité publique.

**647.** — Toutefois les cultes, en France, se distinguent en cultes reconnus et cultes non reconnus.

**648.** — Les cultes reconnus sont ceux dont l'exercice public est réglementé par des conventions intervenues avec le gouvernement.

**649.** — Les cultes non reconnus sont ceux dont l'exercice public, à défaut de conventions avec le gouvernement, reste soumis au droit commun.

**650.** — Les ministres des cultes reconnus sont seuls salariés par l'État.

**651.** — C'est un principe fondamental de la législation sur les cultes que le pouvoir spirituel et le pouvoir temporel sont réciproquement indépendants l'un de l'autre.

**652.** — Le devoir principal des ministres de toutes les religions est de donner l'exemple de la soumission aux lois et au gouvernement de leur pays.

**653.** — Les cultes reconnus comprennent :
1° Le *culte catholique,*
2° Et les *cultes non catholiques;*
Ces derniers sont :
1° Le *culte protestant,*
2° Et le *culte israélite.*

Nous ne parlerons dans cet ouvrage que des cultes reconnus.

SECTION II

CULTE CATHOLIQUE

§ I

RÉGIME DE L'ÉGLISE CATHOLIQUE DANS SES RAPPORTS GÉNÉRAUX AVEC LES DROITS ET LA POLICE DE L'ÉTAT

654. *Publication des bulles, etc., de la Cour de Rome.* — 655. *Exercice de fonctions relatives à l'église gallicane.* — 656. *Publication des décrets et synodes étrangers.* — 657. *Assemblées.* — 658. *Gratuité des fonctions ecclésiastiques.* — 659. *Recours comme d'abus.* — 660. *Quêtes.* — 661. *Vœux religieux.* — 662. *Suprématie du gouvernement dans les affaires mixtes.* — 663. *Lettres pastorales des évêques.* — 664. *Enseignement dans les séminaires.*

**654.** — Aucune bulle, bref, rescrit, décret, mandat, provision, signature servant de provision, ni autres expéditions de la Cour de Rome, même ne concernant que les particuliers, ne peuvent être reçus, publiés, imprimés, ni autrement mis à exécution, sans l'autorisation du gouvernement.

**655.** — Aucun individu se disant nonce, légat, vicaire ou commissaire apostolique, ou se prévalant de toute autre dénomination, ne peut, sans la même autorisation, exercer, sur le sol français ni ailleurs, aucune fonction relative aux affaires de l'église gallicane.

**656.** — Les décrets des synodes étrangers, même ceux des conciles généraux, ne peuvent être publiés en France, avant que le gouvernement en ait examiné la forme, leur conformité avec les lois, droits et franchises de la République française, et tout ce qui, dans leur publication, pourrait altérer ou intéresser la tranquillité publique.

**657.** — Aucun concile national ou métropolitain, aucun synode diocésain, aucune assemblée délibérante, ne peut avoir lieu sans la permission expresse du gouvernement.

**658.** — Toutes les fonctions ecclésiastiques sont gratuites, sauf les oblations autorisées et fixées par les règlements.

**659.** — Il y a recours au conseil d'État dans tous les cas d'abus de la part des supérieurs et autres personnes ecclésiastiques.

Les cas d'abus sont : l'usurpation ou l'excès de pouvoir, la contravention aux lois et règlements de la République, l'infraction des règles consacrées par les canons reçus en France, l'attentat aux libertés, franchises et coutume de l'Église gallicane, et toute entreprise ou tout procédé qui, dans l'exercice du culte, peut compromettre l'honneur des citoyens, troubler arbitrairement leur conscience, dégénérer contre eux en oppression, ou en injure, ou en scandale public.

Le recours compétera à toute personne intéressée.

A défaut de plainte particulière, il sera exercé d'office par les préfets.

**660.** — Les quêtes doivent être permises et réglées par l'autorité temporelle.

**661.** — Les vœux religieux ne peuvent être prononcés que pour cinq ans, devant l'officier de l'état-civil et avec le consentement des personnes dont le consentement est nécessaire pour contracter mariage; de plus, les maisons des congrégations sont soumises à la police des agents de l'autorité publique.

**662.** — Le Pape reconnaît la pleine et entière indépendance du gouvernement et sa suprématie dans les affaires mixtes.

**663.** — Il est de maxime fondamentale, dans le droit public français, que le chef de l'Église et l'Église même n'ont reçu de puissance que sur les choses spirituelles et non pas sur les choses temporelles et civiles; par conséquent, les lettres pastorales que les évêques peuvent adresser aux fidèles de leur diocèse ne doivent avoir pour objet que de les instruire de leurs devoirs religieux.

**664.** — Dans les séminaires on doit enseigner la séparation des deux pouvoirs, et la doctrine que le gouvernement civil est complètement indépendant du pouvoir spirituel, que le Pape, l'Église même, n'ont aucune autorité sur les choses temporelles et civiles.

## § II
### DIVISION TERRITORIALE DE LA FRANCE POUR L'EXERCICE DU CULTE CATHOLIQUE

**665.** — Le territoire de la France est divisé, pour l'exercice du culte catholique, en archevêchés, évêchés, cures, succursales.

Les archevêchés comprennent dans leur circonscription plusieurs évêchés; les évêchés comprennent eux-mêmes un certain nombre de cures; enfin, les cures comprennent elles-mêmes des succursales.

On donne aussi le nom de paroisse aux cures et succursales.

ART. 1er

**660.** — On compte en France 17 archevêchés et 68 évêchés, en Algérie 1 archevêché et 2 évêchés, et aux colonies 3 évêchés;

En voici le tableau :

| Nos | Archevêchés ou Provinces ecclésiastiques | Siéges des Évêchés | Départements de la Province ecclésiastique |
|---|---|---|---|
| 1 | Paris | Chartres | Eure-et-Loir, |
| | | Meaux | Seine-et-Marne, |
| | | Orléans | Loiret, |
| | | Blois | Loir-et-Cher, |
| | | Versailles | Seine-et-Oise. |
| 2 | Cambrai | | Nord, |
| | | Arras | Pas-de-Calais. |
| 3 | Lyon et Vienne | | Rhône, Loire, |
| | | Autun | Saône-et-Loire, |
| | | Langres | Haute-Marne, |
| | | Dijon | Côte-d'Or, |
| | | Saint-Claude | Jura, |
| | | Grenoble | Isère. |
| 4 | Rouen | | Seine-Inférieure, |
| | | Bayeux | Calvados, |
| | | Évreux | Eure, |
| | | Séez | Orne, |
| | | Coutances | Manche. |
| 5 | Sens et Auxerre | | Yonne, |
| | | Troyes | Aube, |
| | | Nevers | Nièvre, |
| | | Moulins | Allier. |

| N°° | Archevêchés ou Provinces ecclésiastiques | Sièges des Évêchés | Départements de la Province ecclésiastique |
|---|---|---|---|
| 6 | Reims | | Marne, Ardennes, |
| | | Soissons | Aisne, |
| | | Châlons | Marne (arrondissement de Reims excepté), |
| | | Beauvais | Oise, |
| | | Amiens | Somme. |
| 7 | Tours | | Indre-et-Loire, |
| | | Le Mans | Sarthe, |
| | | Angers | Maine-et-Loire, |
| | | Nantes | Loire-Inférieure, |
| | | Laval | Mayenne. |
| 8 | Bourges | | Cher, Indre, |
| | | Clermont | Puy-de-Dôme, |
| | | Limoges | Haute-Vienne,  Creuse, |
| | | Le Puy | Haute-Loire, |
| | | Tulle | Corrèze, |
| | | Saint-Flour | Cantal. |
| 9 | Albi | | Tarn, |
| | | Rodez | Aveyron, |
| | | Cahors | Lot, |
| | | Mende | Lozère, |
| | | Perpignan | Pyrénées-Orientales. |
| 10 | Bordeaux | | Gironde, |
| | | Agen | Lot-et-Garonne, |
| | | Angoulême | Charente, |
| | | Poitiers | Deux-Sèvres et Vienne, |
| | | Périgueux | Dordogne, |
| | | La Rochelle | Charente-Inférieure, |
| | | Luçon | Vendée. |

En France

| N⁰ˢ | Archevêchés ou Provinces ecclésiastiques | Siéges des Évêchés | Départements de la Province ecclésiastique |
|---|---|---|---|
| | Aux Colonies | Saint-Denis La Basse-Terre Saint-Pierre et Fort-de-France | La Réunion (Afrique), Guadeloupe (Amérique), Martinique      id. |
| 11 | Auch | Aire Tarbes Bayonne | Gers, Landes, Hautes-Pyrénées, Basses-Pyrénées. |
| 12 | • Toulouse et Narbonne | Montauban Pamiers Carcassonne | Haute-Garonne, Tarn-et-Garonne, Ariège, Aude. |
| 13 | Besançon | Verdun Belley Saint-Dié Nancy | Doubs, Haute-Saône et territoire de Belfort, Meuse, Ain, Vosges, Meurthe-et-Moselle. |
| 14 | Aix, Arles et Embrun | Marseille Fréjus et Toulon Digne Gap | Bouches-du-Rhône (à l'exception de l'arrondissement de Marseille), Bouches-du-Rhône (arrondissement de Marseille), Var, Basses-Alpes, Hautes-Alpes, |

| Nos | Archevêchés ou Provinces ecclésiastiques | Sièges des Évêchés | Départements de la Province ecclésiastique |
|---|---|---|---|
| | | Ajaccio | Corse, |
| | | Nice | Alpes-Maritimes. |
| 15 | Avignon | | Vaucluse, |
| | | Nîmes | Gard, |
| | | Valence | Drôme, |
| | | Viviers | Ardèche, |
| | | Montpellier | Hérault. |
| 16 | Rennes | | Ille-et-Vilaine, |
| | | Quimper | Finistère, |
| | | Vannes | Morbihan, |
| | | Saint-Brieuc et Tréguier | Côtes-du-Nord. |
| 17 | Chambéry | Annecy | Haute-Savoie, |
| | | Tarentaise | Savoie, |
| | | Saint-Jean-de-Maurienne | Savoie. |
| 18 | Alger | | Alger, |
| | | Constantine | Constantine, |
| | | Oran | Oran. |

## Art. 2

### CURES

**667.** — Il y a au moins une cure par justice de paix.

## Art. 3

### SUCCURSALES

**668.** — Il est établi autant de succursales que les besoins peuvent l'exiger.

## ART. 4
### CHAPELLES OU ANNEXES

**669.** — Dans les cures ou succursales trop étendues et lorsque la difficulté des communications l'exige, il peut être établi des chapelles ou annexes qui dépendent des cures ou succursales dans l'arrondissement desquelles elles sont placées.

Elles sont sous la surveillance des curés ou desservants et le prêtre qui y est attaché n'exerce qu'en qualité de vicaire ou chapelain.

## ART. 5
### CHAPELLES DOMESTIQUES ET ORATOIRES PARTICULIERS

**670.** — Les chapelles domestiques et oratoires particuliers doivent être autorisés par le Gouvernement.

## § III
### MINISTRES DU CULTE CATHOLIQUE

671. *Composition du clergé catholique.* — 672. *Cardinaux.* 673. *Archevêques.* — 674. 675. *Évêques.* — 676. *Curés.* — 677. *Vicaires et desservants.*

**671.** — Le clergé catholique comprend des cardinaux, des archevêques, des évêques, des curés, des vicaires et des desservants.

## ART. 1er
### CARDINAUX

**672.** — La dignité de cardinal est la plus élevée dans la hiérarchie ecclésiastique.

Les cardinaux prennent rang avant les archevêques.

Ils sont choisis, en France, parmi les archevêques.

Ils composent le Sacré-Collége.

Ils restent à la tête de leur diocèse.

La plus importante de leurs prérogatives est de prendre part à l'élection du Souverain-Pontife.

## Art. 2

### ARCHEVÊQUES

**673.** — Les archevêques administrent le diocèse qui dépend de leur métropole, de même que les évêques dans leurs diocèses, et, comme eux, ils sont les chefs de la religion et de l'enseignement catholique.

Ils veillent, en outre, au maintien de la foi et de la discipline dans les diocèses dépendant de leur métropole.

Ils consacrent et installent leurs suffragants.

Ils peuvent avoir trois vicaires généraux.

Ils sont chargés de l'organisation de leurs séminaires.

## Art. 3

### ÉVÊQUES

**674.** — Les évêques gouvernent leur diocèse.

De même que l'archevêque dans le diocèse métropolitain, ils sont, dans leurs diocèses respectifs, les chefs de la religion et les chefs de l'enseignement catholique.

Ils nomment et installent les curés de leurs diocèses.

Ils sont chargés de l'organisation de leurs séminaires.

Ils peuvent avoir deux vicaires généraux.

Les évêques doivent résider dans leurs diocèses et ne peuvent en sortir qu'avec la permission du Gouvernement.

*Évêques in partibus. — Évêques coadjuteurs. —*
*Évêques auxiliaires.*

**675.** — Outre les évêques chargés d'un diocèse, il y a encore des évêques *in partibus*, des évêques coadjuteurs et des évêques auxiliaires.

Les *évêques in partibus infidelium* sont les titulaires d'évêchés restés sous la domination des infidèles, et qu'ils ne peuvent administrer.

Les *évêques coadjuteurs* sont des prélats adjoints à

des évêques pour les aider dans l'exercice de leurs fonctions, avec droit à leur succession future.

Les *évêques auxiliaires* sont ceux qui, comme les évêques coadjuteurs, sont adjoints à un évêque pour l'aider dans ses fonctions, mais sans droit à sa future succession.

Les évêques coadjuteurs et les évêques auxiliaires ont ordinairement le titre d'évêque *in partibus*.

### Art. 4
#### CURÉS

**670.** — Les curés sont nommés par les évêques, après agrément du Gouvernement.

Ils administrent leur paroisse sous l'autorité de leur évêque.

Ils sont mis en possession de leur cure par le curé ou le prêtre désigné par l'évêque.

Ils sont inamovibles.

### Art. 5
#### VICAIRES ET DESSERVANTS

**677.** — Les vicaires et desservants sont approuvés par l'évêque et révocables par lui.

Ils exercent leur ministère sous la surveillance et la direction des curés.

### Art. 6
#### CHAPITRES

**678.** — Les chapitres sont des corps d'ecclésiastiques attachés aux cathédrales des archevêchés et des évêchés.

Les membres des chapitres ont le titre de chanoines.

Leurs attributions sont de célébrer l'office canonical, de servir de conseil à l'évêque et de gérer les biens qui leur appartiennent, de pourvoir au gouvernement provisoire du diocèse, en cas de vacance du siége épiscopal, par l'intermédiaire des vicaires généraux capitulaires agréés par le Gouvernement.

### ART. 7
#### CHAPITRE DE SAINT-DENIS

**679.** — Le chapitre de Saint-Denis est institué pour desservir la basilique de ce nom et assurer une retraite honorable aux évêques démissionnaires, ainsi qu'aux anciens aumôniers des armées de terre et de mer et des établissements publics.

Le chapitre est composé d'un primicier, de chanoines-évêques ou de premier ordre, et de chanoines-prêtres ou de second ordre.

Chacun de ces deux ordres compte au plus douze chanoines.

Les membres du chapitre sont nommés par le Président de la République sur la proposition du ministre de l'instruction publique, des cultes et des beaux-arts.

Les chanoines du premier ordre sont choisis exclusivement parmi les archevêques et évêques des diocèses de la France ou de ses colonies dont la démission aura été régulièrement acceptée.

Les chanoines de second ordre sont choisis parmi les anciens aumôniers des armées de terre ou de mer et des établissements publics, ayant au moins dix années d'exercice de leurs fonctions.

Le primicier est choisi parmi les chanoines du premier ordre ou les archevêques et évêques en fonctions.

Les chanoines évêques conservent les honneurs et les prérogatives attachés à l'épiscopat.

Ils jouissent d'un traitement.

### § IV
#### FABRIQUES

**680.** — Les fabriques sont chargées de veiller à

l'entretien et à la conservation des temples, d'administrer les aumônes et les biens, rentes et perceptions autorisées par les lois et règlements, les sommes supplémentaires fournies par les communes et généralement tous les fonds qui sont affectés à l'exercice du culte; enfin, d'assurer cet exercice et le maintien de sa dignité, dans les Églises auxquelles elles sont attachées, soit en réglant les dépenses qui y sont nécessaires, soit en assurant les moyens d'y pourvoir.

Chaque fabrique est composée d'un conseil et d'un bureau de marguilliers.

## SECTION III

### CULTE PROTESTANT

#### § Ier

##### DISPOSITIONS GÉNÉRALES POUR TOUTES LES COMMUNIONS PROTESTANTES

**681.** — Le culte protestant comprend deux communions :

1° L'*Église réformée* ou religion de Calvin;

2° Et la *Confession d'Augsbourg*, ou religion de Luther.

On donne le nom d'*Église évangélique* à la fusion des deux sectes Calviniste et Luthérienne.

**682.** — Le culte protestant est soumis aux mêmes obligations que le culte catholique et notamment à celles suivantes :

Les églises protestantes ni leurs ministres ne peuvent avoir des relations avec aucune puissance ni autorité étrangère.

Aucune décision doctrinale ou dogmatique, aucun formulaire, sous le titre de confession, ou sous tout autre titre, ne peuvent être publiés ou devenir la matière de l'enseignement, avant que le gouvernement en ait autorisé la publication ou promulgation.

Aucun changement dans la discipline ne peut avoir lieu sans la même autorisation.

## § II
### ÉGLISE RÉFORMÉE

#### ART 1er
##### DIVISION TERRITORIALE DE LA FRANCE POUR L'EXERCICE DE LA RELIGION DE CALVIN

**683.** — La France est divisée pour l'exercice de la religion de Calvin, en paroisses, églises consistoriales et arrondissements synodaux.

**684.** — Il y a une *paroisse* partout où l'État rétribue un ou plusieurs pasteurs.

**685.** — Il y a une *église consistoriale* par 6,000 âmes de la même communion.

**686.** — L'*arrondissement synodal* est formé de cinq églises consistoriales.

#### ART. 2.
##### MINISTRES DE L'ÉGLISE RÉFORMÉE

**687.** — Les Églises réformées de France sont administrées :

1° Les paroisses, par des pasteurs et des conseils presbytéraux;

2° Les Églises consistoriales, par des consistoires locaux;

3° Les arrondissements synodaux, par des synodes;

Et l'ensemble des Églises par un consistoire central.

### I
#### Pasteurs.

**688.** — Les pasteurs sont élus par les consistoires

sur une liste présentée par les conseils presbytéraux, et confirmés par le gouvernement.

Ils ont l'administration des paroisses avec l'assistance des conseils presbytéraux.

## II
### Conseils presbytéraux.

**689.** — Chaque paroisse ou section d'Église consistoriale a un conseil presbytéral composé de quatre membres laïques au moins, sept au plus, et présidé par le pasteur ou l'un des pasteurs.

Les conseils presbytéraux administrent les paroisses sous l'autorité du consistoire.

Les conseils presbytéraux des chefs-lieux de circonscriptions consistoriales reçoivent le titre de consistoire et les pouvoirs qui y sont attachés; dans ce cas, le nombre des membres du Conseil presbytéral est doublé.

## III
### Consistoires locaux.

**690.** — Le consistoire de chaque Église est composé du pasteur ou des pasteurs desservant cette Église et d'anciens ou notables laïques, dont le nombre ne peut être au-dessous de six, ni au-dessus de douze.

Les consistoires veillent au maintien de la discipline, à l'administration des biens de l'Église, et à celle des deniers provenant des aumônes.

## IV
### Synodes.

**691.** — Chaque synode est formé du pasteur, ou d'un des pasteurs et d'un ancien ou notable de chaque Église.

Les synodes veillent sur tout ce qui concerne la célébration du culte, l'enseignement de la doctrine et la conduite des affaires ecclésiastiques.

Toutes les décisions qui émanent d'eux, de quelque nature qu'elles soient, sont soumises à l'approbation du gouvernement.

### V

#### Consistoire central.

**692.** — Il y a à Paris un Consistoire central des Églises réformées de France.

Ce conseil représente les Églises auprès du gouvernement et du chef de l'État.

Il est appelé à s'occuper des questions d'intérêt général.

### § II

#### ÉGLISE DE LA CONFESSION D'AUGSBOURG

##### ART. 1er

###### DIVISION TERRITORIALE DE LA FRANCE POUR L'EXERCICE DE LA RELIGION DE LUTHER

**693.** — La France, pour l'exercice de la religion de Luther, est divisée de la même manière que pour les Églises réformées, en :

*Paroisses,*

*Églises consistoriales,*

Et *arrondissements d'inspections* répondant aux arrondissements synodaux.

##### ART. 2

###### MINISTRES DE LA CONFESSION D'AUGSBOURG

**694.** — Les Églises de la confession d'Augsbourg sont administrées :

1° Les paroisses, par des pasteurs et des conséils presbytéraux,

2° Les Églises consistoriales, par des consistoires locaux,

3° Les arrondissements d'inspection, par des inspections répondant aux synodes,

Et l'ensemble des églises par un directoire et un consistoire supérieur.

## I
### Pasteurs. — Conseils presbytéraux. — Consistoires locaux.

**695.** — Nous renvoyons à ce que nous venons de dire sous les numéros 688, 689, 690, en ce qui concerne les pasteurs, les conseils presbytéraux et les consistoires locaux de l'Église réformée qui sont soumis au même régime.

## II
### Inspections.

**696.** — Chaque inspection est composée du ministre et d'un ancien notable de chaque Église de l'arrondissement.

Chaque inspection choisit dans son sein deux laïques et un ecclésiastique qui prend le titre d'inspecteur, et qui est chargé de veiller sur les ministres et sur le maintien du bon ordre dans les Églises particulières.

## III
### Directoire.

**697.** — Le directoire exerce le pouvoir administratif. Il nomme les pasteurs et soumet leur nomination au gouvernement. Il exerce la haute surveillance sur l'enseignement.

## IV
### Consistoire supérieur.

**698.** — Le consistoire supérieur veille au maintien

de la Constitution et de la discipline de l'Église. Il fait ou approuve les règlements concernant le régime intérieur et juge en dernier ressort les difficultés auxquelles leur application peut donner lieu. Il approuve les livres et formulaires liturgiques qui doivent servir au culte ou à l'enseignement religieux.

Il a le droit de surveillance et d'investigation sur les comptes des administrations consistoriales.

## SECTION IV

### CULTE ISRAÉLITE

#### § Ier

##### DIVISION TERRITORIALE DE LA FRANCE POUR L'EXERCICE DU CULTE ISRAÉLITE

**699.** — La France est divisée, pour l'exercice du culte israélite, en communautés, synagogues, et en circonscriptions consistoriales départementales.

#### § II

##### MINISTRES DU CULTE ISRAÉLITE

**700.** — Les communautés israélites sont administrées par des sous-rabbins,

Les synagogues, par des rabbins communaux,

Les circonscriptions consistoriales des départements, par des consistoires et des rabbins départementaux,

Et l'ensemble du culte israélite, par un consistoire central et un grand-rabbin.

##### ART. 1er

###### SOUS-RABBINS

**701.** — Les sous-rabbins sont établis dans les communautés israélites à la place d'un ministre officiant.

## ART. 2
### RABBINS COMMUNAUX

**702.** — Les rabbins communaux officient et prêchent dans les temples de leur ressort.

## ART. 3
### GRANDS-RABBINS DÉPARTEMENTAUX

**703.** — Les grands-rabbins des consistoires départementaux ont droit de surveillance sur les rabbins et sur les ministres officiants de leur circonscription.

Ils ont le droit d'officier et de prêcher dans tous les temples de leur circonscription.

## ART. 4
### GRAND-RABBIN DU CONSISTOIRE CENTRAL

**704.** — Le grand-rabbin du consistoire central a droit de surveillance et d'administration à l'égard de tous les ministres du culte israélite.

Il a droit d'officier et de prêcher dans toutes les synagogues de France.

Il est nommé à vie.

## ART. 5
### CONSISTOIRES DÉPARTEMENTAUX

**705.** — Il est établi un consistoire dans chaque département renfermant 2,000 âmes de population israélite.

S'il ne se trouve pas 2,000 israélites dans le même département, la circonscription du consistoire s'étend de proche en proche sur autant de départements qu'il en faut pour que le nombre soit atteint.

Chaque consistoire départemental se compose du grand-rabbin de la circonscription et de quatre membres laïques, dont deux au moins sont choisis parmi les habitants de la ville où siége le consistoire.

Le consistoire a l'administration et la police des temples de sa circonscription et des établissements et associations pieuses qui s'y rattachent.

Toutes les synagogues sont réparties dans les circonscriptions des consistoires départementaux.

### ART. 6
#### CONSISTOIRE CENTRAL

**706.** — Le consistoire central siége à Paris.

Il se compose d'un grand-rabbin et d'autant de membres laïques qu'il y a de consistoires départementaux.

Le consistoire central est l'intermédiaire entre le ministre des cultes et les consistoires départementaux.

Il est chargé de la haute surveillance des intérêts du culte israélite en France et en Algérie.

# CHAPITRE IV
### SERVICE DÉPARTEMENTAL DES BEAUX-ARTS

**707.** — Les beaux-arts n'ont pas, comme l'instruction publique et les cultes, un service départemental dans le sens strict de ce mot.

Le ministre exerce son action extérieure et contribue au développement et au progrès des beaux-arts au moyen :

1º D'établissements d'enseignement,
2º De manufactures,
3º Des théâtres,
4º Des musées,
5º Et d'encouragements de toutes sortes.

# SECTION I
### ÉTABLISSEMENTS D'ENSEIGNEMENT

**708.** — Les principaux établissements d'enseignement qui sont sous la direction du ministère de l'instruction publique, des cultes et des beaux-arts, sont :

1° L'École nationale des beaux-arts,

2° Le Conservatoire national de musique et de déclamation, et ses succursales des départements,

3° L'École nationale spéciale de dessin et de mathématiques appliqués aux arts industriels ;

4° L'École spéciale de dessin pour les jeunes personnes,

5° L'École française d'Athènes,

6° Et l'École française de Rome.

### § 1er

#### ÉCOLE NATIONALE DES BEAUX-ARTS

**709.** — Cette école est installée à Paris, rue Bonaparte, 14.

L'instruction y est gratuite.

On y enseigne la peinture, la sculpture, l'architecture, la gravure, le dessin, etc.

**710.** — Lyon et Dijon possèdent également chacune une école des beaux-arts.

### § II

#### CONSERVATOIRE NATIONAL DE MUSIQUE ET DE DÉCLAMATION ET SES SUCCURSALES

**711.** — Cet établissement, situé à Paris, est institué pour la conservation et la propagation de l'art musical et de déclamation lyrique et dramatique.

Il reçoit des élèves des deux sexes, se destinant soit au théâtre, soit au professorat.

Les leçons sont données gratuitement par les meilleurs professeurs.

On n'y est admis que par voie d'examen et de concours.

Des pensions d'encouragement sont attribuées aux

meilleurs élèves de chant et de déclamation dramatique.

Ces pensions s'obtiennent au concours.

**712.** — Il existe dans les départements cinq écoles de musique érigées en succursales du Conservatoire national, à :

Lille,

Toulouse,

Dijon,

Nantes,

Lyon.

## § III

### ÉCOLE NATIONALE SPÉCIALE DE DESSIN ET DE MATHÉMATIQUES APPLIQUÉS AUX ARTS INDUSTRIELS

**713.** — Cette école est située à Paris, rue de l'École-de-Médecine, 5.

On y enseigne gratuitement la géométrie pratique, l'arithmétique, le toisé, l'arpentage, la coupe des pierres, la charpente, les éléments d'architecture, la composition d'ornement, le dessin de la figure humaine et des animaux, le dessin des ornements et des fleurs, la sculpture d'ornement et le dessin d'après la bosse.

## § IV

### ÉCOLE SPÉCIALE DE DESSIN POUR LES JEUNES PERSONNES

**714.** — Cette école est établie à Paris, rue de Seine, 10.

Elle est ouverte aux jeunes personnes qui se destinent aux arts et aux professions industrielles.

On y enseigne tous les genres de dessin : la figure, l'ornement, le paysage, les animaux, les fleurs.

## § V

### ÉCOLE FRANÇAISE D'ATHÈNES

**715.** — L'école française d'Athènes, dont nous avons

parlé au numéro 628, a une section dite des beaux-arts, composée d'élèves pensionnaires de l'Académie de France à Rome.

## § VI
### ÉCOLE FRANÇAISE DE ROME

**716.** — Cette école, que nous avons mentionnée sous le numéro 629, reçoit chaque année les élèves qui ont remporté les premiers prix dans les différentes parties des beaux-arts.

Ils sont logés et entretenus aux frais de l'État pendant la durée de leur séjour à l'école.

## SECTION II
### MANUFACTURES

**717.** — Les manufactures qui sont sous la direction du ministre de l'instruction publique, des cultes et des beaux-arts, sont :

1º La manufacture de tapisseries de Beauvais;
2º La manufacture de tapisseries des Gobelins;
3º Et la manufacture de porcelaine de Sèvres.

### § Ier
#### MANUFACTURE DE TAPISSERIES DE BEAUVAIS

**718.** — Cette manufacture produit des tapisseries de basse lisse plus spécialement destinées aux panneaux et aux ameublements.

**719.** — Elle possède une école de dessin et reçoit gratuitement des élèves tapissiers.

### § II
#### MANUFACTURE DE TAPISSERIES DES GOBELINS

**720.** — La manufacture des Gobelins est à Paris, avenue des Gobelins, 254.

Elle fabrique des tapisseries de haute lisse et des tapis de pied.

Le ministre affecte, par arrêtés, les produits des Gobelins à la décoration des édifices publics.

**721.** — Il existe à la manufacture une école de dessin et une école de tapisserie où les élèves sont admis gratuitement.

## § III
### MANUFACTURE DE PORCELAINE DE SÉVRES

**722.** — Cette manufacture fabrique des porcelaines. Elle possède un atelier de mosaïque décorative.

## SECTION III
### THÉATRES

**723.** — Tout individu peut faire construire et exploiter un théâtre, à la charge de faire une déclaration au ministère de l'instruction publique, des cultes et des beaux-arts, et à la Préfecture de police pour Paris, à la Préfecture dans les départements.

Les ouvrages dramatiques de tous genres, y compris les pièces entrées dans le domaine public, peuvent être représentés sur tous les théâtres.

Les théâtres qui paraissent plus particulièrement dignes d'encouragements peuvent être subventionnés soit par l'État, soit par les communes.

## SECTION IV
### MUSÉES

**724.** — La plupart des villes de France possèdent des musées.

Ceux du Louvre, du Luxembourg, de Versailles et de Saint-Germain sont sous la direction spéciale du ministre de l'instruction publique, des cultes et des beaux-arts.

Les autres sont entretenus aux frais des villes, avec ou sans subvention du département.

## SECTION V

### ENCOURAGEMENTS

**725.** — Les moyens d'encouragement à la disposition du ministre sont :

Les acquisitions d'objets d'art pour les édifices publics et les musées, les souscriptions aux ouvrages d'art, les subventions aux établissements qui ont pour objet les beaux-arts, les expositions des œuvres des artistes vivants, les indemnités ou secours annuels aux auteurs et artistes, les inspections et les missions.

---

# TITRE SIXIÈME

---

## DÉPARTEMENT DE L'INTÉRIEUR

---

### 726. Ses attributions.

**726.** — Le ministère de l'intérieur a dans ses attributions :

L'administration départementale et communale,

L'administration hospitalière,

L'administration pénitentiaire,

La sûreté générale,

La presse,

Le colportage,

La librairie,
L'imprimerie,
Les établissements généraux de bienfaisance,
Les sociétés de prévoyance et de secours mutuels,
Les lignes télégraphiques,
Le service de l'Algérie, etc., etc.

# CHAPITRE Ier

## ADMINISTRATION CENTRALE

### SECTION I

#### SERVICE CENTRAL

*727. Siége de l'administration centrale. — 728. Services
de cette administration.*

**727.** — Le siége de l'administration centrale du
ministère de l'intérieur est à Paris, place Beauveau, rue
Cambacérès, 7 et 9; rue de Grenelle-Saint-Germain, 99,
101 et 103, et rue de Varennes, 78 *bis*.

**728.** — Cette administration comprend les services
suivants :

1º Cabinet du ministre,
(Place Beauveau);

2º Cabinet du sous-secrétaire d'État,
— Bureau de la correspondance générale,
— Bureau du personnel,
— Bureau des secours généraux (rue de Varennes),
— Direction de la presse (rue Cambacérès, 7);

3º Direction du secrétariat et de la comptabilité,
*Division du secrétariat.*
— 1er bureau, — Secrétariat,
— 2e bureau, — Personnel de l'administration centrale et
de l'inspection générale,
— 3e bureau, — Sociétés de secours mutuels,
— 4e bureau, — Établissements généraux de bienfaisance;

### Division de la comptabilité.
###### Rue de Varennes, 78 bis.

— 1er bureau, — Opérations et écritures centrales,

— 2e bureau, — Ordonnancement,

— 3e bureau, — Comptabilité départementale, — Caisse centrale du ministère;

4° **Direction de l'administration départementale et communale, rue Cambacérès, 7 et 9,**

*Division de l'administration générale et départementale.*

— 1er bureau, — Administration générale, élections, pensions,

— 2e bureau, — Administration départementale,

— 3e bureau, — Aliénés, enfants assistés, mendicité;

*Division de l'administration communale et hospitalière.*

— 1er bureau, — Administration financière des communes.

— 2e bureau, — Contentieux des communes,

— 3e bureau, — Voirie urbaine et vicinale,

— 4e bureau, — Construction et comptabilité des chemins vicinaux,

— 5e bureau, — Hospices communaux, bureaux de bienfaisance, monts-de-piété;

5° **Direction de l'administration pénitentiaire, rue de Varennes, 78 bis,**

— 1er bureau, — Personnel, — Contrôle des dépenses et de la comptabilité et affaires diverses,

— 2e bureau, — Prisons départementales, maisons d'arrêt, de justice et de correction, chambres et dépôts de sûreté,

— 3e bureau, — Maison centrale de force et de correction et des pénitenciers agricoles,

— 4e bureau, — Établissements de jeunes détenus, patronage des libérés,

— 5e bureau, — Transfèrement;

6° **Direction de la sûreté générale, rue Cambacérès, 7,**

— 1er bureau, — Correspondance politique et personnel,

— 2e bureau, — Police spéciale,

— 3e bureau, — Police administrative,

— 4e bureau, — Imprimerie et librairie,

— 5e bureau, — Service des estampes, cartes, plans et musique.

7° Service de l'Algérie, rue de Grenelle-Saint-Germain, 99;

8° Direction des lignes télégraphiques, rue de Grenelle-Saint-Germain, 103,

— Bureau du personnel,

— Service du matériel et des travaux,

— Service des transmissions et produits.

## SECTION II

### CONSEILS DU MINISTRE DE L'INTÉRIEUR

**729.** — Parmi les conseils du ministre de l'intérieur on remarque :

1° Le corps des inspecteurs généraux des services administratifs, divisé en :

Section des archives départementales,

Section des établissements pénitentiaires,

Section des établissements de bienfaisance,

Et section du service des aliénés;

2° Le comité supérieur de protection des enfants du premier âge,

3° La commission des archives départementales, communales et hospitalières,

4° Le conseil supérieur des prisons.

## CHAPITRE II

### SERVICE DÉPARTEMENTAL

## SECTION I

### DIVISION TERRITORIALE DE LA FRANCE AU POINT DE VUE ADMINISTRATIF

*730. Division territoriale de la France au point de vue*

administratif. — 731. *Population de la France.* — 732. *Tableau donnant la nomenclature des départements de la France, avec leurs subdivisions et leur population.*

**730.** — Le territoire de la France est divisé, au point de vue administratif, en 86 départements (non compris le territoire de Belfort et le territoire de l'Algérie), sub-divisés en 362 arrondissements, 2,863 cantons et 36,056 communes.

**731.** — La population de la France est, d'après le recensement de 1876, de 36,905,788 habitants.

**732.** — Le tableau suivant donne la nomenclature des départements de la France, le nombre des arrondis-sements, des cantons et des communes qui les composént, ainsi que leur population.

| N°ˢ | Départements | Nombre | | | Population |
|---|---|---|---|---|---|
| | | des arron. | des cant. | des comm. | |
| 1 | Ain, | 5 | 36 | 453 | 365,462 |
| 2 | Aisne, | 5 | 37 | 837 | 560,427 |
| 3 | Allier, | 4 | 28 | 317 | 405,783 |
| 4 | Alpes (Basses), | 5 | 30 | 251 | 136,160 |
| 5 | Alpes (Hautes), | 3 | 24 | 189 | 119,094 |
| 6 | Alpes (Maritimes), | 3 | 25 | 152 | 203,604 |
| 7 | Ardèche, | 3 | 31 | 339 | 384,378 |
| 8 | Ardennes, | 5 | 31 | 502 | 326,782 |
| 9 | Ariége, | 3 | 20 | 336 | 244,795 |
| 10 | Aube, | 5 | 26 | 446 | 255,217 |
| 11 | Aude, | 4 | 31 | 436 | 300,065 |
| 12 | Aveyron, | 5 | 42 | 295 | 413,826 |
| 13 | Belfort (Territoire de), | 1 | 6 | 106 | 68,600 |
| 14 | Bouches-du-Rhône, | 3 | 27 | 108 | 550,379 |
| 15 | Calvados, | 6 | 38 | 764 | 450,220 |
| 16 | Cantal, | 4 | 23 | 260 | 231,080 |
| 17 | Charente, | 5 | 29 | 426 | 373,950 |
| 18 | Charente-Inférieure, | 6 | 40 | 481 | 465,628 |
| 19 | Cher, | 3 | 29 | 291 | 345,613 |

| N°⁰ | Départements | Nombre | | | Population |
|---|---|---|---|---|---|
| | | des arros. | des cant. | des comm. | |
| 20 | Corrèze, | 3 | 29 | 287 | 311,525 |
| 21 | Corse, | 5 | 62 | 363 | 262,701 |
| 22 | Côte-d'Or, | 4 | 36 | 717 | 377,663 |
| 23 | Côtes-du-Nord, | 5 | 48 | 389 | 630,957 |
| 24 | Creuse, | 4 | 25 | 263 | 278,423 |
| 25 | Dordogne, | 5 | 47 | 582 | 489,848 |
| 26 | Doubs, | 4 | 27 | 633 | 300,094 |
| 27 | Drôme, | 4 | 29 | 372 | 321,756 |
| 28 | Eure | 5 | 36 | 700 | 373,629 |
| 29 | Eure-et-Loir, | 4 | 24 | 426 | 283,075 |
| 30 | Finistère, | 5 | 43 | 287 | 666,106 |
| 31 | Gard, | 4 | 40 | 348 | 423,804 |
| 32 | Garonne (Haute), | 4 | 39 | 585 | 477,730 |
| 33 | Gers, | 5 | 29 | 465 | 283,546 |
| 34 | Gironde, | 6 | 48 | 552 | 735,242 |
| 35 | Hérault, | 4 | 36 | 330 | 445,013 |
| 36 | Ille-et-Vilaine, | 6 | 43 | 353 | 602,712 |
| 37 | Indre, | 4 | 23 | 245 | 281,248 |
| 38 | Indre-et-Loire, | 3 | 24 | 282 | 324,875 |
| 39 | Isère, | 4 | 45 | 558 | 581,099 |
| 40 | Jura, | 4 | 32 | 584 | 288,823 |
| 41 | Landes, | 3 | 28 | 333 | 303,508 |
| 42 | Loir-et-Cher, | 3 | 24 | 207 | 272,634 |
| 43 | Loire, | 3 | 30 | 329 | 500,613 |
| 44 | Loire (Haute), | 3 | 28 | 263 | 313,721 |
| 45 | Loire-Inférieure, | 5 | 45 | 217 | 612,972 |
| 46 | Loiret, | 4 | 31 | 349 | 360,903 |
| 47 | Lot, | 3 | 29 | 323 | 276,512 |
| 48 | Lot-et-Garonne, | 4 | 35 | 325 | 316,920 |
| 49 | Lozère, | 3 | 24 | 196 | 138,319 |
| 50 | Maine-et-Loire, | 5 | 34 | 381 | 517,258 |
| 51 | Manche, | 6 | 48 | 643 | 539,910 |
| 52 | Marne, | 5 | 32 | 665 | 407,780 |
| 53 | Marne (Haute), | 3 | 28 | 550 | 252,448 |
| 54 | Mayenne, | 3 | 27 | 276 | 351,933 |
| 55 | Meurthe-et-Moselle, | 4 | 27 | 506 | 404,609 |
| 56 | Meuse, | 4 | 28 | 586 | 294,034 |
| 57 | Morbihan, | 4 | 37 | 249 | 506,573 |

| Nᵒˢ | Départements | Nombre des arron. | Nombre des cant. | Nombre des comm. | Population |
|---|---|---|---|---|---|
| 58 | Nièvre, | 4 | 25 | 313 | 346,822 |
| 59 | Nord, | 7 | 61 | 662 | 1,519,585 |
| 60 | Oise, | 4 | 35 | 701 | 401,618 |
| 61 | Orne, | 4 | 36 | 511 | 392,526 |
| 62 | Pas-de-Calais, | 6 | 44 | 904 | 793,140 |
| 63 | Puy-de-Dôme, | 5 | 50 | 465 | 570,207 |
| 64 | Pyrénées (Basses), | 5 | 40 | 558 | 431,525 |
| 65 | Pyrénées (Hautes), | 3 | 26 | 480 | 238,037 |
| 66 | Pyrénées (Orientales), | 3 | 17 | 231 | 197,940 |
| 67 | Rhône, | 2 | 29 | 264 | 705,131 |
| 68 | Saône (Haute), | 3 | 28 | 583 | 304,052 |
| 69 | Saône-et-Loire, | 5 | 50 | 589 | 614,309 |
| 70 | Sarthe, | 4 | 33 | 380 | 446,239 |
| 71 | Savoie, | 4 | 29 | 327 | 268,361 |
| 72 | Savoie (Haute), | 4 | 28 | 314 | 273,801 |
| 73 | Seine, | 3 | 28 | 72 | 2,410,849 |
| 74 | Seine-Inférieure, | 5 | 51 | 759 | 798,414 |
| 75 | Seine-et-Marne, | 5 | 29 | 530 | 347,323 |
| 76 | Seine-et-Oise, | 6 | 36 | 680 | 561,990 |
| 77 | Sèvres (Deux), | 4 | 31 | 356 | 338,655 |
| 78 | Somme, | 5 | 41 | 835 | 556,641 |
| 79 | Tarn, | 4 | 35 | 318 | 359,232 |
| 80 | Tarn-et-Garonne, | 3 | 24 | 194 | 221,364 |
| 81 | Var, | 3 | 28 | 145 | 295,763 |
| 82 | Vaucluse, | 4 | 22 | 150 | 255,703 |
| 83 | Vendée, | 3 | 30 | 299 | 411,781 |
| 84 | Vienne, | 5 | 31 | 300 | 330,016 |
| 85 | Vienne (Haute), | 4 | 27 | 203 | 336,061 |
| 86 | Vosges, | 5 | 29 | 531 | 407,082 |
| 87 | Yonne. | 5 | 37 | 485 | 359,070 |
| | TOTAUX . . . . | 362 | 2,863 | 36 056 | 36,905,788 |

## Art. 1ᵉʳ

### DÉPARTEMENT

**788.** — Le département est, ainsi qu'on vient de le

voir, l'une des 86 grandes divisions administratives du territoire français.

**784.** — Le département est considéré comme une personne civile capable de contracter des obligations, d'acquérir, de posséder, d'aliéner et d'ester en justice; ayant ses recettes et ses dépenses propres, par conséquent son budget et sa comptabilité.

## ART. 2.
### ARRONDISSEMENT

**785.** — L'arrondissement est l'une des subdivisions du département.

**786.** — Au point de vue administratif, l'arrondissement n'est qu'une circonscription territoriale; il n'est pas une personne civile.

## ART. 3
### CANTON

**787.** — Le canton est l'une des subdivisions de l'arrondissement.

**788.** — Au point de vue administratif il n'est, comme l'arrondissement, qu'une circonscription territoriale; il n'est pas non plus une personne civile.

## ART. 4
### COMMUNE

**789.** — La commune est une subdivision du canton.

**740.** — La commune, de même que le département, est considéré comme ayant le caractère de personne civile et par conséquent comme capable de contracter des obligations, d'acquérir, de posséder, d'aliéner et d'ester en justice, ayant ses recettes et ses dépenses propres, par conséquent son budget et sa comptabilité.

# SECTION II

## PERSONNEL ADMINISTRATIF

**741.** — L'administration des divisions administratives que nous venons d'énumérer est confiée, savoir :

Celle du département à un *préfet,*

Celle de l'arrondissement à un *sous-préfet,*

Et celle de la commune à un *maire.*

Le canton, qui n'a d'autre objet que d'être un centre de réunion de différents services administratifs attachés aux communes dont il est le chef-lieu, n'a pas un administrateur spécial; il est, comme une commune ordinaire, administré par un maire.

### ART. 1er

#### PRÉFET

*742. Définition. — 743. Nomination et révocation. —*
*744. Préfecture. — 745 à 757. Attributions.*

**742.** — Le préfet est le représentant du Pouvoir exécutif dans le département; il est le subordonné des ministres et plus spécialement du ministre de l'intérieur.

Il est le chef de l'administration active dans chaque département, en même temps qu'il est le représentant du département comme être moral.

**743.** — Il est nommé et révoqué par le Pouvoir exécutif.

**744.** — Il réside au chef-lieu du département, qui porte aussi le nom de *préfecture.*

**745.** — Les fonctions du préfet embrassent l'ensemble de l'administration départementale et communale, aussi ses attributions sont-elles fort étendues; en voici quelques-unes :

**746.** — Le préfet fait exécuter les lois, décrets et arrêtés du gouvernement;

**747.** — Il est chargé de l'instruction préalable des affaires qui intéressent le département, ainsi que de l'exécution des décisions du Conseil général et de la Commission départementale;

**748.** — Il accepte ou refuse les dons et legs faits au département, en vertu, soit de la décision du Conseil général, quand il n'y a pas de réclamations des familles, soit de la décision du gouvernement, quand il y a réclamation; il peut toujours, à titre conservatoire, accepter les dons et legs; la décision du Conseil général ou du gouvernement, qui intervient ensuite, a effet du jour de cette acceptation;

**749.** — Le préfet a entrée au Conseil général; il est entendu quand il le demande et assiste aux délibérations, excepté lorsqu'il s'agit de l'apurement de ses comptes;

**750.** — Il intente les actions en vertu de la décision du Conseil général, et il peut, sur l'avis conforme de la Commission départementale, défendre à toute action intentée contre le gouvernement;

**751.** — Il fait tous actes conservatoires et interruptifs de déchéance;

**752.** — Le préfet, sur l'avis conforme de la Commission départementale, passe les contrats au nom du département;

**753.** — A la session d'août, le préfet rend compte au Conseil général, par un rapport spécial et détaillé, de la situation du département et de l'état des différents services publics;

A l'autre session ordinaire il présente au Conseil général un rapport sur les affaires qni doivent lui être soumises pendant cette session.

Ces rapports sont imprimés et distribués à tous les membres du Conseil général huit jours au moins avant l'ouverture de la session;

**754.** — Le projet de budget du département est préparé et présenté par le préfet, qui est tenu de le communiquer à la Commission départementale, avec les pièces à l'appui, dix jours au moins avant l'ouverture de la session d'août.

**755.** — Le préfet, ou son représentant, assiste aux séances de la Commission départementale; il est entendu quand il le demande.

**756.** — Le préfet est chargé d'arrêter les empiétements de l'autorité judiciaire, en matière de contentieux administratif.

A ce titre, il élève le conflit, en vertu d'une délégation directe et spéciale.

**757.** — Il en est de même des entreprises du clergé.

## ART. 2
### SOUS-PRÉFET

**758.** — Le sous-préfet relève immédiatement du préfet, qui est son supérieur direct.

**759.** — Il est nommé et révoqué par le chef de l'État.

**760.** — Il réside au chef-lieu d'arrondissement, qui prend aussi le nom de *sous-préfecture.*

**761.** — Bien que diverses lois lui aient conféré des attributions spéciales qu'il remplit sous sa responsabilité, il n'est le plus généralement qu'un agent de transmission, d'information, de surveillance et d'exécution.

**762.** — Le sous-préfet a entrée dans le Conseil d'arrondissement; il est entendu quand il le demande et assiste aux délibérations.

## ART. 3

### MAIRE

*763. Définition. — 764. Adjoints. — 765. Nomination. — 766. Révocation; destitution; suspension. — 767. Gratuité des fonctions de maire et d'adjoint. — 768 à 773. Attributions.*

**763.** — Le maire est le subordonné immédiat du sous-préfet et le chef de l'administration active dans chaque commune.

**764.** — Il a un ou plusieurs adjoints, suivant l'importance de la population de la commune.

**765.** — Le maire et les adjoints sont élus, au scrutin secret à la majorité absolue, par les membres du conseil municipal dont ils font partie.

Dans les communes chefs-lieux de département, d'arrondissement et de canton, les maires et adjoints sont nommés parmi les membres du conseil municipal, par décret du Président de la République.

**766.** — Les maires et les adjoints sont révocables par décret.

Les maires et adjoints destitués ne sont pas rééligibles pendant une année.

Les maires et les adjoints peuvent être suspendus par le préfet; mais l'arrêté préfectoral cesse d'avoir effet, s'il n'est confirmé dans le délai de deux mois par le ministre de l'intérieur.

**767.** — Les fonctions de maire et d'adjoint sont absolument gratuites.

**768.** — Le maire est chargé, sous l'autorité de l'administration supérieure :

1° De la publication et de l'exécution des lois et règlements;

2° Des fonctions spéciales qui lui sont attribuées par les lois;

3° De l'exécution des mesures de sûreté générale.

**769.** — Il est chargé, sous la surveillance de l'administration supérieure :

1° De la police municipale, de la police rurale et de la voirie municipale, et de pourvoir à l'exécution des actes de l'autorité supérieure qui y sont relatifs;

2° De la conservation et de l'administration des propriétés de la commune, et de faire, en conséquence, tous actes conservatoires de ses droits;

3° De la gestion des revenus, de la surveillance des établissements communaux et de la comptabilité communale;

4° De la proposition du budget et de l'ordonnancement des dépenses;

5° De la direction des travaux communaux;

6° De souscrire les marchés, de passer les baux des biens et les adjudications des travaux communaux dans les formes établies par les lois et règlements;

7° De souscrire, dans les mêmes formes, les actes de vente, échange, partage, acceptation de dons ou legs, acquisition, transaction, lorsque ces actes ont été autorisés;

8° De représenter la commune en justice, soit en demandant, soit en défendant.

**770.** — Le maire prend des arrêtés à l'effet :

1° D'ordonner les mesures locales sur les objets confiés par les lois à sa vigilance et à son autorité;

2° De publier de nouveau les lois et règlements de police, et de rappeler les citoyens à leur observation.

**771.** — Le maire nomme à tous les emplois communaux, pour lesquels la loi ne prescrit pas un mode spécial de nomination.

Il suspend et révoque les titulaires de ces emplois.

Le maire nomme les gardes-champêtres, sauf l'approbation du Conseil municipal.

**772.** — Dans toutes les communes où l'organisation de la police n'est pas réglée par la loi du 24 juillet 1867, ou par des lois spéciales, le maire nomme les inspecteurs de police, les brigadiers, sous-brigadiers et agents de police. Ils doivent être agréés par les préfets.

Ils peuvent être suspendus par le maire, mais le préfet peut seul les révoquer.

**773.** — Enfin, le maire est officier de l'état-civil, et, en cette qualité, chargé de recevoir et de conserver les actes de naissance, de mariage, d'adoption et de décès des habitants de sa commune.

## ART. 4
### QUELQUES AUTRES FONCTIONNAIRES

714. *Secrétaire général de préfecture.* — 775. *Archiviste.* — 776. *Receveur municipal.* — 777. *Agents de police.* — 778. *Gardes-champêtres.*

Outre les fonctionnaires dont nous venons de nous occuper sous les articles précédents, on remarque encore et dans un ordre secondaire, notamment :

**774.** — 1° Le *secrétaire général de préfecture,* placé près du préfet et préposé à la garde des papiers et à la signature des expéditions.

Il est nommé et révoqué par le chef de l'État.

Il est commissaire du gouvernement auprès du Conseil de préfecture chargé de donner ses conclusions dans les affaires contentieuses.

**775.** — 2° L'*archiviste,* chargé de la garde et de la conservation des papiers des préfectures.

Le sous-préfet pour l'arrondissement et le maire pour la commune sont chargés de ces fonctions.

**776.** — 3° *Le receveur municipal*, chargé des recettes et dépenses communales.

Le percepteur remplit les fonctions de receveur municipal; néanmoins, dans les communes dont le revenu excède 30,000 francs, ces fonctions sont conférées, si le Conseil municipal le demande, à un receveur municipal spécial.

Le receveur municipal est assujetti à la surveillance des inspecteurs des finances.

**777.** — 4° Les *agents de police*, dans les villes chefs-lieux de département ayant plus de 40,000 âmes de population.

**778.** — 5° Les *gardes-champêtres*. Chaque commune est tenue d'avoir un garde-champêtre.

Le garde-champêtre est un fonctionnaire institué pour assurer les propriétés et veiller à la conservation des récoltes.

Il est nommé par le préfet sur la présentation du maire.

Il remplit les fonctions d'officier de police judiciaire.

## SECTION III

### CONSEILS DES FONCTIONNAIRES DE L'ADMINISTRATION DÉPARTEMENTALE

**779.** — Les fonctionnaires de l'administration départementale ont auprès d'eux les conseils suivants :

1° Le préfet, le *Conseil de préfecture*, le *Conseil général* et la *Commission départementale;*

2° Le sous-préfet, le *Conseil d'arrondissement;*

3° Et le maire, le *Conseil municipal.*

### ART 1er
#### CONSEIL DE PRÉFECTURE

780. Composition. — 781. Conditions d'aptitude pour être

**780.** — Le Conseil de préfecture est composé de huit membres, y compris le président, dans le département de la Seine, de quatre membres dans les départements suivants : Aisne, Bouches-du-Rhône, Calvados, Charente-Inférieure, Côtes-du-Nord, Dordogne, Eure, Finistère, Gard, Haute-Garonne, Gironde, Hérault, Ille-et-Vilaine, Isère, Loire, Loire-Inférieure, Maine-et-Loire, Manche, Meurthe, Meurthe-et-Moselle, Morbihan, Moselle, Nord, Orne, Pas-de-Calais, Puy-de-Dôme, Rhône, Saône-et-Loire, Seine-Inférieure, Seine-et-Oise, Somme, et de trois membres dans tous les autres départements.

**781.** — Nul ne peut être nommé conseiller de préfecture s'il n'est âgé de vingt-cinq ans accomplis, s'il n'est, en outre, licencié en droit, ou s'il n'a rempli, pendant dix ans au moins, des fonctions rétribuées dans l'ordre administratif ou judiciaire, ou bien s'il n'a été, pendant le même espace de temps, membre d'un Conseil général ou maire.

**782.** — Les Conseils de préfecture prononcent :

Sur les demandes de particuliers tendant à obtenir la décharge ou la réduction de leur cote de contributions directes; sur les difficultés qui pourraient s'élever entre les entrepreneurs de travaux publics et l'administration, concernant le sens ou l'exécution des clauses de leurs marchés; sur les réclamations des particuliers qui se plaignent des torts et dommages procédant du fait personnel des entrepreneurs de travaux publics et l'administration, concernant le sens ou l'exécution des clauses de leurs marchés;

Sur les demandes et contestations concernant les

indemnités dues aux particuliers à raison des terrains pris ou fouillés pour la confection des chemins, canaux et autres ouvrages publics;

Sur les difficultés qui peuvent s'élever en matière de grande voirie;

Sur les demandes présentées par les communautés des villes, bourgs ou villages, pour être autorisés à plaider;

Sur le contentieux des domaines nationaux;

Sur certaines difficultés en matière d'élections;

Et toutes les affaires qui leur sont déférées par la loi.

**783.** — Ils doivent aider les préfets de leurs avis dans certaines matières administratives sur lesquelles ils sont consultés par eux, et la loi détermine les cas où ils doivent l'être.

**784.** — Il y a auprès de chaque conseil un *secrétaire-greffier*, nommé par le préfet et choisi parmi les employés de la Préfecture.

**785.** — Les séances des Conseils de préfecture statuant sur les affaires contentieuses sont publiques.

**786.** — La juridiction de chaque Conseil s'étend sur tout le département.

En aucun cas les Conseils de préfecture ne jugent en dernier ressort; quel que soit le peu d'importance du litige, leurs arrêtés sont toujours susceptibles d'appel devant le Conseil d'État.

## ART. 2

### CONSEIL GÉNÉRAL

787 à 789. *Mode de nomination.* — 790. *Convocation des colléges électoraux.* — 791. *Scrutin.* — 792. *Suffrages à obtenir pour être élu.* — 793. *Réclamations contre les élections.* — 794. *Durée des fonctions de conseiller général. Renouvellement.* — 795. *Sessions ordinaires.* — 796. *Sessions extraordinaires.* — 797. *Publicité des*

**787.** — Le Conseil général est nommé à l'élection.

**788.** — Chaque canton du département élit un membre du Conseil général.

**789.** — L'élection se fait au suffrage universel, dans chaque commune, sur les listes dressées pour les élections municipales.

**790.** — Les collèges électoraux sont convoqués par le Pouvoir exécutif.

Il doit y avoir un intervalle de quinze jours francs, au moins, entre la date du décret de convocation et le jour de l'élection, qui est toujours un dimanche.

**791.** — Le scrutin est ouvert à sept heures du matin et clos le même jour à six heures. Le dépouillement a lieu immédiatement.

Lorsqu'un second tour de scrutin est nécessaire, il y est procédé le dimanche suivant.

**792.** — Nul n'est élu membre du Conseil général au premier tour de scrutin, s'il n'a réuni :

1° La majorité absolue des suffrages exprimés;

2° Un nombre de suffrages égal au quart de celui des électeurs inscrits.

Au second tour de scrutin, l'élection a lieu à la majorité relative, quel que soit le nombre des votants.

**793.** — Les élections peuvent être arguées de nullité par tout électeur du canton.

Si la réclamation n'a pas été consignée au procès-verbal, elle doit être déposée au secrétariat général de la préfecture.

Il en est donné récépissé.

**794.** — Les conseillers généraux sont nommés pour six ans; ils sont renouvelés par moitié tous les trois ans, et indéfiniment rééligibles.

En cas de vacance par décès, option, démission, ou pour toute autre cause, les électeurs doivent être réunis dans le délai de trois mois.

Toutefois, si le renouvellement légal de la série à laquelle appartient le siége vacant doit avoir lieu avant la prochaine session ordinaire du Conseil général, l'élection partielle se fait à la même époque.

**795.** — Les Conseils généraux ont chaque année deux sessions ordinaires.

La session dans laquelle sont délibérés le budget et les comptes, commence de plein droit le premier lundi qui suit le 15 août et ne peut être retardée que par une loi.

L'ouverture de la première session annuelle a lieu de plein droit le second lundi qui suit le jour de Pâques.

La durée de la session d'août ne peut excéder un mois; celle de l'autre session ordinaire ne peut excéder quinze jours.

**796.** — Les Conseils généraux peuvent être réunis extraordinairement :

1º Par décret du chef du Pouvoir exécutif;

2º Si les deux tiers des membres en adressent la demande écrite au Président.

La durée des sessions extraordinaires ne peut excéder huit jours.

**797.** — Les séances des Conseils généraux sont publiques.

**798.** — Les Conseils généraux doivent établir, jour par jour, un compte-rendu sommaire et officiel de leurs séances, qui est tenu à la disposition de tous les journaux du département, dans les quarante-huit heures qui suivent la séance.

**799.** — Tout électeur ou contribuable du département a le droit de demander la communication, sans déplacement, et de prendre copie de toutes les délibérations du Conseil général, ainsi que des procès-verbaux des séances publiques, et de les reproduire par la voie de la presse.

**800.** — Pendant les sessions de l'Assemblée Nationale, la dissolution d'un Conseil général ne peut être prononcée par le chef du Pouvoir exécutif, que sous l'obligation expresse d'en rendre compte à l'Assemblée, dans le plus bref délai possible. En ce cas, une loi fixe la date de la nouvelle élection, et décide si la Commission départementale doit conserver son mandat jusqu'à la réunion du nouveau Conseil général, ou autorise le Pouvoir exécutif à en nommer provisoirement une autre.

Dans l'intervalle des sessions de l'Assemblée Nationale le chef du Pouvoir exécutif peut prononcer la dissolution d'un Conseil général pour des causes spéciales à ce conseil.

Le décret de dissolution doit être motivé. Il ne peut jamais être rendu par voie de mesure générale. Il convoque en même temps les électeurs du département pour le quatrième dimanche qui suit sa date.

Le nouveau Conseil général se réunit de plein droit

le deuxième lundi après l'élection et nomme sa Commission départementale.

**801.** — Le Conseil général répartit chaque année, à sa session d'août, les contributions directes, conformément aux règles établies par les lois.

Avant d'effectuer cette répartition, il statue sur les demandes délibérées par les conseils compétents en réduction de contingent.

**802.** — Le Conseil général prononce définitivement sur les demandes en réduction de contingent formées par les communes et préalablement soumises au Conseil compétent.

**803.** — Si le Conseil général ne se réunissait pas, ou s'il se séparait sans avoir arrêté la répartition des contributions directes, les mandements des contingents seraient délivrés par le préfet, d'après les bases de la répartition précédente, sauf les modifications à porter dans le contingent, en exécution des lois.

**804.** — Le Conseil général vote les centimes additionnels dont la perception est autorisée par les lois.

**805.** — Il peut voter des centimes extraordinaires dans la limite du maximum fixé annuellement par la loi de finances.

**806.** — Il peut voter également les emprunts départementaux remboursables dans un délai qui ne peut excéder quinze années, sur les ressources ordinaires et extraordinaires.

**807.** — Dans le cas où le Conseil général voterait une contribution extraordinaire ou un emprunt au-delà des limites déterminées dans l'article précédent, cette contribution ou cet emprunt ne pourrait être autorisé que par une loi.

**808.** — Le Conseil général arrête chaque année, à la session d'août, dans les limites fixées annuellement par la loi de finances, le maximum du nombre des centimes extraordinaires que les Conseils municipaux sont autorisés à voter, pour en affecter le produit à des dépenses extraordinaires d'utilité communale.

Si le Conseil général se sépare sans l'avoir arrêté, le maximum fixé pour l'année précédente est maintenu jusqu'à la session d'août de l'année suivante.

**809.** — Chaque année, dans sa session d'août, le Conseil général, par un travail d'ensemble comprenant toutes les communes du département, procède à la révision des sections électorales et en dresse le tableau.

**810.** — Le Conseil général opère la reconnaissance, détermine la largeur et prescrit l'ouverture et le redressement des chemins vicinaux de grande communication et d'intérêt commun.

**811.** — Le Conseil général, sur l'avis motivé du directeur et de la commission de surveillance, pour les écoles normales, du proviseur ou du principal et du bureau d'administration, pour les lycées ou colléges, du chef d'institution, pour les institutions d'enseignement libre, nomme et révoque les titulaires des bourses entretenues sur les fonds départementaux.

L'autorité universitaire, ou le chef d'institution libre, peut prononcer la révocation dans les cas d'urgence; ils en donnent avis immédiatement au président de la Commission départementale et en font connaître les motifs.

**812.** — Le Conseil général détermine les conditions auxquelles sont tenus de satisfaire les candidats aux fonctions rétribuées exclusivement sur les fonds départementaux et les règles des concours d'après lesquels les nominations devront être faites.

Sont maintenus, néanmoins, les droits des archivistes

paléographes, tels qu'ils sont réglés par le décret du 4 février 1850.

**813.** — Le Conseil général statue définitivement sur les objets ci-après désignés, savoir :

1° Acquisition, aliénation et échange des propriétés départementales, mobilières ou immobilières, quand ces propriétés ne sont pas affectées à l'un des services énumérés au numéro 4;

2° Mode de gestion des propriétés départementales;

3° Baux de biens donnés ou pris à ferme ou à loyer, quelle qu'en soit la durée;

4° Changement de destination des propriétés et des édifices départementaux autres que les hôtels de préfecture et de sous-préfecture, et des locaux affectés aux cours d'assises, aux tribunaux, aux écoles normales, au casernement de la gendarmerie et aux prisons;

5° Acceptation ou refus de dons et legs faits au département, quand ils ne donnent pas lieu à réclamation;

6° Classement et direction des routes départementales;

Projets, plans et devis des travaux à exécuter pour la construction, la rectification ou l'entretien desdites routes;

Désignation des services qui seront chargés de leur construction et de leur entretien;

7° Classement et direction des chemins vicinaux de grande communication et d'intérêt commun; désignation des communes qui doivent concourir à la construction et à l'entretien desdits chemins, et fixation du contingent annuel de chaque commune; le tout sur l'avis des conseils compétents;

Répartition des subventions accordées, sur les fonds de l'État ou du département, aux chemins vicinaux de toute catégorie;

Désignation des services auxquels sera confiée l'exé-

cution des travaux sur les chemins vicinaux de grande
communication et d'intérêt commun, et mode d'exécution
des travaux à la charge du département;

Taux de la conversion en argent des journées de prestation;

8° Déclassement des routes départementales, des chemins vicinaux de grande communication et d'intérêt
commun;

9° Projets, plans et devis de tous autres travaux à
exécuter sur les fonds départementaux et désignation des
services auxquels ces travaux seront confiés;

10° Offres faites par les communes, les associations
ou les particuliers, pour concourir à des dépenses quel-
conques d'intérêt départemental;

11° Concessions à des associations, à des compagnies,
ou à des particuliers, de travaux d'intérêt départemental;

12° Direction des chemins de fer d'intérêt local, mode
et conditions de leur construction, traités et dispositions
nécessaires pour en assurer l'exploitation;

13° Établissement et entretien des bacs et passages
d'eau sur les routes et chemins, à la charge du département; fixation des tarifs de péage;

14° Assurances des bâtiments départementaux;

15° Actions à intenter ou à soutenir au nom du département, sauf les cas d'urgence, dans lesquels la Commission départementale pourra statuer;

16° Transactions concernant les droits des départements;

17° Recettes de toute nature et dépenses des établissements d'aliénés appartenant au département; approbation
des traités passés avec des établissements privés ou
publics pour le traitement des aliénés du département;

18° Service des enfants assistés;

19° Part de la dépense des aliénés et des enfants

assistés qui sera mise à la charge des communes, et bases de la répartition à faire entre elles;

20° Créations d'institutions départementales d'assistance publique, et service de l'assistance publique dans les établissements départementaux;

21° Établissement et organisation des caisses de retraite ou tout autre mode de rémunération en faveur des employés de préfecture et des sous-préfectures, et des agents salariés sur les fonds départementaux;

22° Part contributive du département aux dépenses des travaux qui intéressent à la fois le département et les communes;

23° Difficultés élevées relativement à la répartition de la dépense des travaux qui intéressent plusieurs communes du département;

24° Délibérations des conseils municipaux ayant pour but l'établissement, la suppression ou les changements de foires et marchés;

25° Délibération des conseils municipaux ayant pour but la prorogation des taxes additionnelles d'octroi actuellement existantes, ou l'augmentation des taxes principales au-delà d'un décime, le tout dans la limite du maximum des droits et de la nomenclature des objets fixés par le tarif général, établi conformément à la loi du 24 juillet 1867.

26° Changements à la circonscription des communes d'un même canton et à la désignation de leurs chefs-lieux, lorsqu'il y a accord entre les conseils municipaux.

**814.** — Le Conseil général délibère :

1° Sur l'acquisition, l'aliénation et l'échange des propriétés départementales affectées aux hôtels de préfecture et de sous-préfectures, aux écoles normales, aux cours d'assises et tribunaux, au casernement de la gendarmerie et aux prisons;

2º Sur le changement de destination des propriétés départementales affectées à l'un des services ci-dessus énumérés ;

3º Sur la part contributive à imposer au département dans les travaux exécutés par l'État qui intéressent le département ;

4º Sur les demandes des conseils municipaux :

— 1º Pour l'établissement ou le renouvellement d'une taxe d'octroi sur des matières non comprises dans le tarif général indiqué à l'article 46 ; — 2º Pour l'établissement ou le renouvellement d'une taxe excédant le maximum fixé par lesdits tarifs ; — 3º Pour l'assujettissement à la taxe d'objets non encore imposés dans le tarif local ; — 4º Pour les modifications aux règlements ou aux périmètres existants ;

5º Sur tous les autres objets sur lesquels il est appelé à délibérer par les lois et règlements, et généralement sur tous les objets d'intérêt départemental dont il est saisi, soit par une proposition du préfet, soit sur l'initiative d'un de ses membres.

**815.** — Le Conseil général donne son avis :

1º Sur les changements proposés à la circonscription du territoire du département, des arrondissements, des cantons et des communes, et la désignation des chefs-lieux, sauf le cas où il statue définitivement ainsi qu'il est dit ci-dessus ;

2º Sur l'application des dispositions de l'article 90 du code forestier, relatives à la soumission au régime forestier des bois, taillis ou futaies appartenant aux communes, et à la conversion en bois de terrains en pâturages ;

3º Sur les délibérations des conseils municipaux relatives à l'aménagement, au mode d'exploitation, à l'aliénation et au défrichement des bois communaux ;

Et généralement sur tous les objets sur lesquels il est

appelé à donner son avis en vertu des lois et règlements, ou sur lesquels il est consulté par les ministres.

**816.** — Tous vœux politiques lui sont interdits.

Néanmoins, il peut émettre des vœux sur toutes les questions économiques et d'administration générale.

**817.** — Le budget, délibéré par le Conseil général, est définitivement réglé par décret.

Le Conseil général entend et débat les comptes d'administration qui lui sont présentés par le préfet, concernant les recettes et les dépenses du budget départemental.

**818.** — Les budgets et les comptes du département, définitivement réglés, sont rendus publics par la voie de l'impression.

**819.** — Les secours pour travaux concernant les églises et presbytères;

Les secours généraux à des établissements et institutions de bienfaisance;

Les subventions aux communes pour acquisition, construction et réparation de maisons d'école et de salles d'asile;

Les subventions aux comices et associations agricoles ne pourront être allouées par le ministre compétent que sur la proposition du Conseil général du département.

A cet effet, le Conseil général dresse un tableau collectif des propositions en les classant par ordre d'urgence.

**820.** — Deux ou plusieurs Conseils généraux peuvent provoquer entre eux, par l'entremise de leurs présidents, et après en avoir averti les préfets, une entente sur les objets d'utilité départementale compris dans leurs attributions et qui intéressent à la fois leurs départements respectifs.

Ils peuvent faire des conventions à l'effet d'entreprendre ou de conserver à frais communs des ouvrages ou des institutions d'utilité commune.

**821.** — Si l'Assemblée Nationale ou celles qui lui succèderont viennent à être illégalement dissoutes ou empêchées de se réunir, les Conseils généraux s'assemblent immédiatement, de plein droit, et sans qu'il soit besoin de convocation spéciale, au chef-lieu de chaque département.

Ils peuvent s'assembler partout ailleurs dans le département, si le lieu habituel de leurs séances ne leur paraît pas offrir de garanties suffisantes pour la liberté de leurs délibérations.

Les Conseils ne sont valablement constitués que par la présence de la majorité de leurs membres.

**822.** — Jusqu'au jour où l'assemblée dont il sera parlé à l'article suivant aura fait connaître qu'elle est régulièrement constituée, le Conseil général pourvoira d'urgence au maintien de la tranquillité publique et de l'ordre légal.

**823.** — Une assemblée, composée de deux délégués élus par chaque Conseil général en comité secret, se réunit dans les lieux où se seront rendus les membres du gouvernement légal et des députés qui auront pu se soustraire à la violence.

L'assemblée des délégués n'est valablement constituée qu'autant que la moitié des départements, au moins, s'y trouve représentée.

**824.** — Cette assemblée est chargée de prendre, pour toute la France, les mesures urgentes que nécessite le maintien de l'ordre, et spécialement celles qui ont pour objet de rendre à l'Assemblée Nationale la plénitude de son indépendance et l'exercice de ses droits.

Elle pourvoit provisoirement à l'administration générale du pays.

**825.** — Elle doit se dissoudre aussitôt que l'Assemblée Nationale se sera reconstituée par la réunion de la majorité de ses membres sur un point quelconque du territoire.

Si cette reconstitution ne peut se réaliser dans le mois qui suit les événements, l'assemblée des délégués doit décréter un appel à la nation pour des élections générales.

Ses pouvoirs cessent le jour où la nouvelle Assemblée Nationale est constituée.

**826.** — Les décisions de l'assemblée des délégués doivent être exécutées, à peine de forfaiture, par tous les fonctionnaires, agents de l'autorité et commandants de la force publique.

**827.** — Le Conseil général du département de la Seine est composé :

Des quatre-vingts membres du Conseil municipal de Paris, plus de huit membres élus dans les arrondissements de Sceaux et Saint-Denis, à raison d'un membre par canton.

### ART. 3

#### COMMISSION DÉPARTEMENTALE

**828.** — Le Conseil général élit dans son sein une Commission départementale.

**829.** — Cette élection a lieu chaque année à la fin de la session d'août.

**830.** — Elle se compose de quatre membres au moins et de sept au plus, et elle comprend un membre choisi, autant que possible, parmi les conseillers élus ou domiciliés dans chaque arrondissement.

Les membres de la Commission sont indéfiniment rééligibles.

**831.** — Les fonctions de membres de la Commission départementale sont incompatibles avec celles de maire du chef-lieu du département et avec le mandat de député ou de sénateur.

**832.** — Elle siége à la préfecture.

**833.** — La Commission départementale se réunit au moins une fois par mois, aux époques et pour le nombre de jours qu'elle détermine elle-même, sans préjudice du droit qui appartient à son président et au préfet de la convoquer extraordinairement.

**834.** — La Commission départementale est chargée de veiller aux élections partielles des conseillers généraux en cas de vacance.

**835.** — En cas de litige entre l'État et le département, l'action est intentée ou soutenue, au nom du département, par un membre de la Commission départementale désigné par elle.

**836.** — La Commission départementale règle les affaires qui lui sont renvoyées par le Conseil général, dans les limites de la délégation qui lui est faite.

**837.** — Elle délibère sur toutes les questions qui lui sont déférées par la loi, et elle donne son avis au préfet sur toutes les questions qu'il lui soumet ou sur lesquelles elle croit devoir appeler son attention dans l'intérêt du département.

**838.** — A l'ouverture de chaque session ordinaire du Conseil général, la Commission départementale lui fait un rapport sur l'ensemble de ses travaux et lui soumet toutes les propositions qu'elle croit utiles.

A l'ouverture de la session d'août, elle lui présente dans un rapport sommaire ses observations sur le budget proposé par le préfet.

Ces rapports sont imprimés et distribués, à moins que la Commission n'en décide autrement.

Chaque année, à la session d'août, la Commission départementale présente au Conseil général le relevé de tous les emprunts communaux et de toutes les contributions extraordinaires communales qui ont été votées depuis la précédente session d'août, avec indication du chiffre total des centimes extraordinaires et des dettes dont chaque commune est grevée.

**839.** — La Commission départementale, après avoir entendu l'avis ou les propositions du préfet :

1° Répartit les subventions diverses portées au budget départemental, et dont le Conseil général ne s'est pas réservé la distribution, les fonds provenant des amendes de police correctionnelle et les fonds provenant du rachat des prestations en nature sur les lignes que ces prestations concernent;

2° Détermine l'ordre de priorité des travaux à la charge du département, lorsque cet ordre n'a pas été fixé par le Conseil général;

3° Fixe l'époque et le mode d'adjudication ou de réalisation des emprunts départementaux, lorsqu'ils n'ont pas été fixés par le Conseil général;

4° Fixe l'époque de l'adjudication des travaux d'utilité départementale.

**840.** — La Commission départementale assigne à chaque membre du Conseil général et aux membres des autres conseils électifs, le canton pour lequel ils devront siéger dans le conseil de révision.

**841.** — La Commission départementale vérifie l'état des archives et celui du mobilier appartenant au département.

**842.** — La Commission départementale peut charger un ou plusieurs de ses membres d'une mission relative à des objets compris dans ses attributions.

**843.** — La Commission départementale prononce, sur l'avis des Conseils municipaux, la déclaration de vicinalité, le classement, l'ouverture et le redressement des chemins vicinaux ordinaires, la fixation de la largeur et de la limite desdits chemins.

**844.** — Elle approuve les abonnements relatifs aux subventions spéciales pour la dégradation des chemins vicinaux, conformément au dernier paragraphe de l'article 14 de la loi du 21 mai 1836.

**845.** — La Commission départementale approuve le tarif des évaluations cadastrales, et elle exerce, à cet égard, les pouvoirs attribués au préfet en Conseil de préfecture par la loi du 15 septembre 1807 et le règlement du 15 mars 1827.

**846.** — Elle nomme les membres des commissions syndicales, dans le cas où il s'agit d'entreprises subventionnées par le département, conformément à l'article 23 de la loi du 28 juin 1865.

## Art. 4
### CONSEILS D'ARRONDISSEMENT

*dissement délibère, donne son avis et peut donner son*
*avis. — 856. Répartition des contributions directes*
*entre les communes. — 857. Communication et copie des*
*délibérations des Conseils d'arrondissement. — 858.*
*Dissolution des Conseils d'arrondissement.*

**847.** — Le Conseil d'arrondissement est composé
d'autant de membres que l'arrondissement a de cantons,
sans que le nombre des conseillers puisse être au-dessous
de neuf.

**848.** — Les membres des Conseils d'arrondissement
sont nommés pour six ans.

Ils sont renouvelés par moitié tous les trois ans.

**849.** — Si le nombre des cantons d'un arrondissement est inférieur à neuf, le nombre de conseillers
d'arrondissement à élire pour complément est réparti
entre les cantons les plus peuplés.

**850.** — Les conseillers d'arrondissement sont élus
dans chaque canton par l'assemblée électorale.

**851.** — Le Conseil d'arrondissement ne peut se
réunir qu'autant qu'il est convoqué par le préfet, en vertu
d'un décret qui fixe en même temps l'époque et la durée
de la session.

**852.** — La session ordinaire des Conseils d'arrondissement se divise en deux parties : la première précède
et la seconde suit la session d'août du Conseil général.

**853.** — Le Conseil d'arrondissement délibère sur les
réclamations auxquelles donne lieu la fixation du contingent de l'arrondissement dans les contributions directes.

Il délibère également sur les demandes en réduction
de contributions formées par les communes.

**854.** — Le Conseil d'arrondissement donne son
avis :

1° Sur les changements proposés à la circonscription

du territoire de l'arrondissement, des cantons et des communes, et à la désignation des chefs-lieux;

2º Sur le classement et la direction des chemins vicinaux de grande communication;

3º Sur l'établissement et la suppresssion, ou le changement des foires et des marchés;

4º Sur les réclamations élevées au sujet de la part contributive des communes respectives dans les travaux intéressant à la fois plusieurs communes, ou les communes et le département;

5º Et généralement sur tous les objets sur lesquels il est appelé à donner son avis en vertu des lois et règlements, ou sur lesquels il serait consulté par l'administration.

**855.** — Le Conseil d'arrondissement peut donner son avis :

1º Sur les travaux de routes, de navigation et autres objets d'utilité publique qui intéressent l'arrondissement;

2º Sur le classement et la direction des routes départementales qui intéressent l'arrondissement;

3º Sur les acquisitions, aliénations, échanges, constructions et reconstructions des édifices et bâtiments destinés à la sous-préfecture, au tribunal de première instance, à la maison d'arrêt, ou à d'autres services publics spéciaux à l'arrondissement, ainsi que sur les changements de destination de ces édifices;

4º Et généralement sur tous les objets sur lesquels le Conseil général est appelé à délibérer, en tant qu'ils intéressent l'arrondissement.

**856.** — Le Conseil d'arrondissement répartit entre les communes les contributions directes.

Le Conseil d'arrondissement est tenu de se conformer, dans la répartition de l'impôt, aux décisions rendues par le Conseil général, sur les réclamations des communes.

**957.** — Tout habitant ou contribuable du département a le droit de demander communication sans déplacement et de prendre copie des délibérations.

**958.** — La dissolution d'un Conseil d'arrondissement ne peut être prononcée que par un décret.

**959.** — Les conseillers d'arrondissement ont encore d'autres attributions déterminées par des lois spéciales.

### Art. 5
#### CONSEIL MUNICIPAL

860. *Composition du corps municipal de la commune. — 861. Gratuité de ses fonctions. — 862. Nombre des conseillers municipaux. — 863. Age requis pour être conseiller municipal. — 864. Durée des fonctions du Conseil municipal. — 865. Parenté. — 866. Suspension. Dissolution. — 867. Commission municipale. — 868. Session ordinaire des Conseils municipaux. — 869. Durée des sessions. — 870. Convocation extraordinaire. — 871. Objets des sessions ordinaires et extraordinaires. — 872. Le maire préside le Conseil municipal. — 873. Délibération. — 874. Communication et copie des délibérations. — 875 à 881. Attributions des Conseils municipaux. — 882 à 884. Commissions syndicales.*

**860.** — Le corps municipal de chaque commune se compose du maire, d'un ou plusieurs adjoints, et des conseillers municipaux.

**861.** — Les fonctions des maires, des adjoints et des autres membres du corps municipal sont gratuites.

**862.** — Chaque commune a un Conseil municipal composé de :

10 membres dans les communes de 500 habitants et au-dessous,

| | | |
|---|---|---|
| 12 dans celles de. . . . . . . . | 501 à 1,500 |
| 16 — . . . . . . . | 1,501 à 2,500 |
| 21 — . . . . . . . | 2,501 à 3,500 |

| 23 | dans celles de. . . . . . . | 3,501 à 10,000 |
| 27 | — . . . . . . . | 10,001 à 30,000 |
| 30 | — . . . . . . . | 30,001 à 40,000 |
| 32 | — . . . . . . . | 40,001 à 50,000 |
| 34 | — . . . . . . . | 50,001 à 60,000 |
| 36 | — . . . . . . . | 60,001 et au-dessus |

80 pour Paris.

**863.** — Les conseillers municipaux doivent être âgés de 25 ans au moins.

**864.** — Ils sont élus pour cinq ans.

**865.** — Dans les communes de cinq cents âmes et au-dessus, les parents au degré de père, de fils, de frère, et les alliés au même degré, ne peuvent être en même temps membres du Conseil municipal.

**866.** — Les Conseils municipaux peuvent être suspendus par le préfet; la dissolution ne peut être prononcée que par le Président de la République.

**867.** — La suspension prononcée par le préfet sera de deux mois, et pourra être prolongée par le ministre de l'intérieur jusqu'à une année; à l'expiration de ce délai, si la dissolution n'a pas été prononcée par un décret, le Conseil municipal reprend ses fonctions.

En cas de suspension, le préfet nomme immédiatement une commission pour remplir les fonctions du Conseil municipal dont la suspension a été prononcée.

En cas de dissolution, la commission est nommée soit par le Président de la République, soit par le préfet.

Le nombre des membres de la commission ne peut être inférieur à la moitié de celui des conseillers municipaux.

La commission nommée en cas de dissolution peut être maintenue en fonctions jusqu'au renouvellement quinquennal.

**868.** — Les Conseils municipaux s'assemblent, en session ordinaire, quatre fois l'année, au commencement de février, mai, août et novembre.

**869.** — Chaque session peut durer dix jours.

**870.** — Le préfet ou le sous-préfet prescrit la convocation extraordinaire du Conseil municipal, ou l'autorise, sur la demande du maire, toutes les fois que les intérêts de la commune l'exigent.

La convocation peut également avoir lieu, pour un objet spécial et déterminé, sur la demande du tiers des membres du Conseil municipal, adressée directement au préfet, qui ne peut la refuser que par un arrêté motivé.

**871.** — Dans les sessions ordinaires, le Conseil municipal peut s'occuper de toutes les matières qui rentrent dans ses attributions.

En cas de réunion extraordinaire, le Conseil ne peut s'occuper que des objets pour lesquels il a été convoqué.

**872.** — Le maire préside le Conseil municipal et a voix prépondérante en cas de partage.

**873.** — Les délibérations des Conseils municipaux sont inscrites, par ordre de date, sur un registre coté et paraphé par le sous-préfet.

Elles sont signées par tous les membres présents à la séance, ou mention est faite de la cause qui les a empêchés de signer.

**874.** — Tout habitant ou contribuable de la commune a droit de demander communication, sans déplacement, et de prendre copie des délibérations du Conseil municipal de sa commune.

**875.** — Les Conseils municipaux règlent, par leurs délibérations, les affaires ci-après désignées, savoir :

1° Les acquisitions d'immeubles, lorque la dépense, totalisée avec celle des autres acquisitions déjà votées dans le même exercice, ne dépasse par le dixième des revenus ordinaires de la commune;

2° Les conditions des baux à loyer des maisons et bâtiments appartenant à la commune, pourvu que la durée du bail ne dépasse pas dix-huit ans;

3° Les projets, plans et devis de grosses réparations et d'entretien, lorsque la dépense totale afférente à ces projets et aux autres projets de la même nature, adoptés dans le même exercice, ne dépasse pas le cinquième des revenus ordinaires de la commune, ni, en aucun cas, une somme de cinquante mille francs;

4° Le tarif des droits de place à percevoir dans les halles, foires et marchés;

5° Les droits à percevoir pour permis de stationnement et de locations sur rues, places et autres lieux dépendant du domaine public communal;

6° Le tarif des concessions dans les cimetières;

7° Les assurances des bâtiments communaux;

8° L'affectation d'une propriété communale à un service communal, lorsque cette propriété n'est encore affectée à aucun service public, sauf les règles prescrites par les lois particulières;

9° L'acceptation ou le refus de dons ou legs faits à la commune sans charges, conditions ni affectation immobilière, lorsque ces dons et legs ne donnent pas lieu à réclamation.

**876.** — Les Conseils municipaux peuvent voter, dans la limite du maximum fixé chaque année par le Conseil général, des contributions extraordinaires n'excédant pas cinq centimes pendant cinq années, pour en affecter le produit à des dépenses extraordinaires d'utilité communale.

**877.** — Ils peuvent aussi voter trois centimes extraordinaires, exclusivement affectés aux chemins vicinaux ordinaires.

**878.** — Les Conseils municipaux votent et règlent, par leurs délibérations, les emprunts communaux remboursables sur les centimes extraordinaires votés comme il vient d'être dit au premier paragraphe du présent article, ou sur les ressources ordinaires, quand l'amortissement, en ce dernier cas, ne dépasse pas douze années.

**879.** — Les Conseils municipaux votent, sauf approbation du préfet :

1° Les contributions extraordinaires qui dépasseraient cinq centimes, sans excéder le maximum fixé par le Conseil général, et dont la durée ne serait pas supérieure à douze années;

2° Les emprunts remboursables sur ces mêmes contributions extraordinaires ou sur les revenus ordinaires dans un délai de douze années.

**880.** — Les Conseils municipaux délibèrent sur l'établissement des marchés d'approvisionnement dans leur commune.

**881.** — La création des bureaux de bienfaisance est autorisée par les préfets, sur l'avis des Conseils municipaux.

**882.** — Lorsque plusieurs communes possèdent des biens ou des droits par indivis, si l'une d'elles le réclame, il est institué une commission syndicale, composée des délégués des Conseils municipaux des communes intéressées.

**883.** — La commission syndicale est présidée par un syndic, nommé par le préfet et choisi parmi les membres qui la composent.

**884.** — Les attributions de la commission syndicale et

du syndic, en ce qui touche les biens et les droits indivis, sont les mêmes que celles des Conseils municipaux et des maires, pour l'administration des propriétés communales.

# CHAPITRE III

### SERVICES DIVERS EXTÉRIEURS

**885.** — Parmi les nombreux services dont est chargé le ministre de l'intérieur, on remarque principalement :

1° Le service des établissements généraux de bienfaisance ;

2° Le service hospitalier ;

3° Le service des établissements pénitentiaires ;

4° Le service télégraphique ;

5° Et le service de la sûreté.

## SECTION I

### SERVICE DES ÉTABLISSEMENTS GÉNÉRAUX DE BIENFAISANCE

886. *Hospice national des Quinze-Vingts.* — 887. *Maison nationale de Charenton.* — 888. *Institution nationale des jeunes Aveugles.* — 889. *Institution nationale des Sourds-Muets.* — 890. *Institution nationale des Sourdes-Muettes, à Bordeaux.* — 891. *Institution nationale des Sourds-Muets de Chambéry.* — 892. *Asile national de Vincennes.* — 893. *Asile national du Vésinet.* — 894. *Hospice national du Mont-Genère.*

Les établissements généraux de bienfaisance sont au nombre de neuf, savoir :

**886.** — I. L'*Hospice national des Quinze-Vingts*, destiné à recevoir 300 aveugles (15-20).

**887.** — II. La *Maison nationale de Charenton*, destinée au traitement des personnes des deux sexes atteintes de maladies mentales.

**888.** — III. L'*Institution nationale des jeunes Aveugles*, consacrée à l'instruction des jeunes garçons et des jeunes filles aveugles.

**889.** — IV. L'*Institution nationale des Sourds-Muets*, destinée à l'éducation des jeunes garçons sourds-muets, de 10 à 14 ans.

**890.** — V. L'*Institution nationale des Sourdes-Muettes*, à Bordeaux, destinée à l'enseignement des jeunes filles sourdes-muettes, de 9 à 15 ans.

**891.** — VI. L'*Institution nationale des Sourds-Muets de Chambéry*, destinée à l'éducation des jeunes sourds-muets des deux sexes.

**892.** — VII. L'*Asile national de Vincennes*, destiné à recevoir des ouvriers convalescents ou qui ont été mutilés dans leurs travaux.

**893.** — VIII. L'*Asile national du Vésinet*, destiné à recevoir des ouvrières convalescentes ou qui ont été mutilées dans leurs travaux.

**894.** — IX. Et l'*Hospice national du Mont-Genève*, servant de refuge momentané, pendant le temps de tourmente et de neige, aux voyageurs qui vont de France en Piémont, par la route nationale d'Espagne en Italie.

**895.** — Ces établissements sont administrés sous l'autorité immédiate du ministre de l'intérieur, par un directeur responsable, assisté d'une commission consultative.

## SECTION II
### SERVICE HOSPITALIER

Le service hospitalier comprend :

**896.** — 1° Les *Hospices et Hôpitaux communaux*,

établissements de charité publique destinés à recevoir les pauvres, les orphelins, les enfants trouvés ou abandonnés, les vieillards, les infirmes et les malades.

Chacun de ces établissements est administré par une commission administrative, composée de cinq membres nommés par le préfet, et du maire de la commune, qui le préside.

**897.** — 2° Les *Bureaux de bienfaisance*, établissements chargés de la distribution des secours aux indigents.

L'administration des bureaux de bienfaisance est composée de la même manière que les commissions administratives des hospices.

**898.** — 3° Et les *Monts-de-Piété*, établissements de prêt sur nantissement, dont les bénéfices sont appliqués aux pauvres.

Ils sont administrés par un conseil d'administration présidé par le maire.

## SECTION III

### SERVICE DES ÉTABLISSEMENTS PÉNITENTIAIRES

**899.** — Les établissements pénitentiaires comprennent :

1° Les maisons centrales de force et de correction;

2° Les maisons de détention;

3° Les pénitentiaires agricoles de la Corse;

4° Les colonies pénitentiaires de jeunes détenus;

5° Les prisons départementales;

6° Les colonies pénales de transportation et de déportation;

7° Les chambres de sûreté;

8° Et les chambres municipales.

**900.** — Tous ces établissements sont inspectés par des inspecteurs généraux.

## SECTION IV

### SERVICE TÉLÉGRAPHIQUE

*901. Division de la France en régions. — 902. Personnel. — 903. Commission consultative.*

**901.** — La France est divisée, pour le service télégraphique, en dix-neuf régions, correspondantes aux régions militaires, avec les mêmes chefs-lieux.

**902.** — Le personnel de l'administration des lignes télégraphiques se compose d'un directeur général, d'inspecteurs généraux, divisionnaires, départementaux, de sous-inspecteurs, de directeurs de transmission, de chefs de station, de commis principaux, de traducteurs, de gardes-magasins, d'employés, de surnuméraires, de chefs surveillants, de surveillants et de facteurs.

Ce personnel peut comprendre, en outre, des élèves de l'École polytechnique, pris à leur sortie de l'école et qui auront été reconnus admissibles dans les services publics.

**903.** — Il y a près du directeur général de l'administration des lignes télégraphiques une commission consultative, chargée de donner son avis sur toutes les affaires de cette administration qui lui sont déférées par le ministre ou par le directeur général.

## SECTION V

### SERVICE DE LA SURETÉ

Le service de la sûreté comprend :

**904.** — 1º Les *commissariats d'émigration;*

**905.** — 2º Les *commissariats de police* des chemins de fer, de la frontière, du service de l'imprimerie et de la librairie, et de l'intérieur.

# TITRE SEPTIÈME

## DÉPARTEMENT DE LA JUSTICE

*906. Ses attributions.*

**906.** — Les principales attributions du département de la justice sont :

L'organisation et la surveillance de toutes les parties de l'ordre judiciaire;

Les Cours et tribunaux;

Les officiers publics et ministériels;

Les sceaux;

L'imprimerie nationale.

La grande chancellerie de la Légion d'honneur, qui, bien qu'ayant une existence propre et indépendante, nous paraît cependant ressortir plus spécialement au ministère de la justice, etc., etc.

# CHAPITRE Ier
## ADMINISTRATION CENTRALE

### SECTION I
#### SERVICE CENTRAL

*907. Siège. — 908. Services de cette administration.*

**907.** — Le siége de l'administration centrale du ministère de la justice est à Paris, place Vendôme, 13, et rue du Luxembourg, 36; à Versailles, cour du Château.

15

**908.** — Cette administration comprend les services suivants :

1º Cabinet du ministre;
— Secrétariat particulier.

2º Secrétariat général;

3º Division du personnel;
— Deux bureaux.

4º Division de la comptabilité et des archives, place Vendôme, 13;
— 1er bureau, — Comptabilité,
— 2e bureau, — Pensions et secours,
— 3e bureau, — Archives et service intérieur.

5º Direction des affaires civiles, place Vendôme, 13;
— Bureau d'administration et de législation,
— Bureau du notariat et des officiers ministériels.

6º Division du sceau;

7º Direction des affaires criminelles et des grâces, rue du Luxembourg, 36;
— Bureau des affaires criminelles,
— Service des grâces (deux bureaux),
— Bureau de la statistique,
— Bureau des frais de justice.

## SECTION II

### CONSEILS DU MINISTRE DE LA JUSTICE

*909. Principaux conseils du ministre de la justice.*

**909.** — On remarque parmi les conseils attachés au ministère de la justice :

1º Le *Conseil d'administration,* rue du Luxembourg, 36, spécialement chargé d'examiner, sur le rapport des chefs de service, qui en sont membres, et après qu'elles ont été élaborées par les bureaux, les principales affaires qui sont dans les attributions du ministère de la justice;

2° Le *Comité de législation étrangère;*

3° Et le *Comité pour l'examen des ouvrages dont l'impression gratuite est demandée,* ce dernier comité spécialement attaché à l'Imprimerie Nationale.

# CHAPITRE II

## QUELQUES PRINCIPES GÉNÉRAUX CONCERNANT L'ORGANISATION JUDICIAIRE

*910. Au nom de qui la justice est-elle rendue? — 911. Elle est gratuite. — 912. Séparation des fonctions judiciaires et administratives. — 913. Conflits d'attributions entre l'autorité judiciaire et administrative. — 914. Parenté ou alliance entre les membres d'un même tribunal ou Cour. — 915. Obligation de la résidence pour les magistrats. — 916. Les magistrats ne peuvent exercer d'autres fonctions. — 917. Définition de la juridiction. — 918. Combien compte-t-on de degrés de juridiction? — 919. Définition de la compétence.*

**910.** — La justice est rendue au nom de la nation.

**911.** — Elle est gratuite, en ce sens que les juges sont salariés par l'État.

**912.** — Les fonctions judiciaires sont distinctes et demeurent toujours séparées des fonctions administratives.

Les juges ne peuvent, à peine de forfaiture, troubler, de quelque manière que ce soit, les opérations des corps administratifs, ni citer devant eux les administrateurs pour raison de leurs fonctions.

**913.** — C'est au tribunal des conflits qu'est dévolu le droit de statuer sur les conflits d'attributions entre l'autorité judiciaire et l'autorité administrative, ainsi que la réserve, à cette dernière seule, du pouvoir d'élever le conflit.

**914.** — Les parents et alliés, jusqu'au degré d'oncle et de neveu inclusivement, ne peuvent être simultanément membres d'un même tribunal ou d'une même Cour, soit comme juges, soit comme officiers du ministère public, ou même comme greffiers, sans une dispense du Président de la République.

Il n'est accordé aucune dispense pour les tribunaux composés de moins de huit juges.

En cas d'alliance survenue depuis la nomination, celui qui l'a contractée ne peut continuer ses fonctions sans obtenir une dispense du chef de l'État.

Les juges suppléants ne sont pas comptés dans le nombre de huit juges, au-dessous duquel il n'est pas accordé de dispense.

**915.** — Les présidents, les juges, tant des Cours d'appel que des tribunaux de première instance, les procureurs généraux de la République et leurs substituts, les greffiers et leurs commis de service aux audiences, sont tenus de résider dans la ville où est établi la Cour ou le tribunal.

**916.** — Les membres des tribunaux ne peuvent être requis pour un autre service.

**917.** — On donne au pouvoir de juger dans une certaine limite de territoire, ainsi qu'à l'ensemble des tribunaux ou juges qui exercent ce pouvoir, le nom de *juridiction*.

**918.** — Il n'y a que deux degrés de juridiction, mais ce principe est sujet à beaucoup d'exceptions.

**919.** — On appelle compétence la mesure dans laquelle s'exerce la juridiction.

# CHAPITRE III

## JURIDICTIONS

*920. Combien distingue-t-on de sortes de juridictions?*

**920.** — On distingue plusieurs sortes de juridictions,

suivant la nature des affaires sur lesquelles elles sont appelées à statuer.

Ainsi, il y a :

1º La *juridiction administrative,*

2º La *juridiction civile,*

3º La *juridiction commerciale,*

4º La *juridiction criminelle,*

5º Et, au-dessus de toutes les juridictions, la *Cour de cassation.*

## SECTION I

### JURIDICTION ADMINISTRATIVE

*921. Objet de la juridiction administrative. — 922. Par qui est-elle exercée?*

**921.** — La juridiction administrative a pour objet de juger les réclamations que peut soulever l'action de l'administration.

**922.** — Elle est exercée par les tribunaux administratifs suivants :

1º Les ministres,

2º Les préfets,

3º Les sous-préfets,

4º Les maires,

5º Les conseils de révision en matière de recrutement,

6º Les conseils sanitaires,

7º L'administration des monnaies,

8º Le conseil supérieur de l'instruction publique,

9º Les conseils académiques,

10º Les conseils départementaux d'instruction publique,

11º Les conseils privés des Colonies,

12º Les commissions administratives contentieuses,

13º Les conseils de préfecture,

14º La Cour des comptes,

15º Le conseil d'État,

16º Et le tribunal des conflits.

Nous avons déjà parlé de la plupart de ces tribunaux, nous ne nous arrêterons ici que sur les trois derniers.

§ Ier

### COUR DES COMPTES

*923. Définition de la Cour des comptes. — 924. Sa composition. — 925. Nomination des présidents et conseillers. -- 926. Rang de la Cour des comptes. — 927 à 930. Ses attributions. — 931. Sa division en chambres. -- 932. Ses arrêts peuvent-ils être attaqués?*

**923.** — La Cour des comptes est un corps de magistrats chargés du règlement de la comptabilité nationale.

**924.** — Elle est composée de :

1 premier président,

3 présidents de chambre,

18 conseillers maîtres,

24 conseillers référendaires de première classe,

60 conseillers référendaires de deuxième classe,

15 auditeurs de première classe,

10 auditeurs de deuxième classe,

1 procureur général,

1 greffier en chef,

3 commis greffiers.

Il y a près de la Cour des huissiers pour son service.

**925.** — Les présidents et conseillers sont nommés à vie par le Chef de l'État.

**926.** — La Cour des comptes prend rang après la Cour de cassation et jouit des mêmes prérogatives.

**927.** — Elle juge les comptes des recettes et dépenses publiques et règle et apure les comptes des comptables.

**928.** — Elle reçoit les pourvois formés devant elle contre les arrêtés des Conseils de préfecture.

**929.** — Elle constate et certifie, chaque année, par deux déclarations générales, l'accord du compte annuel des finances et du compte-matières avec les comptes généraux publiés par les ministres, et avec les arrêtés prononcés sur les comptes individuels des comptables.

Ces déclarations sont prononcées en audience solennelle et publique de la Cour, puis imprimées et distribuées aux Chambres législatives.

**930.** — Chaque année, la Cour remet au Président de la République un rapport sur les réformes et améliorations des divers services de la comptabilité publique qu'elle croit être utiles.

Ce rapport est imprimé et distribué aux Chambres législatives.

**931.** — Elle se divise en trois chambres, dont chacune est composée de :

1 président,

6 conseillers maîtres.

Les trois chambres se réunissent, lorsqu'il y a lieu, en la chambre du conseil.

**932.** — Les arrêts de la Cour des comptes ne peuvent être attaqués que pour violation des formes ou de la loi, devant le Conseil d'État qui statue alors comme Cour de cassation.

## § II
### CONSEIL D'ÉTAT

933. *Définition du Conseil d'État.* — 934. *Sa composition.* — 935. 936. 940. *Ses attributions.* — 937. *Renouvellement.* — 938. *Présidence.* — 939. *Ministres.* — 941. *Ministère public.* — 942. *Greffier.*

**933.** — Le Conseil d'État est le principal Conseil du Président de la République et des ministres.

Il est aussi la plus haute des juridictions administratives en matière contentieuse.

**934.** — Le Conseil d'État se compose de :

22 conseillers d'État en service ordinaire,

15 conseillers d'État en service extraordinaire.

Il y a auprès du Conseil d'État :

1º 24 maîtres des requêtes,

2º 10 auditeurs de 1re classe,

3º 20 auditeurs de 2e classe.

Un secrétaire général est placé à la tête des bureaux du Conseil; il a le rang et le titre de maître des requêtes.

Un secrétaire spécial est attaché au contentieux.

**935.** — Le Conseil d'État donne son avis :

1º Sur les projets d'initiative parlementaire que l'Assemblée Nationale juge à propos de lui renvoyer;

2º Sur les projets de loi préparés par le Gouvernement, et qu'un décret spécial ordonne de soumettre au Conseil d'État;

3º Sur les projets de décret, et en général sur toutes les questions qui lui sont soumises par le Président de la République ou par les ministres.

Il est appelé nécessairement à donner son avis sur les règlements d'administration publique et sur les décrets en forme de règlements d'administration publique.

**936.** — Le Conseil d'État statue souverainement sur les recours en matière contentieuse administrative et sur les demandes d'annulation pour excès de pouvoirs, formés contre les actes des diverses autorités administratives.

**937.** — Les conseillers d'État sont renouvelés par tiers tous les trois ans; les membres sortants sont désignés par le sort et indéfiniment rééligibles.

**938.** — Le Conseil d'État est présidé par le garde des sceaux, ministre de la justice.

**939.** — Les ministres ont rang et séance à l'assemblée générale du Conseil d'État.

**940.** — Des conseillers d'État peuvent être chargés par le Gouvernement de soutenir, devant l'Assemblée, les projets de loi qui ont été renvoyés à l'examen du Conseil.

**941.** — Le Conseil d'État, délibérant au contentieux, constitue un véritable tribunal.

Le ministère public y est représenté par trois maîtres des requêtes, désignés par le Président de la République pour remplir les fonctions de commissaire du Gouvernement.

**942.** — Les fonctions de greffier y sont remplies par un secrétaire spécial, nommé par décret sur la présentation des présidents.

## § III

### TRIBUNAL DES CONFLITS

*943. 948. Son objet. — 944. Sa composition. — 945. Réélection de ses membres. — 946. Ministère public. — 947. Publicité de ses séances.*

**943.** — Le tribunal des conflits est chargé de régler les conflits d'attributions entre l'autorité administrative et l'autorité judiciaire.

**944.** — Il est composé :

1º Du garde des sceaux, président;

2º De trois conseillers d'État en service ordinaire, élus par les conseillers en service ordinaire;

3º De trois conseillers à la Cour de cassation, nommés par leurs collègues;

4º De deux membres et de deux suppléants, élus par la majorité des autres juges.

**945.** — Les membres du tribunal des conflits sont soumis à la réélection tous les trois ans et indéfiniment rééligibles.

**946.** — Les fonctions du ministère public sont remplies par deux commissaires du gouvernement choisis, tous les ans, par le chef de l'État, l'un parmi les maîtres des requêtes, l'autre dans le parquet de la Cour de cassation.

Il est adjoint à chacun d'eux un suppléant, choisi de la même manière.

**947.** — Les séances sont publiques.

**948.** — Le principal but de ce tribunal est de protéger l'indépendance de l'administration, vis-à-vis du pouvoir judiciaire, et de contribuer ainsi à maintenir la séparation des pouvoirs, qui est l'une des bases de notre droit public.

## SECTION II

### JURIDICTION CIVILE

*949. Sa mission. — 950. Par qui est-elle exercée?*

**949.** — La juridiction civile a pour mission de terminer les contestations qui peuvent s'élever entre particuliers.

**950.** — Elle est exercée par :
1° Les tribunaux de paix,
2° Les tribunaux de première instance,
3° Et les tribunaux ou Cours d'appel.

### § Ier

#### TRIBUNAUX DE PAIX

*951. Leur nombre. — 952. Leur composition. — 953. Leur compétence. — 954. Conditions d'admission aux fonctions de juge de paix. — 955. Ils sont amovibles. — 956. Nomination et révocation. — 957. Serment. — 958. Résidence.*

**951.** — Il y a un tribunal de paix dans chaque canton.

**952.** — Il se compose de :

1º Un juge de paix,

2º Un ou deux suppléants, selon l'étendue du territoire,

3º Et un greffier.

**953.** — La compétence des tribunaux de paix est
judiciaire ou extra-judiciaire.

Elle est judiciaire, quant aux matières contentieuses
sur lesquelles les juges de paix sont appelés à prononcer
comme juges proprement dits.

Elle est extra-judiciaire sous deux rapports différents :

1º Lorsque, en matière contentieuse, le juge de paix
agit, non comme juge, mais comme conciliateur;

2º Lorsque, en matière non contentieuse, il procède ou
assiste à certaines opérations, certains actes, tels qu'appo-
sitions de scellés, inventaires, délibérations de conseils
de famille, etc.

. Enfin, les tribunaux de paix ont aussi des attributions
comme tribunaux de police.

**954.** — Pour être juge de paix il suffit d'avoir 30 ans
accomplis.

**955.** — Les juges de paix sont amovibles.

**956.** — Ils sont nommés et révoqués par le chef du
Gouvernement.

**957.** — Ils ne peuvent entrer en fonctions qu'après
avoir prêté serment.

**958.** — Ils sont tenus de résider dans le canton.

## § II

### TRIBUNAUX DE PREMIÈRE INSTANCE

**959.** — Il y a un tribunal de première instance par arrondissement.

**960.** — Les tribunaux de première instance ont une ou plusieurs chambres et un plus ou moins grand nombre de juges, suivant les besoins du service.

**961.** — Les tribunaux composés d'une seule chambre ont :

Un président et deux ou trois juges, et des juges suppléants inamovibles,

Un procureur de la République et un substitut amovibles,

Un greffier et des commis-greffiers.

**962.** — Ceux qui sont composés de plusieurs chambres ont ordinairement un vice-président pour chacune des chambres où ne siége pas le président, un nombre de juges suffisant, et deux ou plusieurs substituts.

**963.** — Dans les tribunaux formés de plusieurs chambres, une chambre des vacations est chargée des affaires urgentes qui sont à juger pendant les vacances.

**964.** — Les tribunaux de première instance connaissent des matières civiles, de police et de commerce, conformément aux lois de l'État.

En matière criminelle, les tribunaux de première instance statuent comme tribunaux correctionnels.

**965.** — Nul ne peut être président, juge ou juge suppléant, procureur de la République, substitut, s'il n'est licencié en droit et s'il n'a suivi le barreau pendant deux ans après avoir prêté serment, comme avocat, à la Cour d'appel ; de plus, le président ne peut avoir moins de 27 ans accomplis, les juges, juges suppléants, procureurs de la République, moins de 25 ans, et les substituts, moins de 22 ans.

**966.** — Le juge d'instruction est celui qui, dans

chaque tribunal de première instance, est chargé de l'instruction criminelle.

Il est nommé par le chef de l'État, parmi les juges du tribunal civil; il est juge au même titre que ses collègues, il a de plus une délégation spéciale du chef de l'État, pour l'instruction des délits et des crimes.

## § III

### TRIBUNAUX D'APPEL

967. *Ces tribunaux prennent le titre de Cours d'appel.* — *968. Division en chambres.* — *969. Composition.* — *970. Conseillers.* — *971. 972. Attributions.* — *973. Conditions pour être admis aux fonctions de magistrat près les Cours d'appel.* — *974. Tableau des cours d'appel.*

**967.** — Les tribunaux d'appel prennent le titre de Cours d'appel.

**968.** — Les Cours d'appel ont :

Une ou plusieurs chambres civiles,

Une chambre correctionnelle qui juge les appels des tribunaux de son ressort, en matière de délits,

Une chambre des mises en accusation qui statue sur le renvoi direct des prévenus par le juge d'instruction,

Et une chambre des vacations, chargée de juger pendant les vacances les affaires urgentes.

**969.** — Les Cours d'appel sont composées :

D'un premier président et d'autant de présidents qu'il y a de chambres,

D'un plus ou moins grand nombre de juges, selon les besoins du service; ce nombre ne peut être inférieur à 24, y compris le président, excepté pour Bastia, qui n'en a que 20;

D'un procureur général,

D'avocats généraux et de substituts,

D'un greffier en chef et de commis-greffiers.

**970.** — Les présidents et juges des Cours d'appel prennent le titre de conseillers.

**971.** — Les Cours d'appel connaissent des matières civiles et des matières criminelles, conformément aux codes et lois de l'État.

**972.** — Elles statuent sur les appels des jugements de première instance rendus, en matière civile, par les tribunaux d'arrondissement, et sur les appels des jugements de première instance, rendus par les tribunaux de commerce.

**973.** — Nul ne peut être président, conseiller, procureur général ou substitut du procureur général, s'il n'a suivi le barreau pendant deux ans, comme avocat, après avoir prêté serment à la Cour d'appel, et s'il n'est âgé, le président, le procureur général, d'au moins de 30 ans, et les conseillers et substituts, d'au moins de 27 ans.

**974.** — On compte en France 26 Cours d'appel, établies dans les villes et pour les départements énumérés dans le tableau suivant :

| Nos | Siége des Cours d'appel. | Départements composant leur ressort. |
|---|---|---|
| 1 | Agen | Gers, Lot, Lot-et-Garonne. |
| 2 | Aix | Basses-Alpes, Alpes-Maritimes, Bouches-du-Rhône, Var, échelles du Levant, Barbarie. |
| 3 | Amiens | Aisne, Oise, Somme. |
| 4 | Angers | Maine-et-Loire, Mayenne, Sarthe. |
| 5 | Bastia | Corse. |
| 6 | Besançon | Doubs, Jura, Haut-Rhin, Haute-Saône. |

| N° | Siége des Cours d'appel. | Départements composant leur ressort. |
|---|---|---|
| 7 | Bordeaux | Charente, Dordogne, Gironde. |
| 8 | Bourges | Cher, Indre, Nièvre. |
| 9 | Caen | Calvados, Manche, Orne. |
| 10 | Chambéry | Savoie, Haute-Savoie. |
| 11 | Dijon | Côte-d'Or, Haute-Marne, Saône-et-Loire. |
| 12 | Douai | Nord, Pas-de-Calais. |
| 13 | Grenoble | Hautes-Alpes, Drôme, Isère. |
| 14 | Limoges | Corrèze, Creuse, Haute-Vienne. |
| 15 | Lyon | Ain, Loire, Rhône. |
| 16 | Montpellier | Aude, Aveyron, Hérault, Pyrénées-Orientales. |
| 17 | Nancy | Meurthe-et-Moselle, Meuse, Vosges, Ardennes. |
| 18 | Nîmes | Ardèche, Gard, Lozère, Vaucluse. |
| 19 | Orléans | Indre-et-Loire, Loir-et-Cher, Loiret. |
| 20 | Paris | Aube, Eure-et-Loir, Marne, Seine-et-Marne, Seine-et-Oise, Yonne. |
| 21 | Pau | Landes, Basses-Pyrénées, Hautes-Pyrénées. |
| 22 | Poitiers | Charente-Inférieure, Deux-Sèvres, Vendée, Vienne. |
| 23 | Rennes | Côtes-du-Nord, Finistère, Ille-et-Vilaine, Loire-Inférieure, Morbihan. |
| 24 | Riom | Allier, Cantal, Haute-Loire, Puy-de-Dôme. |
| 25 | Rouen | Eure, Seine-Inférieure. |
| 26 | Toulouse | Ariége, Haute-Garonne, Tarn, Tarn-et-Garonne. |

# SECTION III

## JURIDICTION COMMERCIALE

*975. Son but. — 976. Par qui est-elle exercée?*

**975.** — La juridiction commerciale a pour but de régler les contestations relatives aux engagements et transactions entre commerçants, celles relatives aux actes de commerce entre toutes personnes, et celles qui peuvent s'élever entre certains fabricants et leurs ouvriers.

**976.** — Cette juridiction est exercée par :
1º Les Conseils de prud'hommes;
2º Les tribunaux de commerce;
3º Et les Cours d'appel.

### § Ier

#### CONSEILS DE PRUD'HOMMES

*977 à 979. But de leur institution. — 980. Comment sont-ils établis? — 981 à 983. Mode de nomination. — 984. Renouvellement. — 985. Dissolution. — 986. Ils peuvent être réunis par l'autorité administrative. — 987. Prud'hommes pêcheurs. — 988. Appels des jugements des Conseils de prud'hommes.*

**977.** — Les Conseils de prud'hommes sont institués pour terminer, par la voie de la conciliation, les petits différends qui s'élèvent journellement, soit entre des fabricants et des ouvriers, soit entre des chefs d'atelier et des compagnons ou apprentis.

**978.** — Ils sont également autorisés à juger, sans forme ni frais de procédure, les différends à l'égard desquels la voie de conciliation aura été sans effet.

**979.** — Les Conseils de prud'hommes sont, en outre, investis d'un certain droit de surveillance sur les ateliers.

**980.** — Les Conseils de prud'hommes sont établis par décrets rendus dans la forme des règlements d'administration publique, après avis des chambres de commerce ou des chambres consultatives des arts et manufactures.

**981.** — Les membres des Conseils de prud'hommes sont élus par les patrons, chefs d'atelier, contre-maîtres et ouvriers appartenant aux industries dénommées dans les décrets d'institution, suivant les conditions déterminées par la loi.

**982.** — Les présidents et les vice-présidents des Conseils de prud'hommes sont nommés par le chef de l'État. Ils peuvent être pris en dehors des éligibles.

**983.** — Les secrétaires des mêmes Conseils sont nommés et révoqués par le préfet, sur la proposition du président.

**984.** — Les Conseils des prud'hommes sont renouvelés par moitié tous les trois ans.

**985.** — Les Conseils de prud'hommes peuvent être dissous par un décret du chef de l'État, sur la proposition du ministre compétent.

**986.** — L'autorité administrative peut toujours, lorsqu'elle le juge convenable, réunir les Conseils de prud'hommes qui doivent donner leur avis sur les questions qui leur sont posées.

**987.** — Les Conseils de prud'hommes sont surtout établis pour les industries, mais il existe dans certaines localités, et notamment à Marseille, un Conseil de prud'hommes pêcheurs qui connaît des différends des pêcheurs entre eux, dans les mêmes limites que celles tracées aux prud'hommes fabricants.

**988.** — Les appels des jugements des prud'hommes sont portés devant le tribunal de commerce.

## § II

### TRIBUNAUX DE COMMERCE

**989.** — La création des tribunaux de commerce a eu pour but d'avoir une meilleure justice, en soumettant les différends relatifs au commerce à des hommes versés dans la connaissance des usages commerciaux, et de favoriser la rapidité des opérations commerciales par une prompte et économique solution des contestations qu'elles peuvent faire naître.

**990.** — Il n'est établi de tribunaux de commerce que dans les localités où le commerce et l'industrie ont une certaine étendue.

**991.** — Partout où il n'y a pas de tribunaux de commerce, les tribunaux civils en font les fonctions et connaissent des matières qui leur sont attribuées. La procédure est alors la même que devant les tribunaux de commerce.

**992.** — L'arrondissement de chaque tribunal de commerce est le même que celui du tribunal civil dans le ressort duquel il est placé, et, s'il se trouve plusieurs tribunaux de commerce dans le ressort du tribunal civil, il leur est assigné des arrondissements particuliers.

**993.** — Les tribunaux de commerce ressortissent à

la même Cour d'appel que les tribunaux de première instance de leur département.

**994.** — Il n'y a près les tribunaux de commerce ni ministère public, ni avoués; dans quelques-uns, l'usage a établi des défenseurs habituels, admis par le tribunal sous le titre d'agréés.

**995.** — Chaque tribunal est composé d'un président, de juges, de juges suppléants et d'un greffier.

**996.** — Les juges sont élus par des électeurs commerçants.

**997.** — Les membres des tribunaux de commerce ne peuvent siéger qu'après avoir prêté serment.

**998.** — Leurs fonctions sont gratuites.

**999.** — Nul n'est élu président s'il n'a été juge, juge s'il n'a été suppléant.

**1000.** — L'élection est faite au scrutin de liste pour les juges suppléants, et au scrutin individuel pour le président.

**1001.** — Les juges sont investis de leur mandat pour deux ans. Ils sont rééligibles pour deux ans encore, mais, cette nouvelle période passée, ils ne sont rééligibles qu'après un an d'intervalle.

**1002.** — Il n'est pas nécessaire d'être électeur pour être éligible.

Il suffit d'être âgé de trente ans, inscrit à la patente depuis cinq ans, domicilié, au moment de l'élection, dans le ressort du tribunal.

## § III
### COURS D'APPEL

**1003.** — Nous renvoyons, pour les Cours d'appel, au numéro 967 ci-dessus.

# SECTION IV

## JURIDICTIONS CRIMINELLES

*1004. Leur objet. — 1005. Par qui sont-elles exercées?*

**1004.** — Les juridictions criminelles comprennent le jugement des actes qualifiés par la loi contraventions, délits ou crimes.

**1005.** — Ces juridictions sont exercées par :
1º Les tribunaux de simple police;
2º Les tribunaux correctionnels;
3º Les Cours d'assises;
4º Quelques juridictions spéciales;
5º Et les Cours d'appel.

### § Ier

#### TRIBUNAUX DE SIMPLE POLICE

*1006. A qui appartient la juridiction de simple police.
— 1007. Sa mission.*

**1006.** — La juridiction de simple police appartient aux juges de paix.

**1007.** — Elle a pour mission la punition des contraventions commises dans toute l'étendue du canton.

### § II

#### TRIBUNAUX CORRECTIONNELS

*1008. Définition. — 1009 à 1011. Attributions.*

**1008.** — Les tribunaux correctionnels sont les tribunaux de première instance.

**1009.** — Ils jugent les faits qualifiés délits par la loi.

**1010.** — Ces tribunaux prononcent comme juges d'appel des sentences des tribunaux de simple police.

**1011.** — Les jugements rendus en matière correctionnelle sont toujours en premier ressort et peuvent être portés en appel devant la Cour d'appel du ressort.

## § III

### COURS D'APPEL

**1012.** — Nous renvoyons pour les Cours d'appel au numéro 967 ci-dessus.

## § IV

### COURS D'ASSISES

*1013. Définition. — 1014. Où se tiennent-elles? — 1015. Époque des assises. — 1016 à 1019. Par qui sont-elles tenues? — 1020. Jury. — 1021. Les Cours d'assises exercent la plénitude de juridiction. — 1022. Délits de presse. Délits politiques. — 1023. Pourvoi en cassation.*

**1013.** — Les Cours d'assises sont des tribunaux supérieurs, siégeant dans chaque département, pour juger les accusés de crimes que la chambre d'accusation de la Cour d'appel leur a renvoyés.

**1014.** — Les assises se tiennent ordinairement dans le chef-lieu de chaque département.

La Cour d'appel peut, néanmoins, désigner un autre tribunal que celui du chef-lieu.

**1015.** — La tenue des assises a lieu tous les trois mois.

Elles peuvent se tenir plus souvent si le besoin l'exige.

**1016.** — Dans les départements où siègent les Cours d'appel, les assises sont tenues par trois membres de la Cour dont l'un est président.

**1017.** — Les fonctions du ministère public sont remplies, soit par le procureur général, soit par un des avocats généraux, soit par un des substituts du procureur général.

**1018.** — Le greffier de la Cour y exerce ses fonctions par lui-même ou par l'un de ses commis assermentés.

**1019.** — Dans les autres départements, la Cour d'assises est composée :

1º D'un conseiller de la Cour d'appel, délégué à cet effet, et qui est président de la Cour d'assises;

2º De deux juges pris, soit parmi les conseillers de la Cour d'appel, lorsque celle-ci jugera convenable de les déléguer à cet effet, soit parmi les présidents ou juges du tribunal de première instance du lieu de la tenue des assises;

3º Du procureur de la République près le tribunal ou de l'un de ses substituts;

4º Du greffier du tribunal ou de l'un de ses commis assermentés.

**1020.** — Outre les membres du tribunal, la Cour d'assises se compose encore d'un jury de douze citoyens qui prononcent sur la culpabilité de l'accusé.

**1021.** — Les Cours d'assises exercent la plénitude de juridiction en matière criminelle, correctionnelle ou de police, dans tous les cas où une loi spéciale n'en a pas décidé autrement.

**1022.** — Elles connaissent des délits de presse et des délits politiques.

**1023.** — La décision des jurés n'est susceptible d'aucun recours devant une autre juridiction.

L'arrêt de condamnation est susceptible de pourvoi en cassation.

## § V

### JURIDICTIONS SPÉCIALES

**1024.** — Les juridictions spéciales existant aujourd'hui sont :

1º Les conseils de guerre et de révision permanents;

2º Les tribunaux maritimes;

3º Les juridictions universitaires, etc., etc.

## SECTION V

### COUR DE CASSATION

*1025. Définition. — 1026 à 1029. But et attributions. — 1030. Composition. — 1031. 1032. Division en chambres.*

**1025.** — La Cour de cassation est une cour suprême placée au-dessus de toutes les juridictions et qui domine tous les autres tribunaux de France.

**1026.** — Elle a pour but de maintenir l'uniformité de jurisprudence, l'unité de législation, de fixer le sens des lois en cassant ou annulant les décisions des tribunaux qui les violent et d'empêcher que les tribunaux n'excèdent ni ne restreignent leurs attributions au-delà et en-deçà du cercle que la loi leur a tracé.

**1027.** — Ainsi, elle prononce :

1º Sur les demandes en règlement de juges, quand le conflit existe entre deux Cours d'appel ou deux tribunaux qui ne ressortissent point à la même Cour;

2º Sur les demandes en renvoi d'un tribunal à un autre pour cause de suspicion légitime ou de sûreté publique;

3º Sur les prises à partie contre un tribunal entier;

4º Sur les pourvois en cassation contre les arrêts et contre les jugements en dernier ressort rendus par les cours et tribunaux.

**1028.** — La Cour de cassation ne connaît pas du fond des affaires; mais elle casse les jugements et arrêts rendus sur des procédures dans lesquelles les formes ont été violées ou qui contiennent quelque contravention expresse à la loi, et renvoie le fond du procès à la Cour ou au tribunal qui doit en connaître.

**1029.** — Cette Cour, toutes chambres assemblées, a droit de censure et de discipline sur les Cours d'appel.

**1030.** — Elle est composée :
D'un premier président,
De 3 présidents,
Et de 45 conseillers (juges);
1 procureur général,
6 avocats généraux,
1 greffier en chef,
4 greffiers et 1 secrétaire en chef du parquet,
Et 8 huissiers.

**1031.** — Elle se divise en trois chambres, savoir :
1° La Chambre des requêtes,
2° La Chambre civile,
3° Et la Chambre criminelle.

**1032.** — Le premier président préside la chambre où il juge convenable de siéger.

Chaque chambre est composée d'un président et de 15 conseillers.

Certaines décisions ne peuvent être rendues que par les trois chambres réunies en séance solennelle.

## SECTION VI
### MINISTÈRE PUBLIC

*1033. Définition. — 1034. Tous les tribunaux n'en sont pas pourvus. — 1035. Par qui les fonctions du ministère public sont-elles exercées?*

**1033.** — On nomme ministère public une magistrature attachée aux Cours et tribunaux, pour y représenter la société, et veiller au maintien de l'ordre public et y requérir l'application des lois.

**1034.** — Les conseils de préfecture, les tribunaux de commerce, les justices de paix, les conseils de prud'hommes, n'ont point de ministère public.

**1035.** — Les fonctions du ministère public sont remplies :

Près du Conseil d'État, jugeant au contentieux, par des maîtres des requêtes, désignés par le chef de l'État;

Près de la Cour des comptes, par un procureur général;

Près de la Cour de cassation, par un procureur général et six avocats généraux;

Près des Cours d'appel, par un procureur général et autant d'avocats généraux que la Cour comprend de chambres civiles, plus un pour la chambre des appels de police correctionnelle, et aussi des substituts du procureur général, spécialement attachés au parquet;

Près des tribunaux de première instance et des tribunaux de police correctionnelle, par un procureur de la République et un ou plusieurs substituts.

## SECTION VII
### ASSISTANCE JUDICIAIRE

**1036.** — Les indigents ont la faculté d'exercer leurs droits gratuitement devant les tribunaux civils, les tribunaux consulaires et les justices de paix.

Cette faculté s'appelle assistance judiciaire.

Elle n'existe pas en matière criminelle, correctionnelle et de police.

La défense des accusés indigents est réglée par le code d'instruction criminelle.

**1037.** — L'admission à l'assistance judiciaire devant

les tribunaux civils, les tribunaux de commerce et les juges de paix, est prononcée par un bureau spécial, établi au chef-lieu judiciaire de chaque arrondissement.

**1038.** — Toute personne qui réclame l'assistance judiciaire adresse sa demande, sur papier libre, au procureur de la République du tribunal de son domicile.

**1039.** — Quiconque demande à être admis à l'assistance judiciaire doit fournir :

1º Un extrait du rôle de ses contributions, ou un certificat du percepteur de son domicile, constatant qu'il n'est pas imposé;

2º Une déclaration attestant qu'il est, à raison de son indigence, dans l'impossibilité d'exercer ses droits en justice, et contenant l'énumération détaillée de ses moyens d'existence, quels qu'ils soient.

Le réclamant affirme la sincérité de sa déclaration devant le maire de la commune de son domicile; le maire lui en donne acte au bas de la déclaration.

**1040.** — L'assisté est dispensé provisoirement du paiement des sommes dues au Trésor, pour droits de timbre, d'enregistrement et de greffe, ainsi que de toute consignation d'amende.

Il est aussi dispensé provisoirement du paiement des sommes dues aux greffiers, aux officiers ministériels et aux avocats, pour droits, émoluments et honoraires.

**1041.** — Devant toutes les juridictions, le bénéfice de l'assistance peut être retiré en tout état de cause, soit avant, soit même après le jugement :

1º S'il survient à l'assisté des ressources reconnues suffisantes;

2º S'il a surpris la décision du bureau par une déclaration frauduleuse.

**1042.** — Le retrait de l'assistance judiciaire a pour

effet de rendre immédiatement exigibles les droits, honoraires, émoluments et avances de toute nature, dont l'assisté avait été dispensé.

# CHAPITRE IV
## OFFICIERS PUBLICS ET MINISTÉRIELS

**1043.** — Les tribunaux se complètent par des officiers publics et ministériels, qui n'en font pas partie, mais sont leurs auxiliaires;

Ce sont :

1º Les notaires,

2º Les avoués,

3º Les huissiers,

4º Les commissaires-priseurs,

5º Les greffiers,

6º Les avocats au Conseil d'État et à la Cour de cassation,

7º Les référendaires au sceau de France.

**1044.** — Ne pourrait-on pas ajouter à cette nomenclature :

1º Les agréés,

2º Et les avocats?

## SECTION I
### NOTAIRES

1045. *Définition.* — 1047. *Ils sont institués à vie.* — 1048. 1049. *Ressort.* — 1050. *Foi accordée aux actes notariés.* — 1051. *Conditions d'admission.* — 1052. *Nomination.* — 1053. *Serment.* — 1054. *Chambres de discipline.* — 1055. *Honoraires.*

**1045.** — Les notaires sont les fonctionnaires publics établis pour recevoir tous les actes et contrats auxquels les parties doivent ou veulent faire donner le caractère d'authenticité attaché aux actes de l'autorité publique, et pour en assurer la date, en conserver le dépôt, en délivrer des grosses et expéditions.

**1046.** — Ils sont tenus de prêter leur ministère lorsqu'ils en sont requis, à moins qu'il n'y ait des causes légitimes de refus.

**1047.** — Ils sont institués à vie.

**1048.** — Les notaires exercent leurs fonctions, savoir : ceux des villes où est établi un tribunal d'appel, dans l'étendue du ressort de ce tribunal; ceux des villes où il n'y a qu'un tribunal de première instance, dans l'étendue du ressort de ce tribunal; ceux des autres communes, dans l'étendue du ressort du tribunal de paix.

**1049.** — Il est défendu à tout notaire d'instrumenter hors de son ressort.

**1050.** — Tous actes notariés font foi en justice et sont exécutoires dans toute l'étendue de la République.

**1051.** — Pour être admis aux fonctions de notaire, il faut remplir les conditions exigées par la loi.

**1052.** — Les notaires sont nommés par le Président de la République, et obtiennent de lui une commission qui énonce le lieu fixe de leur résidence.

**1053.** — Ils n'ont le droit d'exercer qu'à compter du jour où ils ont prêté serment.

**1054.** — Des chambres sont établies pour la discipline intérieure des notaires.

**1055.** — Les honoraires et vacations des notaires sont réglés à l'amiable entre eux et les parties.

## SECTION II
### AVOUÉS

**1056.** — Les avoués sont des officiers ministériels chargés de représenter les parties devant les cours et tribunaux.

Il n'existe pas d'avoués devant les juges de paix ni les tribunaux de commerce.

**1057.** — Les avoués ont exclusivement le droit de postuler et de prendre des conclusions dans le tribunal pour lequel ils sont établis.

**1058.** — Ils sont nommés par le Président de la République, sur la présentation du Tribunal dans lequel ils devront exercer leur ministère.

**1059.** — L'admission aux fonctions d'avoué est soumise à des conditions déterminées.

**1060.** — Les avoués doivent, avant d'entrer en fonctions, prêter serment.

**1061.** — Ils ont une chambre de discipline, dont les membres sont pris parmi eux.

**1062.** — Les honoraires des avoués sont déterminés par le tarif de 1807, pour toutes les affaires de leur ministère.

## SECTION III
### HUISSIERS

**1063.** — Les huissiers sont des officiers ministériels, institués pour faire toutes les citations, notifications et significations nécessaires pour l'instruction des procès, et tous exploits requis par les parties intéressées; soit pour l'exécution des ordonnances de justice, jugements et arrêts, et celle des actes authentiques.

Ils exercent près les tribunaux.

**1064.** — Ils sont nommés par le président de la République, sur la présentation du tribunal près lequel ils doivent exercer.

**1065.** — Ils ne peuvent faire aucun acte de leur ministère avant d'avoir prêté serment.

**1066.** — Pour être huissier, il faut remplir les conditions d'aptitude déterminées par la loi.

**1067.** — Tous les huissiers résidant et exploitant dans l'étendue du ressort du tribunal civil d'arrondissement de leur résidence, sont réunis en communauté.

**1068.** — Chaque communauté a une chambre de discipline.

**1069.** — Dans les lieux où il n'existe pas de commissaire-priseur, ils ont droit, concurremment avec les notaires et les greffiers, de faire des ventes publiques de meubles et effets mobiliers.

## SECTION IV
### COMMISSAIRES-PRISEURS

*1070. — Définition. — 1071. Admission. — 1872. Nomination. — 1073. Serment.*

**1070.** — Les commissaires-priseurs sont des officiers publics, dont les fonctions consistent à faire des prisées de meubles et des ventes publiques de meubles aux enchères.

**1071.** — Pour être admis aux fonctions de commissaire-priseur, il faut réunir les conditions voulues par la loi.

**1072.** — Ils sont nommés par le président de la République, sur la présentation du ministre de la justice.

**1073.** — Les commissaires-priseurs ne peuvent

commencer à exercer leurs fonctions qu'après leur prestation de serment.

## SECTION V

### GREFFIERS

*1074. 1079. Définition. Fonctions. — 1075. Admission. — 1076. Nomination. — 1077. Serment. — 1078. Commis-greffiers.*

**1074.** — Les greffiers sont des fonctionnaires établis près des Cours ou tribunaux, soit de première instance, soit de commerce, et dans chaque justice de paix, et dont le principal emploi est d'écrire les arrêts, jugements et tous autres actes du ministère des juges, d'en garder les minutes et d'en délivrer des expéditions.

**1075.** — Pour être admis aux fonctions de greffier, il faut satisfaire à des conditions déterminées.

**1076.** — Ils sont nommés par le président de la République.

**1077.** — Ils ne peuvent entrer en fonctions qu'après avoir prêté serment.

**1078.** — Les greffiers sont tenus de présenter au tribunal et de faire admettre au serment le nombre des commis-greffiers nécessaires pour le service du greffe.

**1079.** — Les greffiers des tribunaux de première instance sont dépositaires de l'un des doubles des registres de l'état-civil et des procurations et autres pièces qui doivent demeurer annexées aux actes de l'état-civil.

## SECTION VI

### AVOCATS AU CONSEIL D'ÉTAT ET A LA COUR DE CASSATION

*1079 bis. Définition. — 1080. 1081. Leur rôle. — 1082. Nomination. — 1083. Chambre de discipline.*

**1079 bis.** — Les avocats au Conseil d'État et à la

Cour de cassation sont spécialement attachés à ces deux institutions.

**1080.** — Ils y remplissent le rôle d'avoués et d'avocats.

**1081.** — Ils sont les défenseurs obligés des parties, dans tous les cas où la loi n'a pas dispensé de leur ministère.

**1082.** — Ils sont nommés par le chef de l'État et sont astreints au serment.

**1083.** — Ils ont une chambre de discipline.

## SECTION VII

### RÉFÉRENDAIRES AU SCEAU DE FRANCE

*1084. Définition. — 1085. Attributions.*

**1084.** — Les référendaires au sceau de France sont des officiers qui servent d'intermédiaires auprès de la division du sceau du ministère de la justice.

**1085.** — Ils sont chargés de l'instruction des demandes concernant :

1° Les demandes en collation, confirmation et reconnaissance de titres;

2° Les demandes en vérification de titres;

3° Les demandes en remise totale ou partielle des droits de sceau, dans les cas prévus par les deux paragraphes précédents;

4° Les demandes en changement ou addition de noms ayant pour effet d'attribuer une distinction honorifique;

5° Les naturalisations, admission à domicile, autorisation de service à l'étranger, réintégration dans la qualité de Français, dispenses pour mariages, etc.;

De percevoir et de verser au Trésor les droits de sceau.

Ils sont autorisés à représenter les parties dans ces diverses affaires.

# SECTION VIII

## AGRÉÉS

*1086. Définition. — 1087. Ils sont admis à présenter des successeurs.*

**1086.** — Les agréés sont des mandataires attachés aux tribunaux de commerce et admis par ces tribunaux pour y représenter les plaideurs qui veulent les charger de la défense de leurs intérêts.

**1087.** — Ils n'ont aucun caractère public. Cependant, dans l'usage, ils transmettent leurs offices et sont admis à présenter des successeurs.

# SECTION IX

## AVOCATS

*1088. Définition. — 1089. Serment. — 1090. Distinction entre le titre et la profession d'avocat. — 1091. Ordre des avocats. — 1092. Bâtonnier de l'ordre. — 1093. Conseil de discipline.*

**1088.** — Les avocats sont ceux qui, ayant obtenu le grade de licencié en droit, se consacrent à défendre, de vive voix ou par écrit, les intérêts de leurs concitoyens devant les diverses juridictions.

**1089.** — Les avocats sont tenus de prêter serment.

**1090.** — On distingue le titre et la profession d'avocat.

Pour avoir le titre d'avocat, il suffit d'être licencié en droit et d'avoir prêté serment.

Et, pour en exercer la profession, il faut en outre être inscrit au tableau.

**1091.** — La réunion des avocats qui exercent près le même tribunal ou la même cour, compose l'ordre des avocats.

**1092.** — A la tête de l'ordre est un bâtonnier élu pour un an par la majorité absolue des avocats inscrits au tableau.

**1093.** — L'ordre des avocats a un conseil de discipline présidé par le bâtonnier.

# CHAPITRE V

## IMPRIMERIE NATIONALE

*1094. Ses attributions.*

**1094.** — Cet établissement est chargé de tous les travaux d'impression concernant le gouvernement.

Il se charge aussi de l'impression, aux frais des auteurs, sur autorisation spéciale de M. le garde des sceaux, des ouvrages composés en tout ou en partie de caractères étrangers, ou présentant des difficultés particulières d'exécution.

# CHAPITRE VI

## SECTION I

### LÉGION D'HONNEUR

1095. But de l'institution. — 1096. Grand-maître de l'Ordre. — 1097. Composition. — 1098. Les membres sont à vie. — 1099. Nombre. — 1100. Étrangers. — 1101. 1102. Décoration. — 1103. Allocation annuelle. — 1104. 1105. Honneurs militaires. — 1106. 1107. Grand Chancelier. — 1108. Conseil de l'Ordre.

**1095.** — La Légion d'honneur est instituée pour récompenser les services civils et militaires.

**1096.** — Le président de la République est chef souverain et grand-maître de l'ordre.

**1097.** — La Légion d'honneur est composée de

chevaliers, d'officiers, de commandeurs, de grands-officiers et de grands-croix.

**1098.** — Les membres de l'ordre sont à vie.

**1099.** — Le nombre des chevaliers n'est pas limité.
Le nombre des officiers est fixé à 4,000.
Celui des commandeurs, à 1,000,
Celui des grands-officiers, à 200,
Celui des grands-croix, à 80.

**1100.** — Les étrangers sont admis et non reçus; ils ne figurent pas dans le cadre fixé.

**1101.** — La décoration de la Légion d'honneur est une étoile à cinq rayons doubles, surmontée d'une couronne de chêne et de laurier; le centre de l'étoile, entouré de branches, également de chêne et de laurier, présente d'un côté l'effigie de la République, avec cet exergue : *République Française 1870*, et, de l'autre côté, deux drapeaux tricolores, avec la devise : *Honneur et Patrie*.

L'étoile, émaillée de blanc, est en argent pour les chevaliers et en or pour les officiers, commandeurs, grands-officiers et grands-croix.

Le diamètre est de quarante millimètres pour les chevaliers et officiers, et de soixante pour les commandeurs.

**1102.** — Les chevaliers portent la décoration attachée par un ruban moiré rouge, sans rosette, sur le côté gauche de la poitrine.

Les officiers la portent à la même place et avec le même ruban, mais avec une rosette.

Les commandeurs portent la décoration en sautoir, attachée par un ruban moiré rouge, plus large que celui des officiers et chevaliers.

Les grands-officiers portent, sur le côté droit de la poitrine, une plaque ou étoile à cinq rayons doubles, diamantée, tout en argent, du diamètre de quatre-vingt-dix millimètres.

Ils portent, en outre, la croix d'officier.

Les grands-croix portent un large ruban moiré rouge, en écharpe, passant sur l'épaule droite, et au bas duquel est attachée une croix semblable à celle des commandeurs, mais ayant soixante-dix millimètres de diamètre. De plus, ils portent, sur le côté gauche de la poitrine, une plaque semblable à celle des grands-officiers.

**1103.** — Tous les officiers, sous-officiers et soldats de terre et de mer en activité de service, nommés ou promus dans l'ordre national de la Légion d'honneur, reçoivent, selon leur grade dans la Légion, l'allocation annuelle suivante :

Les légionnaires . . . . . .     250 fr.
Les officiers . . . . . .     500 »
Les commandeurs. . . . .   1,000 »
Les grands-officiers . . . .   2,000 »
Les grands-croix . . . . .   3,000 »

La valeur des décorations est imputée sur la première annuité.

Les mêmes pensions sont accordées à tous les officiers de terre et de mer, membres de la Légion d'honneur.

**1104.** — On porte les armes aux officiers et chevaliers, on les présente aux grands-croix et grands-officiers et aux commandeurs.

**1105.** — Les grands-croix et les grands-officiers reçoivent les mêmes honneurs funèbres et militaires que les généraux de division employés, lorsqu'ils n'ont pas un grade militaire supérieur;

Les commandeurs sont assimilés aux colonels;

Les officiers, aux capitaines;

Les chevaliers, aux lieutenants.

**1106.** — L'administration de l'ordre est confiée à

un grand-chancelier qui travaille directement avec le chef de l'État.

**1107.** — Tous les ordres étrangers sont dans les attributions du grand-chancelier de la Légion d'honneur.

**1108.** — Un conseil de l'ordre est établi près du grand-chancelier, qui le réunit tous les mois.

Le grand-chancelier et le conseil veillent à l'observation des statuts et règlements de l'ordre et des établissements qui en dépendent.

## SECTION II

### MÉDAILLE MILITAIRE

*1109. A qui se donne-t-elle? — 1110. Sa désignation. — 1111. Rente viagère. — 1112. Port.*

**1109.** — La médaille militaire se donne aux militaires et marins en activité de services, aux maréchaux de France, aux amiraux et aux officiers généraux ayant rempli les fonctions de ministre ou ayant exercé un commandement en chef.

Elle peut être également accordée, sur la proposition du grand-chancelier, aux sous-officiers et soldats des armées de terre et de mer amputés ou retraités pour blessures équivalant à la perte d'un membre.

**1110.** — Elle est en argent et d'un diamètre de 28 millimètres.

Elle porte d'un côté l'effigie de la République, sur fond d'or, entourée de l'exergue : *République Française,* sur émail bleu, et de l'autre les mots : *Valeur et Discipline.*

Elle est surmontée d'un trophée d'armes suspendu à un ruban moiré jaune, liseré de vert.

**1111.** — Elle donne droit à cent francs de rente viagère.

**1112.** — Les militaires et marins qui ont obtenu la médaille la portent attachée par un ruban jaune avec un liseré vert, sur le côté gauche de la poitrine.

Elle peut se porter simultanément avec la croix de la Légion d'honneur.

## SECTION III

### MAISONS D'ÉDUCATION DE LA LÉGION D'HONNEUR

**1113.** — Trois maisons sont établies à *Saint-Denis*, à *Écouen* et aux *Loges*, pour l'éducation des filles des membres de la Légion d'honneur.

Elles sont placées sous la surveillance et l'autorité du grand-chancelier, qui présente les élèves à la nomination du Président de la République.

# TITRE HUITIÈME

## DÉPARTEMENT DE LA MARINE ET DES COLONIES

*1114. Ses attributions.*

**1114.** — Le ministère de la marine et des colonies a dans ses attributions :

Le personnel et le matériel de la marine;

L'entretien des ports et des établissements maritimes;

La police de la navigation et des pêches maritimes;

La justice maritime;

L'établissement des Invalides de la marine;

L'administration des colonies, etc., etc.

# CHAPITRE I<sup>er</sup>

## ADMINISTRATION CENTRALE

## SECTION I

### SERVICE CENTRAL

*1115. Siège. — 1116. Services.*

**1115.** — L'administration centrale du ministère de la marine et des colonies a son siège à Paris, rue Royale-Saint-Honoré, 2.

**1116.** — Elle comprend les services suivants :

1° Cabinet du ministre.

2° Cabinet du sous-secrétaire d'État;

— 1er bureau, — Cabinet,

— 2e bureau, — Mouvements de la flotte et opérations militaires.

3° Première direction. — Personnel;

— 1er bureau, — État-major de la flotte,

— 2e bureau, — Corps entretenus et agents divers,

— 3e bureau, — Équipages de la flotte et justice maritime,

— 4e bureau, — Troupes de la marine.

4° Deuxième direction. — Matériel;

— 1er bureau, — Constructions navales et travaux hydrauliques,

— 2e bureau, — Artillerie,

— 3e bureau, — Approvisionnements généraux.

5° Troisième direction. — Services administratifs;

— 1er bureau, — Inscription maritime et police de la navigation,

— 2e bureau, — Pêches et domanialité maritimes,

— 3e bureau, — Solde, habillement et revues,

— 4e bureau, — Subsistances et hôpitaux.

6° Quatrième direction. — Colonies;

— 1er bureau, — Administration générale et municipale,

— 2º bureau, — Cultes, instruction publique, travaux publics, colonisation, affaires militaires et maritimes,

— 3º bureau, — Justice et régime pénitentiaire,

— 4º bureau, — Fonds, hôpitaux et vivres.

7º Cinquième direction. — Comptabilité générale;

— 1er bureau, — Fonds et ordonnances,

— 2º bureau, — Dépenses d'outre-mer,

— 3º bureau, — Comptabilité centrale des fonds,

— 4º bureau, — Comptabilité des matières,

— 5º bureau, — Service intérieur, archives et bibliothèques,

— Bibliothèque du ministère.

— Agence comptable du ministère,

— Agence comptable des traites de la marine,

— Magasin central.

8º Établissement des Invalides de la marine;

— Bureau central des Invalides,

— Bureau des pensions et secours,

— Bureau des prises, bris et naufrages et du service Gens de mer,

Trésorier général de l'établissement des Invalides de la marine.

9º Contrôle central.

10º Inspections générales.

# SECTION II

## CONSEILS DU MINISTRE DE LA MARINE ET DES COLONIES

**1117.** — Le ministre de la marine et des colonies est entouré de conseils spéciaux, parmi lesquels nous citerons :

1º Le conseil d'amirauté;

2º Le conseil des travaux de la marine;

3º Le comité consultatif du contentieux de la marine;

4º Le conseil supérieur de santé;

5º Le conseil des prises;

6° La commission supérieure de l'établissement des Invalides de la marine;

7° La commission permanente de contrôle et de révision du règlement d'armement et d'habillement;

8° La commission permanente des marchés;

9° La commission permanente des machines et du grand outillage;

10° La commission permanente des naufrages;

11° La commission supérieure des défenses sous-marines;

12° La commission permanente des bibliothèques des divisions des équipages de la flotte, des corps de troupes de la marine et des prisons maritimes;

13° Le dépôt des cartes et plans de la marine;

14° Le comité hydrographique;

15° Le dépôt des fortifications des colonies;

16° La commission de surveillance des banques coloniales;

17° La commission de surveillance de l'exposition coloniale;

18° La commission des phares;

19° Le conseil d'État (section de la marine et des colonies);

20° Les commissions mixtes des travaux publics;

21° Le bureau des longitudes.

Nous dirons un mot des six premiers seulement; quant aux autres, il suffit de citer leur dénomination pour expliquer leur objet.

## § Ier

### CONSEIL D'AMIRAUTÉ

**1118.** — Le Conseil d'amirauté donne son avis sur les mesures générales qui ont rapport :

1° A l'administration de la marine et des colonies;

2° A l'organisation de l'armée navale;

3° Au mode d'approvisionnement;

4° Aux constructions navales, aux travaux maritimes;

5° A l'emploi des forces navales en temps de paix et de guerre.

**1119.** — Aucun projet de loi, sans en excepter le budget ni les comptes, n'est proposé à l'Assemblée Nationale, aucune mesure d'organisation, soit du personnel, soit du matériel de la marine, n'est convertie en décret, arrêté ou règlement, sans l'avis préalable du Conseil d'amirauté.

**1120.** — Le ministre de la marine, seul responsable, n'est jamais lié par les avis du Conseil d'amirauté.

**1121.** — Le Conseil d'amirauté dresse les tableaux d'avancement et celui des décorations.

**1122.** — Dans l'intervalle des sessions du Conseil les membres titulaires peuvent être chargés par le ministère de l'inspection générale des arsenaux et de la flotte, tant au matériel qu'au personnel.

**1123.** — Chaque année, le Conseil d'amirauté, après avoir entendu les directeurs compétents, résume, par un rapport d'ensemble, les propositions d'amélioration dont paraissent susceptibles les diverses parties du service. Ce rapport est présenté par le ministre, avec ses observations, au Président de la République.

## § II

### CONSEIL DES TRAVAUX

**1124.** — Le Conseil des travaux donne son avis sur :

1° La rédaction des programmes à publier pour les concours sur des questions d'art ayant rapport aux constructions navales, à l'artillerie de marine et aux travaux maritimes;

2° Et l'examen des projets, plans et rapports relatifs, soit à la construction, à l'installation et à l'armement des bâtiments de guerre de tous rangs et des machines à vapeur de toute espèce, soit au matériel d'artillerie, ou ayant trait aux bâtiments et constructions élevés sur le sol ou fondés à la mer dans les ports et autres établissements de la marine, tant en France qu'aux colonies.

## § III
### COMITÉ CONSULTATIF DU CONTENTIEUX DE LA MARINE

**1125.** — Ce comité est chargé de l'examen des questions de droit international, civil et criminel soulevées dans les affaires ressortissant à l'administration supérieure de la marine et des colonies.

## § IV
### CONSEIL SUPÉRIEUR DE SANTÉ

**1126.** — Le Conseil supérieur de santé donne son avis sur les questions renvoyées à son examen par le ministre, relativement au service de santé de la marine et des colonies.

## § V
### CONSEIL DES PRISES

**1127.** — Le Conseil des prises est chargé de statuer sur la validité de toutes les prises maritimes dont le jugement doit appartenir à l'autorité française.

## § VI
### COMMISSION SUPÉRIEURE DE L'ÉTABLISSEMENT DES INVALIDES DE LA MARINE

**1128.** — Cette commission est chargée de surveiller les recettes et les dépenses de l'établissement des Invalides ;

Elle prend connaissance de l'administration et de la

comptabilité, et elle propose au ministre toutes les dispositions qu'elle juge propres à en perfectionner les détails et l'ensemble.

Les comptes annuels destinés à la Cour des comptes et aux Chambres sont soumis à son examen préalable, et elle s'assure qu'ils sont en concordance avec les écritures du bureau central et du trésorier général des Invalides.

## SECTION III
### CONTROLE CENTRAL

**1129.** — L'administration de la marine est pourvue d'un contrôle central qui surveille, prévient ou relève les irrégularités.

Ce contrôle donne au ministre de la marine, sur qui pèse la responsabilité générale des services, le moyen d'être informé à temps de tous les actes dans lesquels elle pourrait se trouver engagée.

## SECTION IV
### INSPECTION DE LA MARINE

**1130.** — Le ministre de la marine possède un service d'inspection administrative.

Ce service comprend six inspections générales :

1º L'inspection de l'artillerie de la marine et des colonies;

2º L'inspection de l'infanterie de la marine;

3º L'inspection du génie maritime;

4º L'inspection du service de santé;

5º L'inspection des travaux maritimes;

6º L'inspection de l'aumônerie de la marine.

Il comprend, en outre, des services spéciaux se rattachant aux inspections générales :

1º La surveillance des travaux confiés à l'industrie;

2º L'inspection des charbonnages.

# SECTION V

## CAISSE DES INVALIDES DE LA MARINE

*1131. Définition. — 1132. Destination de ses fonds. — 1133. Services de cet établissement. — 1134. Caisse des prises. — 1135. Caisse des gens de mer. — 1136. Caisse des Invalides.*

**1131.** — La Caisse des Invalides de la marine est un dépôt confié au ministre de la marine.

Elle est placée sous sa surveillance immédiate et exclusive, et est essentiellement distincte et séparée du Trésor public.

**1132.** — Les fonds de cette Caisse sont spécialement et uniquement destinés à la récompense des services des officiers militaires et civils, maîtres, officiers mariniers, matelots, novices, mousses, sous-officiers, soldats, ouvriers et tous autres agents ou employés, entretenus ou non-entretenus, du département de la marine, et au soulagement de leurs veuves et enfants, même de leurs pères et mères, ainsi qu'aux dépenses concernant l'administration et la comptabilité de l'établissement.

**1133.** — L'établissement des Invalides de la marine est formé de trois services distincts, savoir :

Caisse des prises,

Caisse des gens de mer,

Caisse des invalides.

### Caisse des prises.

**1134.** — La Caisse des prises est destinée à recevoir en dépôt le produit brut des prises faites par les bâtiments de l'État, jusqu'à la clôture des liquidations administratives qui en déterminent l'application, et aussi, pour les armements en course, le produit des ventes provisoires de prises qui peuvent être opérées avant le prononcé des jugements de condamnation.

17.

Lorsque la liquidation des produits qui lui ont été déposés provisoirement a été arrêtée par l'autorité compétente, elle paie les frais de vente et autres dépenses allouées, et elle verse à la caisse des gens de mer la somme revenant aux capteurs, et à la caisse des Invalides le montant des droits attribués à celle-ci dans la liquidation.

*Caisse des gens de mer.*

**1135.** — La caisse des gens de mer est chargée de recueillir et de conserver, à titre de dépôt, pendant un temps déterminé, pour les marins absents ou leur famille, les valeurs, objets et produits qui leur sont attribués.

Elle verse à la caisse des Invalides, dans le mois de septembre de chaque année, les sommes non réclamées pendant les délais fixés par les règlements.

*Caisse des invalides.*

**1136.** — La caisse des Invalides centralise les produits résultant de ces versements avec les autres revenus dont se compose la dotation de l'établissement, et qu'elle perçoit directement pour former un fonds de pensions en faveur des hommes de mer et de tous autres attachés au département de la marine et des colonies.

# CHAPITRE II
## SERVICES EXTÉRIEURS
## SECTION I
### DIVISION DU LITTORAL DE LA FRANCE EN ARRONDISSEMENTS ET SOUS-ARRONDISSEMENTS MARITIMES

**1137.** — Le littoral de la France est divisé en cinq arrondissements maritimes.

**1138.** — Chaque arrondissement est lui-même divisé en sous-arrondissements.

**1139.** — Enfin, les sous-arrondissements se subdivisent en quartiers, sous-quartiers et syndicats.

**1140.** — Voici le tableau des cinq arrondissements avec les chefs-lieux des arrondissements et des sous-arrondissements :

| Nos | Limites des arrondissements. | Chefs-lieux des arrond<sup>ts</sup> | des sous-arrond<sup>ts</sup> |
|---|---|---|---|
| 1 | Depuis la frontière de la Belgique jusqu'à Cherbourg inclusivement. | Cherbourg | Dunkerque Le Hâvre Cherbourg |
| 2 | Depuis Cherbourg exclusivement jusqu'à la rive droite de la rivière de Belon et les îles adjacentes. | Brest | Saint-Servan Brest |
| 3 | Depuis la rive droite de la rivière de Belon jusqu'au port de la Roche, dans la baie de Bourgneuf et les îles adjacentes. | Lorient | Lorient Nantes |
| 4 | Depuis le port de la Roche, dans la baie de Bourgneuf jusqu'à la frontière de l'Espagne et les îles adjacentes. | Rochefort | Rochefort Bordeaux |
| 5 | Tout le littoral de la Méditerranée, les îles adjacentes et la Corse. | Toulon | Toulon Marseille Bastia |

**1141.** — Le personnel administratif du chef-lieu d'arrondissement se compose de :

Un préfet maritime,
Un major-général,
Un major de la flotte,
Un commissaire général,
Un directeur des contributions navales,
Un directeur des mouvements du port,
Un directeur de l'artillerie,
Un directeur des travaux hydrauliques,
Un directeur du service de santé,
Un inspecteur en chef.

**1142.** — L'administration des sous-arrondissements est confiée à un officier supérieur du commissariat de la marine.

**1143.** — Chacun des chefs-lieux d'arrondissement possède un port militaire.

## SECTION II

### ÉTABLISSEMENTS DE LA MARINE MILITAIRE

**1144.** — La marine militaire possède de nombreux établissements, parmi lesquels on remarque :

1º Ses écoles,
2º Et ses arsenaux, ses fonderies et ses forges.

### § Ier

#### ÉCOLES DE LA MARINE MILITAIRE

**1145.** — Les Écoles de la marine militaire sont aujourd'hui :

**1146.** — I. Les *Écoles d'hydrographie*, établies dans la plupart des ports de guerre et de commerce, et destinées à former des capitaines au long-cours et des maîtres au cabotage.

**1147.** — II. Le *cours normal des instituteurs élémentaires de la flotte*, établi à Rochefort.

**1148.** — III. Les *Écoles des mécaniciens*, établies sur le bâtiment de la réserve à Brest et Toulon.

**1149.** — IV. Les *Écoles de maistrance*, destinées à former des contre-maîtres et des chefs d'ateliers pour les arsenaux de la marine.

**1150.** — V. Les *Écoles d'enseignement élémentaire des apprentis des arsenaux de la marine*, établies dans les ports.

**1151.** — VI. L'*École de pyrotechnie*, établie à Toulon.

**1152.** — VII. L'*École d'artillerie*, établie à Lorient.

**1153.** — VIII. L'*École d'application de canonnage*, établie sur l'*Alexandre*, avec annexe de l'*Implacable* et du *Janus*.

**1154.** — IX. L'*École d'application de timonerie*, établie à bord de la frégate l'*Isis* et de la corvette *Cornélie*.

**1155.** — X. Les *Écoles de pilotage*, établies sur les avisos le *Faon* et le *Travailleur*.

**1156.** — XI. Le *Dépôt d'instruction pour les novices et apprentis marins*, établi à bord du vaisseau *la Bretagne*, en rade de Brest.

**1157.** — XII. L'*École des mousses*, établie à bord d'un bâtiment en rade de Brest.

**1158.** — XIII. L'*Établissement des pupilles de la marine*, établi à Brest.

**1159.** — XIV. L'*École des défenses sous-marines*, établie à Boyardville (île d'Oléron).

**1160.** — XV. Les *Écoles de médecine navale*, établies à Brest, Rochefort et Toulon.

**1161.** — XVI. L'*École d'application du génie maritime*, établie à Cherbourg, destinée à recevoir les élèves de l'École polytechnique admis dans le génie maritime.

**1162.** — XVII. L'*École d'application des aspirants de marine*, établie sur un bâtiment-école et destinée à recevoir les aspirants de deuxième classe à leur sortie de l'École navale.

**1163.** — XVIII. L'*École navale*, établie à Brest sur le vaisseau *le Borda*, avec annexe du *Bougainville*.

Cette école est la pépinière des officiers de la marine.

**1164.** — XIX. L'*École polytechnique*, où la flotte recrute des aspirants de première classe, des aides-commissaires, les deux tiers de ses officiers d'artillerie, ainsi que tous les élèves du corps du génie maritime et de celui des ingénieurs hydrographes.

## § II

### ARSENAUX. — FONDERIES. — FORGES.

**1165.** — Chacun des ports militaires des chef-lieux

d'arrondissement maritime possède des arsenaux et des chantiers de constructions et do réparations pour les navires de l'État.

**1166.** — La marine possède, en outre, hors des ports :

*Pour le service de l'artillerie de marine,*

1° La fonderie de Ruelle (Charente),

2° La fonderie de Nevers et les forges de la Nièvre;

*Et pour le service du génie de la marine,*

1° Un atelier de construction de machines à Indret (Loire-Inférieure),

2° Et les forges de la Chaussade, à Guérigny (Nièvre).

## SECTION III
### FORCES DE LA MARINE
#### § Ier
##### FLOTTE

*1167. Nombre des bâtiments armés en 1877. — 1168.
Leur répartition par divisions et stations navales.*

**1167.** — En 1877, le nombre des bâtiments armés s'élevait à 120 et comprenait :

| | |
|---|---:|
| 1° Bâtiments à hélice cuirassés. . . . . . | 10 |
| 2° Bâtiments à hélice non cuirassés . . . . | 50 |
| 3° Bâtiments à roues. . . . . . . . | 18 |
| 4° Bâtiments à voiles. . . . . . . . | 21 |
| 5° Bâtiments en essais . . . . . . . | 8 |
| 6° Bâtiments de remplacement. . . . . | 7 |
| 7° Bâtiments-écoles naviguants. . . . . | 6 |
| 8° Écoles flottantes . . . . . . . . | Mémoire |
| TOTAL . . . . . | 120 |

**1168.** — Ces bâtiments étaient répartis comme il suit :

1° Escadre d'évolution. . . . . . . . 8
2° Division de la Manche . . . . . . . 4
3° Algérie. . . . . . . . . . . . 3
4° Levant. . . . . . . . . . . . 3
5° Division navale des Antilles . . . . . 4
6° Station navale de Terre-Neuve . . . . 3
7° Martinique . . . . . . . . . . 1
8° Guadeloupe . . . . . . . . . . 1
9° Guyane . . . . . . . . . . . 4
10° Islande. . . . . . . . . . . . 2
11° Division navale de l'Atlantique Sud. . . . 8
12° Station du Sénégal . . . . . . . . 4
13° Division navale de l'Océan Pacifique . . . 5
14° Taïti . . . . . . . . . . . . 1
15° Division navale des mers de Chine et du
 Japon . . . . . . . . . . . 5
16° Division navale de l'Indo-Chine . . . . 7
17° Division navale de la Nouvelle-Calédonie et
 service de la déportation . . . . . 7
18° Réunion et Comores . . . . . . . 3
*Service des ports et du littoral.*
19° 1er arrondissement . . . . . . . . 6
20° 2e arrondissement . . . . . . . . 3
21° 3e arrondissement . . . . . . . . 1
22° 4e arrondissement . . . . . . . . 1
23° 5e arrondissement . . . . . . . . 2
24° Missions particulières . . . . . . . 12
25° Service hydraulique du littoral . . . . 1
26° Bâtiments en essai . . . . . . . . 8
27° Bâtiments de remplacement et missions im-
 prévues . . . . . . . . . . 7
28° Bâtiments-écoles naviguants . . . . . 6
29° Écoles flottantes. . . . . . . . . Mémoire

TOTAL . . . . . 120

## § II
### CORPS DE LA MARINE

*1170. Officiers. — 1171. Équipages de la flotte. — 1172. Mécaniciens en chef et mécaniciens principaux. — 1173. Troupes de la marine. — 1174. Corps entretenus et agents divers. — 1175. Maistrance, gardiennage, surveillance. — 1176. Trésoriers des Invalides.*

**1169.** — La marine militaire de la France comprend les corps suivants :

*Premièrement.*

**1170.** — Les officiers de marine.

*Deuxièmement.*

**1171.** — Les équipages de la flotte, composés :
Des gabiers brevetés,
Des matelots canonniers,
Des marins fusiliers,
Des matelots timoniers,
Et des mécaniciens et chauffeurs.

*Troisièmement.*

**1172.** — Les mécaniciens en chef et mécaniciens principaux.

*Quatrièmement.*

**1173.** — Les troupes de la marine, composées :
De la gendarmerie maritime,
De l'artillerie de la marine et des colonies,
De l'infanterie de la marine,
Des tirailleurs sénégaliens,
D'une compagnie de discipline,
Du corps des disciplinaires des colonies,
Des armuriers militaires de la marine.

*Cinquièmement.*

**1174.** — Les corps entretenus et agents divers, composés :

Des officiers du génie maritime,

Des maîtres et ouvriers,

Des ingénieurs hydrographes,

Des ingénieurs des ponts-et-chaussées, détachés au département de la marine,

Des professeurs et examinateurs de l'école navale,

Des officiers du commissariat,

Des commis du commissariat,

Des officiers de l'inspection des services administratifs.

Des commis aux vivres,

Des magasiniers entretenus de la flotte,

Du personnel administratif des directions de travaux,

Du personnel du service des manutentions,

Des conducteurs des travaux hydrauliques,

Des aumôniers de la marine,

Des officiers du corps de santé.

### Sixièmement.

**1175.** — Les maistrances, gardiennage et surveillance, composés :

De maîtres principaux entretenus,

Des syndics des gens de mer et gardes maritimes,

Des guetteurs des électro-sémaphores,

Des marins vétérans,

Des agents de gardiennage,

Des compagnies de pompiers.

### Septièmement.

**1176.** — Et les trésoriers des Invalides.

## § III

### RECRUTEMENT DE L'ARMÉE DE MER

*1177. Officiers. — 1178. Personnel au-dessous du grade d'officier.*

Le personnel de l'armée de mer se recrute, savoir :

**1177.** — Les *officiers;*

1º Par les aspirants sortant de l'École navale;

2º Par les aspirants sortant de l'École polytechnique;

3º Par les premiers maîtres promus, après examen, au grade d'enseigne de vaisseau;

4º Par les capitaines au long-cours pourvus du grade d'enseigne de vaisseau auxiliaire, et admis au grade d'enseigne de vaisseau titulaire.

**1178.** — Et le *personnel au-dessous du grade d'officier;*

1º Par les hommes de l'inscription maritime qui ont atteint l'âge de 20 ans révolus;

2º Par les engagements volontaires et les rengagements;

3º Et par les jeunes gens compris dans la première partie de la liste du recrutement cantonal qui ont obtenu les plus bas numéros au tirage au sort.

## § IV
### INSCRIPTION MARITIME

*1179. Définition. — 1180. Avantages réservés aux inscrits.*

**1179.** — Tout individu, âgé de dix-huit ans révolus, qui a fait deux voyages au long-cours, soit sur les bâtiments de l'État, soit à bord des navires de commerce, ou qui compte dix-huit mois de navigation ou deux ans de petite pêche, et qui déclare vouloir continuer la navigation ou la pêche, est inscrit comme matelot et peut toujours être requis pour le service de la flotte, dans les conditions déterminées par les lois; c'est ce qu'on appelle *l'inscription maritime.*

**1180.** — De nombreux avantages sont réservés aux inscrits maritimes, ainsi :

1º Ils ont seuls le droit d'exercer la navigation maritime et la pêche côtière;

2º Ils sont dispensés de tout autre service public;

3° Ils ont droit à une pension de demi-solde après vingt-cinq ans de navigation et cinquante ans d'âge, etc.

## SECTION IV
### JUSTICE MARITIME

*1181. Justice à terre. — 1182. Justice à bord. — 1183. Les tribunaux de la marine ne statuent que sur l'action publique.*

La justice militaire maritime est rendue :

*A terre.*

**1181.** — Par des conseils de guerre et des conseils de révision permanents;

Par des tribunaux maritimes et des tribunaux de révision permanents.

*A bord.*

**1182.** — Par des conseils de guerre et des conseils de révision;

Par des conseils de justice.

**1183.** — Les tribunaux de la marine ne statuent que sur l'action publique.

Il peuvent, néanmoins, ordonner, au profit des propriétaires, la restitution des objets saisis ou des pièces de conviction, lorsqu'il n'y a pas lieu d'en prononcer la confiscation.

L'action civile ne peut être poursuivie que devant les tribunaux civils; l'exercice en est suspendu tant qu'il n'a pas été prononcé définitivement sur l'action publique intentée avant ou pendant la poursuite de l'action civile.

## CHAPITRE III
### COLONIES

## SECTION I
### DOMAINE COLONIAL

*1184. En Amérique. — 1185. En Afrique. — 1186. En Asie. — 1187. En Océanie.*

Le domaine colonial de la France comprend :

*En Amérique.*

**1184.** — La Martinique,
La Guadeloupe et dépendances,
La Guyane Française,
Les Iles Saint-Pierre et Miquelon;

*En Afrique.*

**1185.** — Le Sénégal et dépendances,
Établissements du Gabon (du Bas de la Côte),
L'Ile de la Réunion,
Mayotte et dépendances,
Sainte-Marie de Madagascar;

*En Asie.*

**1186.** — Les établissements de l'Inde :
Pondichéry,
Chandernagor,
Karikal,
Yanaon,
Mahé,
La Cochinchine;

*En Océanie.*

**1187.** — Les établissements français de l'Océanie (Taïti),
La Nouvelle-Calédonie et dépendances.

## SECTION II

### ADMINISTRATION DES COLONIES

*1188. Martinique. — 1189. Guadeloupe. — 1190. Guyane française. — 1191. Saint-Pierre et Miquelon. — 1192. Sénégal. — 1193. Établissements du Gabon. — 1194. Réunion. — 1195. Mayotte. — 1196. Établissements français de l'Inde. — 1197. Cochinchine. — 1198. Établissements français de l'Océanie. — 1199. Nouvelle-Calédonie.*

## § Ier

### MARTINIQUE

**1188.** — La Martinique a à sa tête un gouverneur assisté d'un Conseil privé et d'un Conseil général.

Cette colonie nomme un sénateur et un député.

Son territoire est divisé en communes, cantons et arrondissements.

Elle possède un évêché, une Cour d'appel, deux tribunaux de première instance, et des tribunaux de paix.

Des notaires, avoués, commissaires-priseurs et huissiers exercent dans le ressort de ces tribunaux.

## § II

### GUADELOUPE

**1189.** — L'organisation administrative de la Guadeloupe est semblable à celle de la Martinique.

Elle nomme aussi un sénateur et un député.

Son territoire est divisé en communes, cantons et arrondissements.

Elle a un évêché, une Cour d'appel, deux tribunaux de première instance et des tribunaux de paix.

Des notaires, avoués, commissaires-priseurs et huissiers exercent dans le ressort de ces tribunaux.

## § III

### GUYANE FRANÇAISE

**1190.** — La Guyane française a à sa tête un gouverneur assisté d'un conseil privé.

Cette colonie a un préfet apostolique, une Cour d'appel, un tribunal de première instance et des officiers publics et ministériels.

Elle est divisée par quartiers.

## § IV
### SAINT-PIERRE ET MIQUELON

**1191.** — L'administration des îles Saint-Pierre et Miquelon est confiée à un commandant.

Le service de la justice y est fait par un conseil d'appel et un tribunal de première instance.

## § V
### SÉNÉGAL

**1192.** — Le Sénégal et dépendances est administré par un gouverneur, assisté d'un conseil d'administration.

Le territoire de cette colonie est divisé en cercles, à la tête desquels sont placés des commandants dépendant du gouverneur.

Cette colonie a un préfet apostolique.

Sous le rapport judiciaire, elle a une Cour d'appel, deux tribunaux de première instance.

Elle a, en outre, un conseil d'appel pour la justice musulmane.

## § VI
### ÉTABLISSEMENTS DU GABON

**1193.** — Les établissements du Gabon sont administrés par un commandant supérieur.

## § VII
### RÉUNION

**1194.** — L'île de la Réunion est administrée par un gouverneur, assisté d'un conseil privé et d'un conseil général.

Cette colonie nomme un sénateur et un député.

Elle est divisée en communes, cantons et arrondissements.

Elle possède un évêché, une cour d'appel, deux tribunaux de première instance, des tribunaux de paix.

## § VIII
### MAYOTTE

**1195.** — Mayotte et dépendances sont administrées par un commandant supérieur.

## § IX
### ÉTABLISSEMENTS FRANÇAIS DE L'INDE

**1196.** — Les établissements français dans l'Inde (Asie) sont administrés par un gouverneur, assisté d'un conseil d'administration.

Ces établissements nomment un sénateur et un député.

Ils possèdent un préfet apostolique, une Cour d'appel, des tribunaux de première instance et des tribunaux de paix.

## § X
### COCHINCHINE

**1197.** — La Cochinchine est administrée par un gouverneur, commandant en chef, assisté d'un conseil privé.

Elle possède un vicaire apostolique, une Cour d'appel, un tribunal de première instance, un tribunal de paix et un tribunal de commerce.

## § XI
### ÉTABLISSEMENTS FRANÇAIS DE L'OCÉANIE

**1198.** — Les établissements français de l'Océanie (Taïti) sont administrés par un commandant et commissaire aux îles de la Société.

Ils possèdent deux vicaires apostoliques.

## § XII
### NOUVELLE-CALÉDONIE

**1199.** — La Nouvelle-Calédonie et dépendances sont administrées par un gouverneur.

Elles possèdent un vicaire apostolique.

# TITRE NEUVIÈME

---

## DÉPARTEMENT DES TRAVAUX PUBLICS

---

**1200. *Ses attributions.***

**1200.** — Les principales attributions du ministère des travaux publics sont les travaux concernant :

Les voies de communication par terre et par eau, tels que : routes, ponts, fleuves, rivières, canaux;

Les ports maritimes de commerce;

Les mines et carrières ;

La recherche et la conservation des sources minérales;

Les chemins de fer;

Les cours d'eau non navigables ni flottables;

Les dessèchements et les irrigations;

Les bâtiments civils et les palais nationaux, etc., etc.

## CHAPITRE Ier
### ADMINISTRATION CENTRALE
### SECTION I
#### SERVICE CENTRAL

**1201. *Siège.* — 1202. *Services.***

**1201.** — L'administration centrale du ministère des travaux publics a son siége à Paris, rue Saint-Dominique-Saint-Germain, 60, 62 et 64.

**1202.** — Elle comprend les services suivants :

1º Cabinet du ministre;

2º Secrétariat général ;

18

— 1er bureau, — Secrétariat général et matériel,

— 2e bureau, — Service central d'expédition et d'auto-
graphie;

3° Division du personnel;

— 1er bureau, — Nominations, promotions et mouvements,

— 2e bureau, — Frais et indemnités, secours, pensions,
contentieux;

4e Division de la comptabilité;

— 1er bureau, — Opérations centrales et ordonnancement,

— 2e bureau, — Comptabilité des ponts-et-chaussées et
des mines;

5° Dépôt des cartes et plans, — Archives, — Nivellement général de la France;

6° Direction des routes et de la navigation;

1° Division des routes et ponts :

— 1er bureau, — Routes nationales,

— 2e bureau, — Routes départementales et police du
roulage;

2° Division de la navigation (rue du Bac, 108) :

— 1er bureau, — Ports maritimes, — canaux de navigation,

— 2e bureau, — Rivières navigables et flottables,

— 3e bureau, — Service hydraulique;

7° Direction des chemins de fer;

1° Division des études et travaux :

— 1er bureau, — Études et concessions, — travaux
de chemins de fer exécutés par l'État,

— 2e bureau, — Travaux des chemins de fer concédés;

2° Division de l'exploitation :

— 1er bureau, — Exploitation commerciale,

— 2e bureau, — Exploitation technique;

Service technique central près la direction des chemins de
fer;

Service d'économie générale et de statistique des travaux
publics;

— 1er bureau, — Statistique centrale des chemins de fer;

— 2e bureau, — Économie générale des travaux publics;

8º Direction des mines;

1º Division des mines et usines :

— 1er bureau, — Mines, — Appareils à vapeur,

— 2e bureau, — Usines et manufactures, — Eaux minérales, — Cartes géologiques et cartes agronomiques, — Appareils à vapeur;

— Statistique de l'industrie minérale;

9º Direction des bâtiments civils et palais nationaux (rue de Rivoli, 192);

— 1er bureau, — Bâtiments civils,

— 2e bureau, — Palais nationaux,

— 3e bureau, — Comptabilité.

## SECTION II

### CONSEILS DU MINISTRE DES TRAVAUX PUBLICS

**1803.** — On remarque parmi les conseils et commissions qui sont près du ministre des travaux publics :

1º Le Conseil général des ponts-et-chaussées;

2º Le Conseil général des mines;

3º Le Conseil général des bâtiments civils;

4º La commission centrale des chemins de fer;

5º La commission permanente chargée de l'examen des inventions et des règlements concernant les chemins de fer;

6º Les commissions chargées de l'examen des comptes de premier établissement des chemins de fer;

7º La commission chargée de donner son avis sur les relations à établir entre les diverses compagnies de chemins de fer;

8º La commission des inventions;

9º La commission des formules;

10° La commission des phares;

11° La commission mixte des travaux publics;

12° La commission militaire supérieure des chemins de fer;

13° La commission centrale des machines à vapeur;

14° La commission chargée d'examiner et de comparer entre eux les différents systèmes de moteurs, applicables aux voitures de tramways;

15° La commission spéciale de la carte géologique de la France;

16° La commission des annales des ponts-et-chaussées;

17° La commission des annales des mines;

18° La commission de l'aménagement des eaux;

19° La commission pour l'étude des moyens propres à prévenir les explosions du grisou.

# CHAPITRE II
## SERVICES EXTÉRIEURS

### SECTION I
#### PONTS-ET-CHAUSSÉES

##### § I
###### ORGANISATION DU SERVICE DES PONTS-ET-CHAUSSÉES

1204. *Division des services des Ponts-et-Chaussées.* — *1205 à 1208. Service ordinaire.* — *1209. Service extraordinaire.* — *1210. Services détachés.* — *1211. 1213. Grades dans le corps des ingénieurs des Ponts-et-Chaussées.* — *1214. Division du cadre du corps des ingénieurs des Ponts-et-Chaussées.* — *1215. Recrutement des élèves ingénieurs.* — *1216 à 1218. Conducteurs, conducteurs auxiliaires.*

**1204.** — Le service des Ponts-et-Chaussées se divise en :

Service ordinaire,
Service extraordinaire,
Services détachés.

**1805.** — Le service ordinaire comprend tous les services permanents ; il se subdivise en :

Service général,
Service spécial,
Services divers.

**1806.** — Le service général comprend la direction et l'exécution des travaux ordinaires des ponts-et-chaussées dans chaque département.

**1807.** — Le service spécial comprend la direction et l'exécution des travaux distraits du service départemental ;

**1808.** — Les services divers comprennent :

Le secrétariat du conseil général des ponts-et-chaussées,
L'école des ponts-et-chaussées,
Le dépôt des cartes et plans,
Les missions et travaux scientifiques, les emplois dans l'administration centrale, et tous autres services rétribués sur le budget des travaux publics, qui ne rentrent ni dans le service général, ni dans le service spécial des départements.

**1809.** — Le service extraordinaire comprend la direction et l'exécution des grands travaux publics non permanents, tels qu'établissements de chemins de fer, de canaux, d'ouvrages à la mer, etc., auxquels il n'est pas pourvu par les ingénieurs du service ordinaire, et qui sont destinés à rentrer, après leur achèvement, dans l'une des catégories du service ordinaire.

**1810.** — Les services détachés qui, n'étant pas rétribués sur le budget des travaux publics, sont néanmoins obligatoires pour le corps des ingénieurs des ponts-et-chaussées, tels que :

Le service des ports militaires et des colonies,

Le service de l'Algérie,

Le service des eaux et du pavé de la ville de Paris,

Le service des canaux d'Orléans, du Loing et du Midi.

Sont également considérés comme appartenant aux services détachés, les ingénieurs temporairement attachés, en qualité de directeur des études, professeur ou répétiteur, à l'enseignement de l'École polytechnique et des autres écoles spéciales du gouvernement.

**1811.** — Les grades dans les corps des ingénieurs des ponts-et-chaussées sont fixés ainsi qu'il suit :

Inspecteur général,

Inspecteur divisionnaire,

Ingénieur en chef,

Ingénieur ordinaire,

Élève ingénieur.

**1812.** — Le grade d'ingénieur en chef se divise en deux classes :

**1813.** — Celui d'ingénieur ordinaire, ainsi que celui d'élève ingénieur, en forme trois.

**1814.** — Le cadre du corps des ingénieurs des ponts-et-chaussées se divise en :

Cadre du service ordinaire ou permanent,

Cadre du service extraordinaire ou éventuel,

Cadre des services détachés,

Cadre de non activité.

**1815.** — Les élèves ingénieurs des ponts-et-chaussées sont recrutés parmi les élèves de l'École polytechnique qui ont rempli les conditions réglées par les règlements organiques de cette école.

**1816.** — Il est attaché à chaque service d'ingénieur en chef un nombre de conducteurs et de conducteurs auxiliaires proportionné aux besoins du service.

**1217.** — Les conducteurs forment un corps embrigadé, payé soit sur le budget des travaux publics, soit sur les fonds départementaux.

**1218.** — La répartition de ces conducteurs, entre les arrondissements des ingénieurs ordinaires, et leur résidence, sont déterminées par l'ingénieur en chef, suivant les besoins du service.

### § II
### ÉCOLE NATIONALE DES PONTS-ET-CHAUSSÉES

1219. *Sa destination. — 1220 à 1222. Objet de l'enseignement de l'École. — 1223 à 1225. Élèves. — 1226. Système d'instruction de l'École. — 1227. Durée des cours. — 1228. Diplôme d'ingénieur.*

**1219.** — L'École nationale des Ponts-et-Chaussées, située à Paris, rue des Saints-Pères, 28, est destinée à former les ingénieurs nécessaires au service confié par l'État aux ingénieurs des ponts-et-chaussées.

**1220.** — L'enseignement de l'École a pour objet spécial les routes, les chemins de fer, les canaux, les rivières et fleuves, les ports maritimes, et, en général, tout ce qui se rapporte aux voies de communication par terre et par eau.

**1221.** — Il a également pour objet les irrigations, les dessèchements, la réglementation des cours d'eau et des usines, la distribution des eaux, etc.

**1222.** — Il comprend les connaissances de mécanique, d'architecture civile, de minéralogie, de géologie, d'agriculture, d'administration, de droit administratif et d'économie politique qui sont le plus particulièrement nécessaires aux ingénieurs.

**1223.** — Les élèves de l'École des Ponts-et-Chaussées destinés à recruter le corps des ingénieurs de l'État sont pris exclusivement parmi les élèves de l'École polytechnique.

**1224.** — En outre des élèves destinés au service public, il peut être reçu à l'École des élèves externes, Français ou étrangers, autorisés par le ministre à suivre les cours. Ces élèves, ou une partie d'entre eux, peuvent même être admis, par décision spéciale du ministre, à participer aux travaux intérieurs de l'École.

**1225.** — Des arrêtés ministériels déterminent le nombre d'élèves externes à admettre chaque année, les conditions de leur admission, les travaux qu'ils auront à exécuter, les examens qu'ils auront à subir à la fin de chaque session, les mesures d'ordre et de discipline que nécessite l'exécution de ces dispositions.

**1226.** — Le système d'instruction de l'École se compose de deux parties :

L'enseignement de l'École proprement dit;

L'enseignement pratique des missions.

**1227.** — Le cours complet d'études a une durée de trois années.

**1228.** — Les élèves ayant complété leurs cours d'études, conformément aux règlements de l'École, sont nommés ingénieurs ordinaires de troisième classe.

## SECTION II
### MINES

#### § Ier
##### ORGANISATION DU SERVICE DES MINES

*des ingénieurs des mines. — 1228. Élèves ingénieurs des mines. — 1239 à 1243. Gardes-mines.*

**1229.** — Le service des mines se divise ainsi qu'il suit :

Service ordinaire,

Service extraordinaire,

Services détachés.

**1230.** — Le service ordinaire comprend tous les services permanents; il se subdivise en :

Service des arrondissements minéralogiques,

Services spéciaux,

Services divers.

**1231.** — Le service des arrondissements comprend l'instruction des affaires et la surveillance des mines, minières, carrières, tourbières et usines minéralogiques dans la circonscription des arrondissements et sous-arrondissements minéralogiques des ingénieurs, ainsi que la surveillance des appareils à vapeur dans les départements de leur résidence et les départements voisins où ils seraient appelés à l'exercer par le ministre des travaux publics.

**1232.** — Les services spéciaux sont ceux qui sont distraits du service des arrondissements, tels que la direction des chemins de fer non concédés, la surveillance et le contrôle des chemins de fer concédés; le service des appareils à vapeur du département de la Seine, la direction des mines, minières ou tourbières domaniales ou communales, lorsque ce service ou cette direction sont confiés à un ingénieur autre que celui de l'arrondissement ou sous-arrondissement minéralogique.

**1233.** — Les divers services comprennent le secrétariat du Conseil général des mines, les bureaux de l'administration centrale, l'École nationale des mines de Paris, les Écoles des mineurs de Saint-Étienne et des maîtres-ouvriers mineurs d'Alais, et tous autres services rétribués sur le budget des travaux publics, qui ne rentrent ni dans le service d'arrondissement, ni dans les services spéciaux définis ci-dessus.

**1834.** — Le service extraordinaire comprend la direction de recherches, l'exploitation temporaire des mines, minières ou carrières au compte de l'État, des départements ou des communes; les études géologiques des terrains; les topographies souterraines; les missions scientifiques ou industrielles, et tous autres travaux dont les ingénieurs des mines peuvent être temporairement chargés.

**1835.** — Les services détachés comprennent tous les services qui, n'étant pas rétribués sur le budget des travaux publics, sont ou peuvent être confiés aux ingénieurs des mines, tels que :

Le service des mines en Algérie et dans les colonies;

Le service de la consolidation des carrières sous la ville de Paris et autres villes;

Le service des eaux minérales;

Les missions à l'étranger pour études scientifiques, industrielles ou commerciales, qui seraient conférées par les ministres des affaires étrangères, de l'agriculture et du commerce, de l'intérieur, des finances ou de la marine.

Sont également considérés comme appartenant au service détaché, les ingénieurs temporairement attachés en qualité de directeur, professeur ou répétiteur à l'enseignement de l'École polytechnique et des autres écoles spéciales du Gouvernement.

**1836.** — Les grades, dans le corps des ingénieurs des mines, sont fixés ainsi qu'il suit :

Inspecteur général de première classe,

Inspecteur général de deuxième classe,

Ingénieur en chef,

Ingénieurs ordinaires,

Élèves ingénieurs.

Le grade d'ingénieur en chef se divise en deux classes, celui d'ingénieur ordinaire en trois classes, et celui d'élève ingénieur en deux classes.

**1937.** — Le cadre du corps des ingénieurs des mines se divise en :

Cadre du service ordinaire ou permanent;

Cadre du service extraordinaire ou éventuel;

Cadre des services détachés;

Cadre de non-activité.

**1938.** — Les élèves ingénieurs des mines sont recrutés parmi les élèves de l'École polytechnique qui ont rempli les conditions exigées par les règlements organiques de cette école.

**1939.** — Les ingénieurs des mines sont secondés, en ce qui concerne la surveillance de police des exploitations des mines, minières, carrières et tourbières, des usines et ateliers de lavage pour les minerais de fer, les levés et copies de plans superficiels et souterrains, la surveillance de police des appareils à vapeur et du matériel des chemins de fer, etc., par des agents désignés sous le titre de *gardes-mines*.

**1940.** — Les gardes-mines résident au point le plus central des établissements qu'ils sont chargés de surveiller. Le lieu de leur résidence est fixé par le ministre d'après l'avis des ingénieurs.

**1941.** — Les gardes-mines sont divisés en six classes.

**1942.** — Les gardes-mines sont pris, autant que possible, parmi les maîtres-mineurs, gouverneurs ou directeurs de mines, les contre-maîtres d'ateliers, d'usines

ou de manufactures, et les élèves des écoles profession-
nelles qui justifient de leur aptitude dans les formes
déterminées.

**1243.** — Les élèves brevetés de l'École nationale des
mines de Paris et de l'École des mineurs de Saint-Étienne
peuvent être nommés directement à l'emploi de gardes-
mines de sixième classe, sans subir d'examen.

## § II
### ÉCOLES DES MINES

#### ART. 1er
##### ÉCOLE NATIONALE DES MINES

*1244. Sa destination. — 1245 à 1247. Objet de son ensei-
gnement. — 1248. Musée et bureau d'essai de l'École des
mines. — 1249 à 1252. Élèves. — 1253. Cours publics.
— 1254. Durée des études. — 1255. Diplôme d'ingénieur.*

**1244.** — L'École nationale des Mines, située à Paris,
boulevard Saint-Michel, 60 et 62, est destinée à former
les ingénieurs nécessaires au service confié par l'État au
corps des mines.

**1245.** — L'enseignement de l'école a pour objet
spécial l'exploitation et le traitement des substances
minérales.

**1246.** — Il a également pour objet l'étude des
machines et appareils à vapeur, la recherche, la conservation et l'aménagement des sources d'eaux minérales;
le drainage et les irrigations; l'exploitation et le matériel
des chemins de fer, et, en général, les arts et les travaux
qui se rattachent à l'industrie minérale.

**1247.** — Il comprend les connaissances de mécanique,
de métallurgie, de docimasie, de minéralogie, de paléontologie, de géologie pure et appliquée à l'agriculture, de

droit administratif, de législation des mines et d'économie industrielle, ainsi que les principes de l'art des constructions nécessaires aux ingénieurs des mines et aux directeurs de mines et d'usines.

**1848.** — Il est établi près de l'École des mines :

1º Un musée, composé de collections relatives à l'industrie minérale et aux sciences qui s'y rapportent;

2º Un bureau d'essais spécialement chargé de l'essai et de l'analyse chimique des substances employées dans l'industrie.

**1849.** — Les élèves de l'École des mines, destinés à recruter le corps des ingénieurs de l'État, sont pris exclusivement parmi les élèves de l'École polytechnique.

**1850.** — Indépendamment des élèves ingénieurs destinés au service public, l'école reçoit des élèves externes, des élèves étrangers et des élèves libres.

**1851.** — Les élèves des mines sont admis, après concours, par décision du ministre des travaux publics, et ils participent à tous les cours et exercices pratiques de l'école.

**1852.** — Les conditions du concours pour l'admission des élèves externes et celles de l'admission des élèves étrangers et des élèves libres, ainsi que de leur participation aux cours et aux exercices pratiques, sont réglées par des arrêtés du ministre.

**1853.** — Des arrêtés ministériels déterminent également les cours oraux auxquels le public est admis.

**1854.** — Le temps d'études dure trois années.

**1855.** — Les élèves ayant complété leurs études sont nommés ingénieurs ordinaires de troisième classe.

## ART. 2
### ÉCOLE DES MINEURS DE SAINT-ÉTIENNE

**1256.** — Il est établi à Saint-Étienne, département de la Loire, une école de mineurs, pour l'enseignement des jeunes gens qui se destinent à l'exploitation et aux travaux des mines.

**1257.** — L'enseignement a pour objet :

1° L'exploitation proprement dite;

2° La connaissance des principales substances minérales et de leur gisement, ainsi que l'art de les essayer et de les traiter;

3° Les éléments de mathématiques, la levée des plans et le dessin;

4° La tenue des livres en partie double;

5° Les notions les plus essentielles sur la nature, la résistance et l'emploi des matériaux en usage dans les constructions nécessaires pour les mines, usines et voies de transport.

**1258.** — Des brevets de différentes classes sont délivrés, à leur sortie de l'école, à ceux des élèves qui s'en sont rendus dignes par leur capacité et leur bonne conduite.

**1259.** — Une classe est créée à l'école des mineurs de Saint-Étienne, en faveur des ouvriers mineurs ou de ceux qui se destinent à cette profession.

Il leur est aussi délivré des brevets à la fin de leurs études.

## Art. 3

### ÉCOLE DES MAITRES-OUVRIERS MINEURS D'ALAIS

1260. Sa destination. — 1261. Son enseignement. — 1262. Durée des études. — 1263. Brevet de maître mineur.

**1260.** — Cette école, située à Alais (Gard), est destinée à former des maîtres-ouvriers mineurs.

**1261.** — L'enseignement y est théorique et pratique.

**1262.** — La durée des études est de deux années.

**1263.** — A la fin de la seconde année d'études, les élèves qui en sont jugés dignes, reçoivent des brevets de maîtres-mineurs.

# CHAPITRE III

### RÈGLES RELATIVES AUX GRANDS TRAVAUX PUBLICS ET AUX TRAVAUX DES BATIMENTS PLACÉS DANS LES ATTRIBUTIONS DU MINISTÈRE DES TRAVAUX PUBLICS

*1264 à 1266. Grands travaux publics. — 1267 à 1270. Travaux des bâtiments placés dans les attributions du ministre des travaux publics.*

**1264.** — Tous grands travaux publics, routes nationales, canaux, chemins de fer, canalisation des rivières, bassins et docks, entrepris par l'État ou par compagnies particulières, avec ou sans péage, avec ou sans subside du Trésor, avec ou sans aliénation du domaine public, ne peuvent être autorisés que par une loi rendue après une enquête administrative.

**1265.** — Un décret, rendu en la forme des règlements d'administration publique, et également précédé d'une enquête, peut autoriser l'exécution des canaux et chemins de fer d'embranchement, de moins de vingt kilomètres de longueur, des lacunes et rectifications de routes nationales, des ponts et de tous autres travaux de moindre importance.

**1266.** — En aucun cas, les travaux dont la dépense doit être supportée en tout ou en partie par le Trésor, ne peuvent être mis à exécution qu'en vue de la loi qui crée les voies ou moyens ou d'un crédit préalablement inscrit à un des chapitres du budget.

**1267.** — Les travaux de bâtiments placés dans les

attributions du min' .tère des travaux publics sont exécutés d'après les projets rédigés par les architectes
désignés par le ministre.

Ces projets, après avoir subi l'examen du conseil
général des bâtiments civils, font l'objet, soit d'adjudications publiques, soit, exceptionnellement, de soumissions
directes présentées par les entrepreneurs.

Toutefois, les travaux d'entretien peuvent être exécutés
à prix de règlement.

**1268.** — Les travaux dirigés par les architectes,
sont suivis par des inspecteurs, sous-inspecteurs et
conducteurs, lesquels veillent à la bonne fourniture des
matériaux et à leur mise en œuvre selon les règles de
l'art et les ordres de l'architecte. Ils dressent, en outre,
les détails d'exécution du projet, et tiennent les carnets
d'attachements, sur lesquels ils inscrivent tous les
ouvrages qui ne sont pas destinés à rester visibles, ou
dont l'appréciation ne serait plus possible lors de la vérification.

**1269.** — Des inspecteurs généraux, membres du
Conseil des bâtiments civils, sont chargés d'exercer un
contrôle supérieur sur les travaux dépendant du service
des bâtiments civils.

Ils veillent à la bonne exécution des projets approuvés
et à la tenue régulière de toutes les pièces qui doivent
servir à la constatation des dépenses.

Ils examinent les réclamations qui peuvent être élevées
par les entrepreneurs, donnent leur avis et adressent au
ministre des rapports sur toutes les questions qui intéressent les travaux.

**1270.** — En fin d'exercice, le service des bâtiments
civils établit le compte général de toutes les dépenses de
bâtiments faites pendant cet exercice.

# CHAPITRE IV
## AGENTS-VOYERS. — CANTONNIERS

**1271.** — Bien que les agents-voyers ressortissent au ministère de l'intérieur, nous avons cru pouvoir en parler ici, les considérant comme une sorte d'annexe des Ponts-et-Chaussées.

**1272.** — Les agents-voyers sont chargés de tous les travaux concernant la construction, l'entretien et la réparation des chemins vicinaux, sous la surveillance des préfets et des maires.

Les Conseils généraux peuvent même leur confier les travaux des routes départementales, aux lieu et place des Ponts-et-Chaussées.

**1273.** — Le service des agents-voyers comprend :
Des agents-voyers,
Et des cantonniers.

**1274.** — Les agents-voyers se divisent en :
Agents-voyers en chef,
Agents-voyers d'arrondissement,
Et agents-voyers de canton.

**1275.** — Les cantonniers se divisent en :
Cantonniers en chef,
Et cantonniers.

**1276.** — L'organisation du corps des agents-voyers, leur nomination et la direction du personnel appartiennent au préfet.

**1277.** — Le traitement des agents-voyers est prélevé

sur les fonds affectés aux travaux, c'est-à-dire sur l'ensemble des ressources composant le budget de la vicinalité.

**1278.** — Les cantonniers-chefs sont chargés des travaux des chemins de grande communication et d'intérêt commun.

**1279.** — Ils sont nommés et révoqués par le préfet.

**1280.** — Les cantonniers sont nommés par les maires.

**1281.** — Ils sont chargés des travaux des chemins vicinaux ordinaires.

# TITRE DIXIÈME

## ALGÉRIE

1282. *Administration supérieure de l'Algérie.* — *1283. Services de cette administration.* — *1284 à 1292. Territoire de l'Algérie. Sa division en régions. Départements et divisions militaires.* — *1293. Tableau de la division du territoire de l'Algérie au point de vue administratif.* — *1294. Tableau de la division du territoire de l'Algérie au point de vue militaire.* — *1295. Députés et sénateurs de l'Algérie.*

**1282.** — L'administration supérieure de l'Algérie est confiée à un gouverneur général civil.

Ce gouverneur a près de lui :

1° Un directeur général chargé des affaires civiles et financières;

2° Un conseil de gouvernement;

3° Et un conseil supérieur de gouvernement.

**1283.** — Le gouvernement général civil et la haute

administration de l'Algérie comprennent les services suivants :

1º Bureaux de l'administration centrale;
— Cabinet du directeur général;

2º Direction de l'intérieur;
— 1er bureau, — Administration,
— 2e bureau, — Colonisation;

3º Direction des finances;
— 1er bureau, — Contitution de la propriété, contributions directes, forêts,
— 2e bureau, — Perception, contributions diverses, comptabilité générale;

4º Direction des travaux publics;
1er bureau, — Travaux publics, chemins de fer, mines,
2e bureau, — Statistique générale et renseignements;

5º Inspection générale des finances;
6º Inspection du service topographique de l'Algérie;
7º Inspection centrale des établissements de bienfaisance en Algérie.

**1284.** — Le territoire de l'Algérie comprend deux régions :
Le *Tell*,
Et le *Sahara*.

**1285.** — La région *Tellienne* est divisée en trois départements.

**1286.** — La région *Saharienne*, comprenant toute l'étendue de nos possessions au-delà du Tell, se rattache administrativement aux divisions militaires de l'Algérie.

**1287.** — L'Algérie, au point de vue militaire, se divise en trois divisions qui ont pour chefs-lieux les chefs-lieux des trois départements de la région Tellienne.

**1288.** — Chaque département de la région Tellienne se divise en arrondissements, communes de plein exercice et communes mixtes.

Toutefois, la division communale est loin d'être complète et il reste encore à créer et à organiser un très-grand nombre de communes.

**1289.** — Le département est administré par un préfet; l'arrondissement, par un sous-préfet; la commune de plein exercice, par un maire; et la commune mixte, par un administrateur.

**1290.** — Notons, en passant, que le régime administratif et législatif de l'Algérie tend, de jour en jour, à s'unifier avec celui de la métropole, tant en vertu de la force des choses qu'en vertu des lois et décrets.

**1291.** — Chaque division militaire comprend plusieurs subdivisions qui se divisent elles-mêmes en cercles et annexes.

**1292.** — Les deux tableaux suivants résument la division territoriale de l'Algérie au point de vue administratif et au point de vue militaire.

**1293.** — Tableau de la division territoriale de l'Algérie au point de vue administratif.

| Nombre des départements | Chefs-lieux de département | Chefs-lieux d'arrondissement | Nombre des | |
|---|---|---|---|---|
| | | | Communes de plein exercice | Communes mixtes |
| 1 | Alger | Alger | 54 | 3 |
| | | Tizi-Ouzou | 5 | 4 |
| | | Oniliana | 7 | 1 |
| | | Orléansville | 3 | 3 |
| 2 | Oran | Oran | 26 | 3 |
| | | Mostaganem | 14 | 4 |
| | | Mascara | 2 | 2 |
| | | Sidi-Bel-Abbès | 4 | 2 |
| | | Tlemcen | 3 | 2 |

| Nombre des départements | Chefs-lieux de département | Chefs-lieux d'arrondissement | Communes de plein exercice | Communes mixtes |
|---|---|---|---|---|
| 3 | Constantine | Constantine | 14 | 5 |
| | | Bône | 12 | 2 |
| | | Guelma | 6 | 1 |
| | | Philippeville | 10 | 3 |
| | | Sétif | 5 | 5 |
| | | Bougie | 2 | 2 |
| | | TOTAUX.... | 167 | 42 |

**1294.** — Tableau de la division territoriale de l'Algérie au point de vue militaire :

| Divisions militaires | | Subdivisions militaires | | Cercles | Annexes |
|---|---|---|---|---|---|
| 1re | Alger | 1re | Alger | . . . . . . | Larbaa |
| | | 2e | Dellys | Fort national | |
| | | 3e | Médéa | Médéa | |
| | | | | Boghar | |
| | | | | Djelfa | |
| | | | | Laghouat | |
| | | 4e | Orléansville | Orléansville | |
| | | | | Teniet-el-Haad | |
| | | | | Miliana | |
| | | 5e | Aumale | Aumale | |
| | | | | . . . . . . | Beni-Mansour |
| 2e | Oran | 1re | Oran | Bousaada | |
| | | | | Ammi-Moussa | |
| | | | | . . . . . . | Zemmarah |

| Divisions militaires | Subdivisions militaires | | Cercles | Annexes |
|---|---|---|---|---|
| 3e Constantine | 2e | Mascara | Mascara Tiaret Saïda Geryville | |
| | | | . . . . . . . | Aflou |
| | 3e | Tlemcen | Tlemcen Lalla-Maghnia | |
| | | | . . . . . . . | Nemours |
| | | | Sebdou Daya | |
| | 1re | Constantine | Constantine | |
| | | | . . . . . . . | El-Milia |
| | | | Collo Djidjelli Aïn-Beïda Telessa | |
| | 2e | Bône | Bône Souk-Ahras La Calle Batna | |
| | 3e | Batna | Biskra Khenchla | |
| | | | . . . . . . . | Barika |
| | 4e | Sétif | Sétif Nisila Bordj-bou-Arreridj Bougie Akbou Takitount | |

**1295.** — L'Algérie nomme un député et un sénateur par département.

# TABLE ANALYTIQUE

## TITRE TROISIÈME

## TITRE QUATRIÈME

**Département de la guerre.**

## TITRE CINQUIÈME

## Département de l'instruction publique, des cultes et des beaux-arts.

## TITRE SIXIÈME

## Département de l'intérieur. 210

## TITRE DIXIÈME

———

# TABLE ALPHABÉTIQUE

## A

## B

## C

## J

## K

## L

# M

# N

# O

# R

# S

## T

## U

## V

FIN.

# ERRATA

**Page 245, no 864.** Au lieu de : Ils sont élus pour 5 ans, lire : *Ils sont élus pour 3 ans.*

———

Châteaudun, Imprimerie Henri LECESNE.

www.ingramcontent.com/pod-product-compliance
Lightning Source LLC
Chambersburg PA
CBHW071624270326
41928CB00010B/1762